REALIEN ZUR LITERATUR
ABT. D:
LITERATURGESCHICHTE

CHRISTOPH HELFERICH

Georg Wilhelm Friedrich Hegel

MCMLXXIX
J. B. METZLERSCHE VERLAGSBUCHHANDLUNG
STUTTGART

CIP-Kurztitelaufnahme der Deutschen Bibliothek
Helferich, Christoph:
Georg Wilhelm Friedrich Hegel / Christoph Helferich. –
Stuttgart: Metzler, 1979.
  (Sammlung Metzler; M 182: Abt. D,
  Literaturgeschichte)
  ISBN 3-476-10182-7

ISBN 3 476 10182 7

M 182

© J. B. Metzlersche Verlagsbuchhandlung und Carl Ernst Poeschel Verlag GmbH
in Stuttgart 1979 · Druck: Gulde-Druck, Tübingen
Printed in Germany

INHALT

I. EEINLEITUNG: SCHWIERIGKEITEN MIT HEGEL 1

II. HEGEL – DATEN ZU LEBEN UND WERK 8
    Zur Diskussion um den »jungen Hegel« 8
    1. Kindheit und Jugend in Stuttgart (1770–88) 11
    2. Studium in Tübingen (1788–93) 14
    3. Bern (1793–96): Die »Positivität« der christlichen Religion 17
    4. Frankfurt (1797–1800): Umbruch und Neuorientierung . 22
    5. Jena (1801–07): Auf dem Weg zur »Phänomenologie des Geistes« 29
    6. Hegel als Redakteur der Bamberger Zeitung (1807–08) 44
    7. Nürnberg (1808–16): Gymnasialrektor, Ehemann und Logiker zugleich 48
    8. Professor in Heidelberg (1816–18) 60
    9. Berlin (1818–31) 65
        a) Öffentliche Wirksamkeit 65
        b) Die Rechtsphilosophie 72
        c) Philosophie der Religion 78
        d) Die Philosophie der Weltgeschichte 84
        e) Die Vorlesungen über die Geschichte der Philosophie 90

III. HEGELS WIRKUNG IM 19. JAHRHUNDERT 96
    1. Die Spaltung der Hegelschule in den dreißiger Jahren . 96
    2. Die Rechtshegelianer: modifizierende Bewahrung der Hegelschen Philosophie 100
    3. Die Junghegelianische Kritik 108
    4. Hegel im Denken von Marx und Engels 119
        a) Etappen der Marxschen Hegelkritik 120
        b) Der späte Engels und die Dialektik 130
    5. Kierkegaards Polemik gegen das »System« 136
    6. Die Neutralisierung des »Klassikers« 138
    7. Europäische Wirkung 143

IV. GRUNDLINIEN DER HEGELREZEPTION IM 20. JAHRHUNDERT . 151
    1. Der Neuhegelianismus als »Hegelrenaissance« 151
    2. Faschistische Instrumentalisierung 159
    3. Die Entdeckung der »Phänomenologie« im Existentialismus 163
    4. Dialektik zwischen »orthodoxem« und »kritischem« Marxismus 169
    5. Tendenzen nach 1945 179
        a) Hegel zwischen Ost und West 180
        b) Kritische Anknüpfung in der »Frankfurter Schule« . 186
        c) Zur gegenwärtigen Situation 191

V. Exkurs: Hegels Ästhetik und ihre Rezeption 201
VI. Die wichtigsten Ausgaben von Hegels Werken 217
VII. Register 229

Sigeln und Abkürzungen

Br.	»Briefe von und an Hegel«
DZfPh	Deutsche Zeitschrift für Philosophie. (Berlin/DDR)
Dok.	»Dokumente zu Hegels Entwicklung«
HBZ	»Hegel in Berichten seiner Zeitgenossen«
HJB	Hegel-Jahrbuch (→ S. 185 f.)
HST	Hegel-Studien (→ S. 185 f.)
HST Beih.	Hegel-Studien Beiheft (Bonn)
MEW	Marx-Engels-Werke (Berlin/DDR)
Nohl	Hegels theologische Jugendschriften. Hrsg. v. H. Nohl
PhLA	Philosophischer Literaturanzeiger (Meisenheim/Glan)
PhR	Philosophische Rundschau (Tübingen)
Ros.	K. Rosenkranz, G. W. F. Hegels Leben
ZphF	Zeitschrift für philosophische Forschung (Meisenheim/Glan)

Zitiert wird, wo nicht anders vermerkt, nach der zwanzigbändigen Theorie Werkausgabe des Suhrkamp Verlags, wobei die römische Ziffer den Band, die arabische Ziffer die Seitenzahl bezeichnet.

Ein Pfeil mit Seitenangabe verweist auf eine Seite in dem vorliegenden Band. Z. B. findet man die Aufstellung der Suhrkamp-Ausgabe → S. 222.

I. Einleitung: Schwierigkeiten mit Hegel

Es wäre unredlich, in einem Realienbändchen über Hegel mit der Präsentation von »Fakten« zu beginnen und so den Anschein zu erwecken, als sei der Gegenstand bündig fixierbar, als habe man ihn gleichsam »im Griff«. Zu den wichtigsten Voraussetzungen der Beschäftigung mit Hegel gehört vielmehr die Thematisierung der Schwierigkeiten, die seine Lektüre bereitet, das Eingeständnis der Fremdheit und Ferne, in der sein Denken uns gegenübersteht und das Bewußtsein, daß die Probleme der Aneignung keine Folge subjektiver Unzulänglichkeit im Sinne »fehlender Voraussetzungen«, sondern von der Sache her gegeben sind. »Wie zu lesen sei« – die bleibende Frage eines jeden, der Zugang zu Hegel finden will, ist das Thema eines Aufsatzes von *Adorno*, der in diesem Zusammenhang empfohlen sei; er setzt sehr offen mit dem Eingeständnis dieser Schwierigkeiten ein:

»Die Widerstände, welche die großen systematischen Werke Hegels, zumal die Wissenschaft der Logik, dem Verständnis entgegensetzen, sind qualitativ verschieden von denen, die andere verrufene Texte bereiten. [...] Im Bereich großer Philosophie ist Hegel wohl der einzige, bei dem man buchstäblich zuweilen nicht weiß und nicht bündig entscheiden kann, wovon überhaupt geredet wird, und bei dem selbst die Möglichkeit solcher Entscheidung nicht verbrieft ist« (S. 326).

Die Wurzel der hier angesprochenen Probleme liegt zweifellos in dem schwer trennbaren Komplex von Hegels Sprache, dem Denken, das in dieser Sprache entfaltet wird und der Methode, in der dieses Denken seine Darstellung und Rechtfertigung findet. Hegel selbst wollte, wie er in einem Briefentwurf von 1805 schrieb, »die Philosophie versuchen [...], deutsch sprechen zu lehren« (Br. I, S. 100). Aber gerade Hegels teils von ihm selbst geprägte, teils von ihm eigentümlich verwendete Terminologie ist es, die zuerst Befremden hervorruft, zumal die Bedeutung dieser scheinbar selbstverständlich eingeführten Begrifflichkeit wie z. B. »einfache Einheit«, »Reflexion-in-sich«, »einfache Bestimmung«, »Gesetztsein« auf den verschiedenen Ebenen der Entwicklung ständig zu wechseln scheint. Die sprachlichen Verständnisschwierigkeiten hängen direkt mit dem Gegenstand der philosophischen Darstellung zusammen: »Hegels Sprache bricht die übliche Grammatik nur deshalb, weil sie Unerhörtes zu sagen hat, zu dem die übliche Grammatik keine Handhabe bietet« (Bloch, S. 19). Dieses »Unerhörte«

aber, die »Spekulation«, ist und bleibt eine einzige Herausforderung an alles bisher Dagewesene, eine einzige Kritik auch der heute gewohnten Denkweisen, die Hegel wohl »verständiges Denken« oder auch »bloßes Reflexionswissen« genannt hätte. Und was schließlich Hegels Methode angeht, so entzieht sie sich nach wie vor allen griffigen Bestimmungen, so daß auch die Bemühungen der exponiertesten Forschung bisher stets *Versuche*, allenfalls Klärung von Teilaspekten geblieben sind. *Horstmann* spricht in seiner informativen Einleitung »Schwierigkeiten und Voraussetzungen der dialektischen Philosophie Hegels« von der »fast beliebig großen Anzahl von Schwierigkeiten, in die der Versuch der Klärung dessen führt, (1) was denn als auszeichnende Eigentümlichkeit der dialektischen Methode angegeben werden kann und (2) was von Hegel selbst an Mitteln zur Bewältigung des Punktes (1) an die Hand gegeben worden ist« (S. 19 f.). Wie *Fulda* in demselben Zusammenhang feststellt, sind es im streng systematischen Kontext »knapp 18 Seiten, auf denen Hegel über sein Verständnis von spekulativer Methode Auskunft gibt. Der Umfang des systematischen Aufschlusses über Dialektik gar läßt sich nur nach Zeilen bemessen« (»Hegels Dialektik ...«, S. 169). Diese Schwierigkeit, das Wesen der Dialektik begrifflich zu fassen, stellt sich allerdings bei allen Dialektikern des deutschen Idealismus einschließlich ihres Kritikers Marx ein. Ihre expliziten methodologischen Äußerungen sind allesamt äußerst zurückhaltend; das jeweilige Verständnis von »Dialektik« kann daher letztlich nur aus ihrem »faktischen Denkvollzug« *rekonstruiert* werden (vgl. dazu Hartkopf, »Dialektisches und undialektisches Denken«, S. 499).

Mit diesen Bemerkungen soll hier nicht das Bild des »unwiderlegten Weltphilosophen« Hegel, negativ: des »Begriffsmystikers« und Worteverdrehers (wie schon die frühesten Polemiken lauteten) nochmals bekräftigt werden. Vielmehr soll dem Zugang Suchenden lediglich versichert werden, daß die zwischen Faszination und Ablehnung, ja Verärgerung ambivalente Reaktion auf Hegeltexte durchaus natürlich ist, daß diese Texte eine größere Frustrationstoleranz und eine andere Lesehaltung erfordern, als normalerweise in der Schul- und Universitätssozialisation vermittelt werden. *Adorno* beschreibt die Anforderungen des Lesens als Spannung zwischen »minutiöser Versenkung« und »freier Distanz«; als ein »Mitgleiten« mit dem Text, dem aber auch ein »intellektuelles Zeitlupenverfahren« korrespondieren muß, da gerade Hegel leicht zu einem »Verstehen von oben«, zur reinen Paraphrase des Wortlauts verleitet.

»Wie zu lesen sei« – es wurde oft festgestellt, daß die Entwicklungsgeschichte des deutschen Idealismus von Kant bis Hegel ein Prozeß wechselseitigen »Übertrumpfens« sei. Daher bietet sich automatisch die Rekonstruktion dieses Weges als Verständnishilfe an, und jede Hegelinterpretation geht in irgendeiner Form auf *Kant* zurück. So einleuchtend dieses Verfahren seitens des Interpreten erscheint, so mühsam und unter den Bedingungen heutiger »Studienreform« fast unmöglich ist es für den Anfänger, das Labyrinth der Querverbindungen innerhalb des deutschen Idealismus einigermaßen fundiert selbständig aufzuarbeiten. Es sei hier aber insbesondere auf die Arbeiten von W. *Hartkopf* verwiesen, der in seinen Studien zur Entwicklungsgeschichte des deutschen Idealismus um die Erfassung des *gemeinsamen Kerngehalts* des neueren dialektischen Denkens bemüht ist.

Den entscheidenden Einschnitt sieht Hartkopf mit *Fichte* gegeben, da hier erstmals die der Vorstellung einer *Weltarchitektonik* korrespondierende *formale* Logik in einen *dialektischen* Ansatz überführt wird, dem die Vorstellung eines umfassenden Welt*komplexes* entspricht: »In diesem Kerngedanken, der Voraussetzung einer Komplexstruktur des Seinsgeschehens, [...] und der Behauptung, daß das normale, auf eine Welt- oder Seinsarchitektonik bezogene logische Denken dieser Komplexstruktur nicht voll angemessen ist, muß so das charakteristische Novum der neueren Dialektik gesehen werden« (»Das charakteristische Novum...«, S. 312).

Auch dem, der legitimerweise direkt mit Hegel anfangen will, bieten sich mehrere Möglichkeiten des Zugangs an. Da sie natürlich auch von den jeweiligen Fragestellungen abhängen, sind die folgenden Hinweise lediglich als subjektive Empfehlungen zu verstehen. Zunächst ist es wichtig, sich zu vergegenwärtigen, daß der *junge* Hegel ganz anders dachte – und schrieb –, als selbst seinen unmittelbaren Schülern bewußt war. Ein sich-Umhersehen in den Jugendschriften ist daher unbedingt zu empfehlen, wobei insbesondere das sog. *älteste Systemprogramm des deutschen Idealismus* (→ S. 21) – wer immer der Verfasser sei – in ganz konzentrierter Form den unerhörten, gemeinsamen Impuls der Jugendfreunde *Hölderlin, Schelling* und Hegel zu veranschaulichen vermag. Wer primär von Fragen der politischen Philosophie, dem Verhältnis Hegel-*Marx* ausgeht, dem wäre der Einstieg über den Abschnitt der *Rechtsphilosophie* »Die bürgerliche Gesellschaft« zu empfehlen, da hier Hegels Ansatz an einem zentralen und zugleich einigermaßen »vertrauten« Gegenstand deutlich wird. Ein sehr häufig gewählter Weg ist sicherlich die Lektüre der Vorrede der *Phänomenologie,* da sich hier programmatische Formulierungen zu Hegels Verständnis von Dialektik finden. Es ist bei dieser Vorgehensweise nur wichtig, sich nicht allzusehr auf die Vorrede zu versteifen, sondern nach einer gewissen Zeit auch den Mut zu haben, einfach weiterzulesen und sich auf die materiale Entfaltung der Bewußtseinsdialektik einzulassen. Eine weitere Möglichkeit ist schließlich der Einstieg mit Hegels Vorlesungen, etwa über die *Philosophie der Weltgeschichte,* da die Vorlesungen von jeher die besser verständliche, gleichsam einladendere Seite von Hegels Denken darstellen.

Eine weitere Hilfestellung bieten die *Einführungen,* die einen Gesamtüberblick über Hegels Leben und Denkentwicklung vermitteln wollen. Ich beschränke mich hier auf einige Darstellungen, wobei vorauszuschicken ist, daß eine wissenschaftlich befriedigende, die Ergebnisse der neueren Forschung einbeziehende Biographie noch aussteht.

Nicht zu empfehlen ist die wohl verbreitetste, in der Reihe ›rowohlts monographien‹ erschienene Darstellung von F. *Wiedmann*. Sie zeigt, wie ein Rezensent nachgewiesen hat, zahlreiche, allzupeinliche wörtliche Parallelen zu K. Fischers Hegelbuch, das Anfang des Jahrhunderts erschienen ist; schlimmer noch sind aber die zahlreichen Fehler, die dem Verfasser nicht nur im Bereich seiner (übernommenen) Wertungen (z. B. zur »Phänomenologie«, S. 34), sondern auch bei der Vermittlung reiner Fakten unterlaufen. Das Buch vermittelt insgesamt ein oberflächliches und verzerrtes Bild.

Die als Übersetzung aus dem Russischen vorliegende Biographie von A. *Gulyga* ist demgegenüber wesentlich informativer. Sie betrachtet Hegel vom Standpunkt der marxistischen »Klassiker« (Hegel als widersprüchlich in seinen progressiven und konservativen Momenten) und bemüht sich um den Nachvollzug der gedanklichen Entwicklung im Kontext der Zeit. Das Bildmaterial ist sorgfältig ausgewählt und bringt z. B. bei der Darstellung von Hegels Ästhetik auch Beispiele aus der Kunstgeschichte.

P. *Heintels* Biographie will zum Lesen von Hegels Texten anregen. Bei der erklärten Absicht, »ideologische Verschleierungen« zu vermeiden, erliegt sie allerdings der naheliegenden Gefahr einer ausschließlichen Fixierung auf Hegels Standpunkt, demgegenüber die nachfolgende philosophische Kritik nur als »Auflösungserscheinung«, »ideologisch-politische, überhaupt gesellschaftliche Ersatzbefriedigung« erscheint (S. 117; gemeint ist natürlich Marx).

Es ist der Vorzug von I. *Fetschers* Hegelbuch, den Bezug zur historischen und politisch-ökonomischen Situation von Hegels Zeit wie auch die Perspektive *nach* Hegel (Kierkegaard und Marx) als wichtig in die Darstellung mit hineinzunehmen. Das Buch besteht aus drei Teilen: Dem Aufsatz »Hegel – Größe und Grenzen«, dem Hauptteil »Hegel – Zur Einführung in sein Denken« sowie »Vier Thesen zur Geschichtsauffassung bei Hegel und Marx«. Fetschers Haltung ist sehr offen: es scheint ihm legitim, Hegels Philosophie »zu ›benützen‹, von ihr und aus ihr zu lernen, jene Bereiche der Realität zu erfassen, die nur oder doch besser durch dialektisches als durch analytisches Denken dargestellt und durchsichtig gemacht werden können« (7). Das Schwergewicht liegt daher auf Hegels politischer Philosophie.

In ihrem Charakter recht unterschiedlich sind die Hegelbücher von *Marcuse* und *Bloch*. »Vernunft und Revolution« erschien bereits 1941 aus aktuellem Anlaß, um Hegel gegen den in den angelsächsischen Ländern verbreiteten Vorwurf, ein Vorläufer des Faschismus zu sein, zu verteidigen. Marcuse bemüht sich daher um die Herausarbeitung des negativen, insgesamt sprengenden Grundzugs der Dialektik und stellt Hegel immer wieder in den Zusammenhang der bürgerlichen Emanzipationsgeschichte und ihrer (uneingelösten) Vernunftprinzipien. Blochs Schrift »Subjekt-Objekt« »erhebt nicht den Anspruch, ein Buch über Hegel zu sein, sie ist eher eines zu ihm, mit ihm und durch ihn hindurch« (so das Vorwort zur Ausgabe 1951, S. 11). Folglich steckt sehr viel Bloch in diesen »Erläuterungen zu Hegel«, die dadurch wiederum sehr anregend sein können. Beide Bücher sind Zeugnis der intensiven und vielfältigen Auseinandersetzung marxistischen Denkens mit Hegel, das zu seiner Selbstverständigung immer wieder auf Hegel zurückgreifen muß.

Für denjenigen, der einen Zugang über die gegenwärtige entwicklungsgeschichtliche Hegelforschung nehmen will, sei die sehr sorgfältig gemachte Einführung empfohlen, die O. *Pöggeler* herausgegeben hat. Alle Autoren arbeiten an der historischkritischen Gesamtausgabe mit und sind von daher mit den Problemen der Textsituation vertraut. Nach einem allgemeinen Überblick über »Werk und Wirkung« von Pöggeler informieren die Beiträge sehr dicht über die entwicklungsgeschichtlich und systematisch relevanten Schwerpunkte von Hegels Philosophie. Dem Prinzip »neutraler Hegelforschung« gemäß (Pöggeler, → S. 226) werden hier allerdings übergreifende Fragen nach dem historisch-gesellschaftlichen Kontext des deutschen Idealismus weitgehend ausgeblendet.

Was schließlich das vorliegende Büchlein betrifft, so hoffe ich, die in der Konzeption der Reihe liegenden, unterschiedlichen Anforderungen einer Vermittlung von Grundinformationen und weiterführenden, den Forschungsstand berücksichtigenden Hinweisen und Problemstellungen in einen einigermaßen lesbaren Zusammenhang gebracht zu haben. Daß angesichts des Umfangs der Probleme wie der Literatur dabei immer nur Ausschnitte dargeboten werden können, erübrigt sich zu betonen. Bei der Literaturauswahl habe ich mich zumeist auf neuere Beiträge beschränkt; über diesen Weg kann die frühere Literatur leicht erschlossen werden.

Stärker als andere Theoriekomplexe entzieht sich die Hegelsche Philosophie der Darstellung, so daß jede – an sich richtige – Aussage über Teilaspekte die Gefahr einer Verfälschung enthält. Das gilt insbesondere für den ersten Teil des Buches. Ich hoffe aber, daß der Überblick über die Rezeptionsgeschichte, die Art und Weise, wie Hegel in verschiedenen Epochen verstanden, weitergedacht und kritisiert wurde, zum Verständnis seiner Philosophie beiträgt. Der Zweck des Büchleins ist erfüllt, wenn es als eine Art Wegweiser zu den Stellen führt, die gesucht und dann erschlossen werden können – wenn auch ein Wegweiser inmitten einer weitläufigen Landschaft nur als ein dürres Stück Holz zu sehen ist.

Literatur

Adorno, Theodor W.: »Skoteinos oder Wie zu lesen sei«. In: Gesammelte Schriften Bd. 5. Hrsg. von Gretel *Adorno* und Rolf *Tiedemann*. FfM 1971, S. 326–380.

Bloch, Ernst: Subjekt-Objekt. Erläuterungen zu Hegel. 2., erw. Aufl. FfM 1971.

Fetscher, Iring: Hegel-Größe und Grenzen. Stuttgart 1971.

Fulda, Hans Friedrich: »Hegels Dialektik als Begriffsbewegung und Darstellungsweise«. In: Rolf-Peter *Horstmann* (Hrsg.): Seminar: Dialektik in der Philosophie Hegels. FfM 1978, S. 124–174.

Gulyga, Arsen: Georg Wilhelm Friedrich Hegel. FfM 1974.

Hartkopf, Werner: »Dialektisches und undialektisches Denken«. In: ZphF 27 (1973), S. 499–513.

ders.: »Das charakteristische Novum der neueren, bei Fichte, Schelling und Hegel einsetzenden Dialektik«. In: HJB 1976, S. 299–315.

Heintel, Peter: Hegel. Der letzte universelle Philosoph. Göttingen 1970.
Horstmann, Rolf-Peter: »Einleitung: Schwierigkeiten und Voraussetzungen der dialektischen Philosophie Hegels«. In: *ders.*, (Hrsg.): Seminar: Dialektik in der Philosophie Hegels. FfM 1978, S. 9–30.
Marcuse, Herbert: Vernunft und Revolution. Hegel und die Entstehung der Gesellschaftstheorie. 3. Aufl. Neuwied 1970.
Pöggeler, Otto (Hrsg.): Hegel. Einführung in seine Philosophie. Freiburg/München 1977.
Wiedmann, Franz: Georg Wilhelm Friedrich Hegel. In Selbstzeugnissen und Bilddokumenten. Reinbek/Hamburg 1965 [vgl. die Rezension von F. *Rodi* in PhLA 19 (1966), S. 240 ff.].

II. Hegel – Daten zu Leben und Werk

Zur Diskussion um den »jungen Hegel«

Das Schicksal der Jugendschriften Hegels ist eng verknüpft mit dem wechselnden Interesse, das dieser Periode seines Denkens entgegengebracht wurde. »Der junge Hegel« – damit ist im engeren Sinne die Epoche vor seinem ersten öffentlichen Auftreten als Privatdozent in Jena gemeint; im weiteren Sinne umfaßt sie die Entwicklung seines Denkens bis zum Erscheinen der *Phänomenologie des Geistes* (1807). Gerade diese *Entwicklung* aber war für die unmittelbaren Schüler Hegels, den Kreis der »Freunde des Verewigten«, der nach seinem Tode die Herausgabe seiner Schriften in Angriff nahm, gänzlich uninteressant – war doch für sie diese Entwicklung im »Resultat«, dem entfalteten System des Berliner Hegels »aufgehoben« und konnte folglich beiseite gelassen werden. Die gesamte Masse der Manuskripte vor den Arbeiten der Jenaer Zeit wurde daher in die Ausgabe der »Werke« (1832 ff.) nicht aufgenommen. Karl *Rosenkranz,* der erste Biograph Hegels, veröffentlichte dann erstmals aus dem »gesammten wissenschaftlichen und brieflichen Nachlass«, der ihm von Hegels Familie her zur Verfügung stand, wichtige – zum Teil allerdings falsch datierte – Auszüge, Fragmente und Tagebuchaufzeichnungen aus Hegels Jugendzeit, jedoch – hierin einig mit seinen Freunden – gerade unter der Generalprämisse der *Kontinuität* von Hegels Entwicklung. So lag für ihn, wie er im Vorwort seiner Biographie betont, die größte Schwierigkeit seiner Arbeit

»in der Eigenthümlichkeit des Hegelschen Grundwesens, stets wissenschaftlich *allseitig* und *allmälig* sich entwickelt zu haben. Sein Produciren war ein stilles Processiren seiner Intelligenz, ein continuirliches Fortarbeiten seines ganzen Menschen« (G. W. F. Hegels Leben, S. XVf. – in Zukunft zitiert als *Ros*.).

Dieser Befund änderte sich grundsätzlich erst mit Wilhelm *Diltheys* Forschungen, die er, angeregt durch das Erscheinen der »Briefe von und an Hegel« (1887), dem inzwischen in die Königliche Bibliothek Berlin gelangten Nachlaß Hegels widmete. Gemäß seiner gesamten Interessenlage, die auf die »Individualität« in ihrem mannigfachen Verwobensein in die Geschichte und die Entstehung des historischen Bewußtseins überhaupt zielt, formulierte Dilthey folgende Preisaufgabe der Königlich Preußischen Akademie der Wissenschaften:

»Die Entwicklungsgeschichte des Hegelschen Systems soll mit Benutzung der auf der Königlichen Bibliothek zu Berlin befindlichen Manuskripte dargestellt und historisch verständlich gemacht werden. Hierbei soll insbesondere berücksichtigt werden die Ausbildung seines Pantheismus, seiner dialektischen Methode, der Anordnung der Kategorien der Logik und seines Verfahrens, die Gestalten des geschichtlichen Lebens in einen philosophischen Zusammenhang zu bringen« (Abhandlungen der Königl. Akad. d. Wiss. zu Berlin. Aus den Jahren 1899 und 1900, S. XXXVI f.).

»Ausbildung seines Pantheismus« – damit ist das Stichwort gegeben für die Darstellung der *Jugendgeschichte Hegels,* die Dilthey schließlich selbst vorgelegt hat (die eingereichten Arbeiten waren unbefriedigend geblieben). Ausgehend von Hegels Auseinandersetzung mit der Theologie seiner Zeit, versteht ihn Dilthey als Philosophen eines »mystischen Pantheismus« im Zuge einer allgemeinen geistesgeschichtlichen Tendenz gegen die Aufklärung. In der Fähigkeit zum »metaphysischen Erlebnis«, in dem eine bisher noch ungekannte Seite der Wirklichkeit ausgedrückt werde, zeige sich das Genie des jungen Hegel; er wird hier zu »einem der größten Metaphysiker aller Zeiten« (S. 56). Diltheys Ansatz folgend, veröffentlichte sein Schüler Hermann Nohl einen großen Teil des Nachlasses unter dem Titel »Theologische Jugendschriften« (→ S. 151 f.).

Die Vorstellung einer eigenständigen, lebendigen, theologisch-mystisch geprägten Jugendphase, im *Gegensatz* zur späteren Entwicklung, blieb lange Zeit vorherrschend, trotz der Veröffentlichung weiterer, ganz andersgearteter Funde, die von Hoffmeister 1936 in einer Sammlung zusammengefaßt und ergänzt wurden. Erst 1948 lieferte Georg *Lukács* in seiner ausführlichen Studie »Der junge Hegel« eine vernichtende Kritik: »die Auffassung von der ›theologischen‹ Jugendperiode Hegels« ist für ihn »eine Geschichtslegende reaktionärer Apologeten des Imperialismus« (S. 56). Dementsprechend stehen bei ihm die Bezüge zur Aufklärung, die innere Logik von Hegels Entwicklung und ihr Einmünden in die *Phänomenologie des Geistes* im Vordergrund. Trotz manch verbaler Kraftmeierei ist es Lukács' bleibendes Verdienst, die einseitige Akzentuierung des »theologischen« Hegel korrigiert und die Entwicklung seines historisch-politischen und dialektischen Denkens in seiner ganzen Verschlungenheit im Zusammenhang seiner Zeit dargestellt zu haben. Sein zentrales methodologisches Anliegen ist dabei bei der Darstellung der Entwicklung der Dialektik zugleich der Versuch einer Erhellung der Beziehungen zwischen

Ökonomie und Philosophie, ein Grundthema marxistischer Hegelaneignung.

Die mit Lukács erreichte Bandbreite der Interpretationen löste in der Folgezeit eine Fülle von Arbeiten aus – der »junge Hegel« wurde zu einem Lieblingsthema der Forschung. Aus der Masse der heute kaum noch zu überblickenden Spezialliteratur seien daher stellvertretend zwei Frageweisen der Forschung zum jungen Hegel erwähnt, die beide gegenüber den Extremen Dilthey-Lukács auf einer differenzierten Gesamteinschätzung beruhen.

Carmelo *Lacortes* »Il Primo Hegel«, eine umfassende Studie zu Hegels Gymnasial- und Studentenzeit, versucht detailliert, das geistige Milieu, in dem Hegel aufwuchs, und dessen mögliche Einflüsse auf seine Entwicklung zu rekonstruieren. Lacorte weist insbesondere auf die Tatsache hin, daß die meisten Interpreten die vermuteten oder nachweisbaren Einflüsse auf Hegel gemäß *ihren* Intentionen akzentuieren (so ist Lacortes Ergebnis in vielen Fällen negativ oder – wie z. B. bezüglich des »Kantianismus« des Tübinger Hegel – kritisch-modifizierend). Doch wäre gegenüber Lacortes Intention grundsätzlich die Frage einzuwenden, welchen Stellenwert das Aufzeigen von Abhängigkeiten hat, soll es nicht zum Selbstzweck werden und sich in einer Unendlichkeit von Möglichkeiten verlieren (vgl. dazu die Rez. von Peperzak, bes. S. 360).

Ein zweiter wichtiger Ansatz der Auseinandersetzung mit dem jungen Hegel ist mit dem zusammenfassenden Titel »Hegel im Kontext« umrissen, in dem Dieter *Henrichs* Projekt einer differenzierten Darstellung der Genese des deutschen Idealismus zum Ausdruck kommt. Henrichs Methode einer »philosophischen Entwicklungsgeschichte« zielt auf die Rekonstruktion der *Motive,* die zur Entwicklung eines philosophischen Entwurfes führten, und versucht das Endprodukt als »Antwort auf bestimmte Fragestellungen in einer meist sehr komplexen Konstellation von Problemen« plausibel zu machen (»Historische Voraussetzungen ...«, S. 41). Diese Methode hat mit ihrem Bezug auch auf konkrete Situationen und persönliche Verhältnisse zu fruchtbaren Ergebnissen geführt und angeregt, wie die Henrichs Anregungen weiterführende Arbeit von Hannelore *Hegel* beweist. Doch zeigt sich als Pendant dieser Vorgehensweise zugleich der jeder Beschränkung auf »den inneren Zusammenhang der Ideen der Zeit« (Henrich) anhaftende Schatten der Einschränkung auf reine Geistesgeschichte (vgl. dazu Sörings Rez. des Buches von H. Hegel, bes. S. 307). Die

Gefahr der Hegelforschung, durch immer weiter vorangetriebene Spezialisierung den Blick auf umfassendere Zusammenhänge zu verlieren, zeigt sich gerade am jungen Hegel in voller Schärfe. Dennoch – und das ist Diltheys Verdienst – kann heute keine Beschäftigung mit Hegel mehr an seiner Entwicklung vorbeigehen.

Literatur

Dilthey, Wilhelm: Die Jugendgeschichte Hegels. In: Phil. und hist. Abhandlungen der Königlich Preußischen Akademie der Wissenschaften. Aus dem Jahre 1905. Berlin 1905. Hier zitiert nach *ders.*: Gesammelte Schriften Bd. IV, Stuttgart ²1959.

Hegel, Hannelore: Isaac von Sinclair zwischen Fichte, Hölderlin und Hegel. Ein Beitrag zur Entstehungsgeschichte der idealistischen Philosophie. FfM 1971.
Vgl. dazu die Rez. von J. *Söring* in HST 10 (1975), S. 306–313.

Hegel, Karl (Hrsg.): Briefe von und an Hegel. Teil 1 und 2, Leipzig 1887 (vgl. → S. 219).

Henrich, Dieter: »Historische Voraussetzungen von Hegels System«. In: *ders.*: Hegel im Kontext. FfM 1971, S. 41–72.

ders.: »Hölderlin über Urteil und Sein. Eine Studie zur Entstehungsgeschichte des Idealismus«. In: Hölderlin-Jahrbuch 14 (1965/66), S. 73–96.

Hoffmeister, Johannes (Hrsg.): Dokumente zu Hegels Entwicklung. Stuttgart 1936. Nachdruck 1974.

Lacorte, Carmelo: Il Primo Hegel. Firenze 1959.

Lukács, Georg: Der junge Hegel. Über die Beziehungen von Dialektik und Ökonomie. Zürich/Wien 1948. Hier zit. nach der zweibändigen Ausgabe FfM 1973.

Nohl, Hermann (Hrsg.): Hegels theologische Jugendschriften. Tübingen 1907. Nachdruck FfM 1966.

Peperzak, Adrian: »Neue italienische Studien über den jungen Hegel«. (= Sammelrezension) In: HST 2 (1963), S. 360–367.

Rosenkranz, Karl: Georg Wilhelm Friedrich Hegels Leben. Berlin 1844. Nachdruck Darmstadt 1971 u. ö.

1. Kindheit und Jugend in Stuttgart (1770–1788)

Nach Rosenkranz' Bericht sind Hegels Vorfahren im 16. Jh. von Kärnten nach Württemberg ausgewandet, um der religiösen Verfolgung durch die Habsburger, der der frühe Protestantismus ausgesetzt war, zu entgehen. Sie faßten dort schnell Fuß »im mittleren Bürgerstande« (»namentlich aber auch Scholarchen und Pfarrer« – Ros., S. 4). Hegels Vater Georg Ludwig war herzoglicher Rentkammersekretär, später Expeditionsrat in Stuttgart, ein Mann von gehobener Stellung und aristokratischer Gesinnung. Aus seiner Verbindung mit Maria Magdalena Fromme wurde Georg Wilhelm Friedrich als erstes Kind am 27. August 1770 geboren. Hegel hatte noch einen Bruder Georg Ludwig und eine Schwester Christiane, die ihn überlebte. Die Mutter, zu der ein sehr inniges Verhältnis bestand, starb bereits im Jahre 1783. – Stuttgart hatte damals als Residenzstadt eine gewisse Bedeutung auch in kultureller Hinsicht, wie überhaupt schon oft bemerkt wurde, daß das eigentümliche Milieu des protestantischen »schwäbischen Pfarradels« und seiner kulturellen Institutionen einer intensiven »Genieproduktion« sehr förderlich war.

Hegel besuchte zunächst zwei Jahre die sogenannte »Lateinische Schule«, dann vom siebten bis zum achtzehnten Lebensjahr das Stuttgarter Gymnasium. Zusätzlich unterstützt von Privatlehrern, gelangte der weiter nicht »auffällige« Musterschüler zu einer sehr intensiven Aneignung von Wissen. »Hegels Bildung war von Seiten des Princips eine durchaus der *Aufklärung*, von Seiten des Studiums eine durchaus dem classischen Alterthum angehörige« (Ros., S. 10). Da mit Ausnahme eines Konvoluts von Exzerpten zum Rahmenthema »Pädagogik des Menschengeschlechtes« fast alle Übersetzungen, Exzerpte, Präparationen etc. aus dieser Zeit verloren gingen – Hegel hatte sie sein Leben lang sorgfältig geordnet aufbewahrt –, sind wir hier überwiegend auf die Angaben von Rosenkranz angewiesen (Ros., S. 6–21 und 431–448; chronologisch geordnet bei G. Schüler. Schülers Aufsatz ist eine Vorarbeit zu der Neuausgabe von Hegels Jugendschriften innerhalb der »Gesammelten Werke«, die erst ein endgültiges Bild über den Bestand geben werden. Exzerptbeispiele finden sich auch bei Hoffmeister, »Dokumente«, S. 54–166). Der heranwachsende Hegel studierte das Alte und Neue Testament, die »Ilias«, Thukydides, Sophokles' »Antigone«, Euripides, die »Ethik« von Aristoteles, Cicero, Tacitus, Livius, um nur die bekanntesten der ›Alten‹ zu nennen. Aus der neueren Zeit finden sich u. a. die Lektüre von Shakespeare, Rousseau, Klopstocks Oden, Goethes »Werther«, Schillers »Fiesko« und vieler anderer zeitgenössischer Schriftsteller, Geschichtswissenschaftler und Ästhetiker (z. B. Gottsched, Lessing, Wieland, Garve, Ramler), ferner Exzerpte aus verschiedenen Literaturzeitungen und Büchern zu Physiognomik, Physik, Mathematik und Theologie.

Einen interessanten Einblick in die Gründlichkeit seiner Arbeitsweise und daß Maß an Selbständigkeit der Verarbeitung ergeben die erhaltenen Schriften. Vom Juni 1785 ab führte Hegel für eineinhalb Jahre ein zum Teil lateinisch geschriebenes Tagebuch, in dem er sich hauptsächlich Rechenschaft über seine intellektuelle Beschäftigung ablegte. Daneben finden sich aber auch Beobachtungen zu sozialen und religiösen Phänomenen (eine Bauernunruhe wird erwähnt, abergläubische Vorstellungen kritisiert, ebenso der Dämonen- und Engelglauben des Christentums). Ein besonderer Zug seines Interesses läßt sich in der Feststellung des Tagebuches finden, daß er »überhaupt die *Geschichte noch nicht philosophisch* und gründlich studirt habe« (Ros., S. 445). Gegenüber Lacortes Versuch, hier bereits die Suche nach einem neuen Typ von Geschichtsaneignung zu erkennen, weist Ripalda allerdings drauf hin, daß »philosophische Geschichte« zu dieser Zeit eher als aufgeklärte Betrachtung von Geschichte im Sinne einer empirischen Anthropologie ohne systematische Ansprüche zu verstehen ist (vgl. »Poesie und Politik ...«, S. 96 f.).

Aufklärerische Theoreme und Wendungen, z. B. die verbreitete These vom Priesterbetrug – einer der ersten Versuche, Religion als Herrschaftsinstrument zu interpretieren – finden sich, verbunden mit zaghafter Zeitkritik, in dem Aufsatz »Über die Religion der Griechen und Römer« (1787). In anderem Zusammenhang kehren sie vertieft wieder in dem Aufsatz »Über einige charakteristische Unterschiede der alten Dichter« [von den neueren]. In Anlehnung an einen Text von Christian *Garve* (einem bekannten aufklärerischen Moralisten) erörtert hier Hegel, warum die »Simplizität« und Originalität der antiken Dichtungen heute nicht mehr erreicht werden kann. Der Grund liegt darin, daß in der Gegenwart »die Begriffe und Cultur der Stände zu sehr verschieden« sind (Nachweis mit weiterführendem Kommentar bei Hoffmeister, »Dokumente«, S. 404–414). In dieser Formulierung aus dem Ende der Gymnasialzeit ist somit bereits ein Grundthema der gesamten weiteren Geschichtsphilosophie und Ästhetik Hegels angerissen.

Literatur

Dokumente und Materialien zur Biographie finden sich in »Briefe von und an Hegel«, Bd. IV, Teil 1, Hrsg. von Friedhelm *Nicolin*, Hamburg 1977.

Nicolin, Friedhelm (Hrsg.): Der junge Hegel in Stuttgart. Aufsätze und Tagebuchaufzeichnungen 1785–88. Stuttgart 1970.

ders.: Hegel 1770–1970. Leben, Werk, Wirkung. Eine Ausstellung des Archivs der Stadt Stuttgart. Katalog. Stuttgart 1970.
ders.: Zur Situation der biographischen Hegel-Forschung. Ein Bericht. Stuttgart 1975.
Ripalda, José Maria: »Poesie und Politik beim frühen Hegel«. In: HST 8 (1973), S. 91–118.
Schüler, Gisela: »Zur Chronologie von Hegels Jugendschriften«. In: HST 2 (1963), S. 111–159.
Teysèdre, Bernhard: »Hegel à Stuttgart«. In: Revue Philosophique 90 (1960), S. 197–227.

2. Studium in Tübingen (1788–1793)

Im Oktober 1788 immatrikulierte Hegel sich an der Universität Tübingen für das Studium der Theologie – ein damals gleichsam vorgezeichneter Weg. Die Tübinger Universität hatte zu dieser Zeit nur etwa zweihundert Studenten, davon rund drei viertel Studenten der Theologie, und war für die Ausbildung der »Landeskinder« im Staats-, Schul- und Kirchendienst bestimmt. Innerhalb der säkularen Auseinandersetzungen um das Verhältnis von Vernunft und Offenbarungsreligion, die durch die seit etwa 1760 von Johann Jacob *Semler* erarbeiteten Verfahren einer historisch-philologischen Bibelkritik zusätzlichen Zündstoff erhalten hatten, war Tübingen eine Bastion der Orthodoxie. Ihr berühmtester Exponent, Gottlob Christian *Storr,* vertrat einen exegetisch fundierten Supranaturalismus, nach dem die in den Wundern bezeugte Göttlichkeit Christi Grundlage der Autorität der Offenbarung darstelle.

Ein weiteres Spannungsfeld lag in der Situation am Tübinger Stift, an dem Hegel als herzoglicher Stipendiat wohnte. Diese seit 1536 bestehende Anstalt – ein bildungssoziologisch höchst interessantes Instrument der Elitereproduktion – beruhte auf einer sehr repressiv-peniblen Lebensordnung: »[...] der unbegreifliche Kontrast zwischen der freien, beinahe ausgelassenen Denkungsart, die im Stift herrscht und in einigen Punkten sogar begünstigt wird, und der höchst sklavischen Behandlungsart, der man unterworfen ist – alles dieses läßt den Denker eine Revolution ahnen, die unvermeidlich ist« – so ein Zeitgenosse bereits 1785 über das Stift (Nachweis mit weiteren Angaben in Briefe IV, 1, S. 266 f.). Hegel, der sich seiner umgänglichen Art wegen unter den Stiftlern allgemeiner Beliebtheit erfreute, schloß hier Freundschaft mit seinem Altersgenossen *Hölderlin* und dem bereits mit fünfzehn Jahren ins Stift aufgenommenen, extrem frühreifen *Schelling* – zwei Freundschaften, die seine intellektuelle Entwicklung für längere Zeit bestimmen sollten (Hegel selbst trat während des Studiums intellektuell in keiner Weise auffällig in Erscheinung).

Das bestimmende Ereignis der Zeit war die französische Revolution, an der auch die Stiftler lebhaften Anteil nahmen. Sie mußte ihnen – wie vielen deutschen Intellektuellen der Zeit (vgl. dazu die Textsammlung von Garber) – als Verwirklichung der Prinzipien der Vernunft, als »sittliche Wiedergeburt Europas« (Ros., S. 32) erscheinen. So finden sich in Hegels Stammbuch Losungen aus dem Freundeskreis wie »vive la liberté!« und »Tod dem Gesindel!«. Ein politischer Club, der sich im Stift bildete, zog eine persönliche Untersuchung durch *Herzog Karl* nach sich. Die in die Literatur eingegangene Episode, daß die Stiftler einen Freiheitsbaum auf den Neckarwiesen errichteten, wurde allerdings durch die Untersuchung dieser Überlieferung von Henrich als Legende entlarvt (vgl. »Leutwein über Hegel«).

Der Tübinger Studienbetrieb gliederte sich in einen viersemestrigen ersten Studienabschnitt, der vorwiegend philologischen und philosophischen Fächern gewidmet war, sowie einen sechssemestrigen zweiten Studienabschnitt in Theologie, an dessen Ende das sog. Konsistorialexamen stand. Dem Universitätsstudium angeschlossen war im Stift die Wiederholung des Lehrstoffes in wöchentlichen sog. »Repetitionen« und »Loci«, d. h. exegetisch-bibelkundlichen Übungen zu einem dogmatischen Grundsatz (»Locus«, z. B. die Lehre von der Erbsünde). Durch neuere Forschungen (Henrich/Döderlein; Brecht/Sandberger) zum Kreis der Repetenten, die die Übungen leiteten, ist es jetzt gelungen, genauere Einsichten in die eigentliche »Tübinger Stiftsphilosophie« zu erhalten. So kann von einem dominierenden Einfluß des schwäbischen Pietismus, wie ihn Rohrmoser (und vor ihm andere) nachzuweisen versuchte, nicht mehr gesprochen werden; statt dessen bildeten die Kantianer, insbesondere repräsentiert in dem radikalen Carl Immanuel *Diez*, einen einflußreichen Block im Repetentenkollegium (Brecht/Sandberger, S. 61).

Die für die Geschichte des deutschen Idealismus so wichtige Entwicklung *Schellings* hat Henrich nachzuweisen versucht: Schellings frühe Schrift »Vom Ich als Prinzip der Philosophie« (1795) will in direkter Polemik gegen die Tübinger Orthodoxie die Unvereinbarkeit von Storrs Offenbarung und Vernunft vermittelndem Kantverständnis und den Prinzipien wahrer kritischer Philosophie der Freiheit nachweisen (vgl. »Historische Voraussetzungen ...«, S. 60). Auch Hegels früheste Ansätze einer selbständigen Auseinandersetzung mit dem Christentum vom Ende der Tübinger Zeit (ab 1792), die in Bern weitergeführt und ausgearbeitet wurden, basieren auf einer prinzipiellen Kritik der theologischen Orthodoxie. Hegels eigentlich »philosophische« Entwicklung ist noch unbestimmt; ein Schwerpunkt seiner Lektüren liegt zu dieser Zeit auf *Rousseau*. Lacorte hat gegenüber dem von Dilthey u. a. behaupteten »Kantianismus« Hegels nachgewiesen, daß von einem systematischen Kantstudium in diesen Jahren noch nicht gesprochen werden kann. Dennoch muß der Einfluß *Kants* in Verbindung mit den Ereignissen der französischen Revolution als wichtiger Stimulus für die kritische Auseinandersetzung mit der Tradition und damit für die Entwicklung einer eigenen intellektuellen Identität angesehen werden (so führt z. B. Schelling in seinen Kommentaren zum Römer- und Galaterbrief 1792/93 den Nachweis, daß Christi ursprüngliche Lehre nach Paulus und Kants reine Vernunftmoral identisch seien, wobei das »Reich Gottes« eine politische Revolution mit der Errichtung des Vernunftgesetzes miteinschließe. – Vgl. »Historische Voraussetzungen ...«, S. 53 f.).

Literatur

Viele Dokumente und Materialien zur Biographie der Tübinger Zeit, u. a. Hegels Stammbuch, finden sich mit aufschlußreichen Hintergrundinformationen in Briefe IV, 1. – *Hoffmeister*, »Dokumente« S. 169–192 enthält den überarbeiteten Schulaufsatz vom Ende der Gymnasialzeit, Zeitschriftenauszüge und vier Predigten, die zur Ausbildung gehörten.

Brecht, Martin und *Sandberger*, Jörg: »Hegels Begegnung mit der Theologie im Tübinger Stift«. In: HST 5 (1969), S. 47–81.

Garber, Jörn (Hrsg.): Revolutionäre Vernunft. Texte zur jakobinischen und liberalen Revolutionsrezeption in Deutschland 1789–1810. Kronberg 1974.

Henrich, Dieter: »Leutwein über Hegel«. In: HST 3 (1965), S. 39–77.

Henrich, Dieter und *Döderlein*, Johannes Ludwig: »Carl Immanuel Diez. Ankündigung einer Ausgabe seiner Schriften und Briefe«. In: HST 3 (1965), S. 276–287.

Leube, Martin: Das Tübinger Stift 1770–1950. Stuttgart 1954.

Rohrmoser, Günter: »Zur Vorgeschichte der Jugendschriften Hegels«. In: ZphF 14 (1960), S. 182–208.

Schmidgall, Günter: »Die französische Revolution im Stift und die

Tübinger Studentenschaft. Das Stammbuch des C. F. Hiller«. In: Tübinger Blätter 35 (1948), S. 37–48.
Zur Entwicklung Schellings vgl. die »Materialien zu Schellings philosophischen Anfängen«. Hrsg. von Manfred *Frank* und Gerhard *Kurz*. FfM 1975.

3. Bern (1793–96): Die »Positivität« der christlichen Religion

Nach dem Konsistorialexamen nahm Hegel ab Oktober eine Hauslehrerstelle bei einem Schweizer Patrizier namens *Steiger von Tschugg* in Bern an. Ob er zu diesem Zeitpunkt bereits entschlossen war, den Pfarrberuf gänzlich aufzugeben, ist ungewiß – zumindest war das Hauslehrerdasein nichts Ungewöhnliches für die bürgerliche Intelligenz (auch Schelling und Hölderlin traf dieses Schicksal), und die Ämter im Staats- und Kirchendienst Württembergs waren (schon damals) sehr knapp.

Hegel fühlte sich in Bern sehr isoliert. Um so größere Bedeutung hatte daher der Briefwechsel mit *Schelling* und *Hölderlin*, der einen authentischen Einblick in die faszinierende, geradezu hektisch anmutende Atmosphäre der bis zum äußersten gesteigerten intellektuellen Produktivität dieser Epoche gewährt. Schelling entwirft bereits in seinem ersten Brief (Januar 1795) die künftige Marschrichtung über Kant hinaus, und zwar im Anschluß an Fichte, den »neuen Helden«:

»Die Philosophie ist noch nicht am Ende. Kant hat die Resultate gegeben; die Prämissen fehlen noch. Und wer kann Resultate verstehen ohne Prämissen? – Ein Kant wohl, aber was soll der große Haufe damit? [...] Wir müssen noch weiter mit der Philosophie! [...] Nun arbeit' ich an einer Ethik à la Spinoza; sie soll die höchsten Prinzipien aller Philosophie aufstellen, in denen sich die theoretische und praktische Vernunft vereinigt« (Br. I, S. 14 f.).

Auch Hegel erwartet von der höchsten Vollendung des Kantischen Systems »eine Revolution in Deutschland«:

»Ich glaube, es ist kein besseres Zeichen der Zeit als dieses, daß die Menschheit an sich selbst so achtungswert dargestellt wird; es ist ein Beweis, daß der Nimbus um die Häupter der Unterdrücker und Götter der Erde verschwindet. Die Philosophen beweisen diese Würde, die Völker werden sie fühlen lernen, und ihre in den Staub erniedrigte[n] Rechte nicht fo[r]dern, sondern selbst wieder annehmen, – sich aneignen. Religion und Politik haben unter *einer* Decke gespielt, jene hat gelehrt, was der Despotismus wollte, Verachtung des Menschengeschlechts, Unfähigkeit desselben zu irgend einem Guten, durch sich selbst etwas zu sein. Mit Verbreitung der Ideen, wie etwas sein *soll*, wird die Indolenz der gesetzten Leute, ewig alles zu nehmen, wie es ist, verschwinden.« (Br. I, S. 23 f., April 1795)

Gegenüber den theoretischen Entwürfen des Freundes hält er sich jedoch auffallend zurück und bekennt, daß er »hier nur ein Lehrling« sei, von dessen Arbeiten zu reden »nicht der Mühe wert« sei (Br. I, S. 32 f.).

»Mit den neuern Bemühungen, in tiefere Tiefen einzudringen, bin ich wenig noch bekannt, [...] da mir diese Spekulationen [mehr] nur für die theoretische Vern[unft] von näherer Bedeutung als von großer Anwendbarkeit auf allgemeiner brauchbare Begriffe zu sein schien.« (Br. I, S. 16)

Hegels eigentliches Interesse in dieser »republikanischen Periode« (Lukács) seiner Entwicklung ist ein unmittelbar praktisches; sein Blick ist, wie Rebstock hervorhebt, »eigentlich in die *Zukunft* gerichtet« (»Hegels Auffassung des Mythos«, S. 66). Denn das zentrale Thema der Fragmente aus der Berner Zeit, die Nohl unter dem Titel »Die Positivität der christlichen Religion« zusammengefaßt hat, ist die Frage, inwiefern die (christliche) Religion ein freies Zusammenleben der Menschen innerhalb eines freien Gemeinwesens ermöglicht oder nicht. Religion hat hier insofern eine ganz wesentliche Bedeutung, als sie auf Ebenen des Bewußtseins zielt, die nicht Gegenstand von Gesetzgebung – der Ebene bloßer »Legalität« – sein können, sondern z. B. auch »Zutrauen zum Staat« und »moralische Triebfedern« des Handelns in Bewegung setzt. Kontrastfolie dieser Untersuchungen ist dabei ein eigentümlich projiziertes Bild der antiken *Polis,* die von ihren öffentlich-demokratischen Institutionen wie von ihren Religionsformen her diese Ansprüche erfüllt zu haben schien:

»Als freie Menschen gehorchten sie Gesetzen, die sie sich selbst gegeben [...]; im öffentlichen wie im Privat- und häuslichen Leben war jeder ein freier Mann, jeder lebte nach eigenen Gesetzen. Die Idee seines Vaterlandes, seines Staates war [...] das Höhere, wofür er arbeitete« (Nohl, S. 221 f.; I, 204. – Lukács weist auf die hier zugrundeliegende »ökonomielose« Betrachtung der Antike hin – das Problem der Sklaverei blendet Hegel noch aus. Vgl. »Der junge Hegel«, S. 88).

Diesen Zuständen entspricht die antike »Volksreligion«, die in Tübingen bereits durch folgende Kennzeichen charakterisiert worden war:

»I Ihre Lehren müssen auf der allgemeinen Vernunft gegründet sein. II Phantasie, Herz und Sinnlichkeit müssen dabei nicht leer ausgehen. III Sie muß so geschaffen sein, daß sich alle Bedürfnisse des Lebens – die öffentlichen Staatshandlungen daran anschließen –« (Nohl, S. 20; I, 33).

Dieser »subjektiven«, weil mit dem Individuum unmittelbar zusammenhängenden Religion stellt Hegel das Christentum als »objektive« oder »positive« entgegen, weil es »das moralische Gesetz als etwas außer uns Bestehendes, als etwas Gegebenes« verkündet und ihm somit vornehmlich durch Furcht Achtung verschaffen muß (Nohl, S. 212; I, 189). Hegel knüpft diesen Vorgang geschichtlich an den Zerfall der griechischen republikanischen Freiheit im römischen Despotismus, der seiner Meinung nach durch aufkommenden Luxus und Reichtum ermöglicht wurde. So hat sich in dieser geschichtlichen Konzeption bis in die Gegenwart hinein die positive Religion mit dem Despotismus vereint; einem Despotismus, »der nach Unterdrückung aller Freiheit des Willens durch die Geistlichkeit völlig gewonnenes Spiel hat – bürgerliche und politische Freiheit hat die Kirche als Kot gegen die himmlischen Güter und den Genuß des Lebens verachten gelehrt« (Nohl, S. 207; I, 182).

In dieselbe Richtung gehen Arbeiten vom Mai–Juli 1795, die Nohl unter dem Titel »Das Leben Jesu« zusammengefaßt hat. Das Leben Jesu, sein Handeln und sein Charakter waren im 18. Jh. Gegenstand lebhaften Interesses. Häufig wurden Parallelen zwischen Jesus und Sokrates gezogen, und insbesondere die Wunder Jesu und der Versuch, sie mit den Gesetzen der Vernunft in Übereinstimmung zu bringen, waren heftig umstritten. Auch Kant hatte in seiner Schrift »Die Religion innerhalb der Grenzen der bloßen Vernunft« (1793) gefordert, den Kirchenglauben vom »reinen Religionsglauben« her neu auszulegen mit dem Ziel der »moralischen Besserung des Menschen«.

Hegel schrieb eine eigenständige Nacherzählung des Lebens Jesu, in der Jesus als edler, göttlicher Mensch »das ewige Gesetz der Sittlichkeit« verkündet und die Menschen zu einer geläuterten, selbstbewußten Auffassung ihrer selbst und des Göttlichen bringt. Hegel ließ dabei alle Wunder einfach wegfallen – Jesus kam ja zu der Erkenntnis, »daß es selbst unter der Würde des Menschen ist, nach einer solchen Macht [über die Natur] zu streben, da er in sich eine über die Natur erhabene Kraft besitzt« (d. h. das Sittengesetz; Nohl, S. 77).

Ein sehr aufschlußreiches und schön zu lesendes Dokument ist Hegels Reisetagebuch durch die Berner Oberalpen, das Rosenkranz im Anhang seiner Biographie abgedruckt hat. Hegel unternahm im Juli 1796 »mit drei sächsischen Hofmeistern« eine Wanderung, bei der er ausführliche Tagebuchnotizen machte, die immer wieder das Naturerlebnis thematisieren. Offenbar unter dem Einfluß des zeitgenössischen Naturempfindens (Hölderlin z. B. hatte geschrieben: »Deine Seen und Alpen möchte ich wohl zuweilen um mich haben. Die große Natur veredelt und stärkt uns doch unwiderbringlich«. Br. I, S. 9) hatte Hegel große Erwartungen an die Gebirgswelt, die aber ganz und gar enttäuscht wurden: »Der Anblick dieser ewig todten Massen gab mir nichts als die einförmige und in die Länge langweilige Vorstellung: *es ist so*« (Ros., S. 483; I, 618). Hier zeichnet sich bereits sehr früh ein für Hegel charakteristischer Zug ab, der sich bis in die Konzeption seiner Ästhetik durchhält: die Abwertung des Naturschönen, dem kein eigenständiger Wert zuerkannt wird.

Charakteristisch sind ebenfalls die detaillierten Notizen des Reisetagebuchs zum Leben der Bergbewohner, die Hegels frühes Interesse für konkrete soziale Zustände in ihren Bedingungszusammenhängen bezeugen (Detailstudien zur Finanzverfassung Berns, von denen Rosenkranz S. 61 berichtet, sind leider verlorengegangen). Ein Zeugnis der theoretischen Interessen findet sich auch in der Bemerkung, daß die »Hirtenvölker« mit ihrem »Kindersinn« einen »*Mythos*« etwa an ein besonderes Felsstück anknüpften, während die christliche Einbildungskraft bei ähnlichen Anlässen »nichts als eine *abgeschmackte Legende*« hervorgebracht habe (Ros., S. 487). *Rebstock* hat diesen Mythosbegriff ausführlich dargestellt und herausgearbeitet, wie sehr es dem jungen Hegel mit diesem »anthropologisch-völkischen« bzw. »anthropologisch-soziologischen« Mythosverständnis um die Konzeption einer *alle* Volksschichten umgreifenden Verbindung und Durchdringung von Verstandeskräften und Sinnlichkeit, um eine wiederherzustellende Totalität des Menschen also, geht.

In Anbetracht der gravierenden Wandlungen, die Hegels Denken seit der Frankfurter Zeit durchgemacht hat, wurde der Berner »republikanischen« Periode seiner Entwicklung in der Rezeptionsgeschichte sehr unterschiedliche Bedeutung beigemessen. Legt man, wie seit Dilthey lange Zeit vorherrschend, das Interesse auf den »pantheistischen« Genius, oder interessiert Hegel primär als der spätere Dialektiker, so könnte diese Periode als unwesentliches Jugendvorspiel beiseite gelassen werden. Demgegenüber hat *Lukács* versucht, die Bedeutung der

»Positivität« als *den* Problemkern herauszuarbeiten, der in der *Phänomenologie* als das Zentralproblem der »Entäußerung« und ihrer stufenweisen Aufhebung im Geschichtsprozeß wiederkehrt. Wie schwierig es ist, das Denken Hegels während der Berner Zeit griffig zu fassen, zeigt in diesem Zusammenhang exemplarisch die Diskussion um das sogenannte *Älteste Systemprogramm des deutschen Idealismus*. Dieses Fragment wurde 1917 von Franz *Rosenzweig* veröffentlicht. Obwohl nur als Reinschriftfragment in Hegels Handschrift vorliegend, war es für Rosenzweig aus graphologischen und inhaltlichen Gründen klar, daß *Schelling* als Autor angesehen werden müsse. Sein Inhalt ist – gemessen an Hegels anderen Berner Schriften – in der Tat befremdend; es entwirft in kühnen Strichen eine auf das freie Subjekt gegründete Gesamtkonzeption der Welt, die in der Idee einer sich in Schönheit aufhebenden Philosophie gipfelt. Dabei muß die Religion sinnlich werden; eine »Mythologie der Vernunft« wird gesucht, die die Trennung von Volk und Philosophen zu überwinden vermag. Der Staat als Institution muß abgeschafft werden:

»Die Idee der Menschheit voran, will ich zeigen, daß es keine Idee vom *Staat* gibt, weil der Staat etwas *Mechanisches* ist, so wenig es eine Idee von einer *Maschine* gibt. Nur was Gegenstand der *Freiheit* ist, heißt *Idee*. Wir müssen also über den Staat hinaus! – Denn jeder Staat muß freie Menschen als mechanisches Räderwerk behandeln, und das soll er nicht; also soll er *aufhören*« (I, 234).

Aufgrund des Einflusses ästhetischer Konzeptionen im Fragment wurde alsbald *Hölderlin* als Verfasser reklamiert, doch konnte sich Rosenzweigs Deutung in modifizierter Form Ende der zwanziger Jahre durchsetzen: Der Text sei eine Abschrift Hegels, die Schelling unter dem Einfluß Hölderlins verfaßt habe. 1964 hat Otto *Pöggeler* diese Frage mit neuen Argumenten wieder aufgerollt und Hegel als »Verfasser des ältesten Systemprogramms des deutschen Idealismus« nachzuweisen versucht. Auch eine weitere Tagung 1969 konnte keine Klärung bringen. Doch liegt die Bedeutung dieser Diskussionen um die Autorenfrage, wie *Bubner* zu Recht hervorhebt, »weniger in sich und der Aussicht auf abschließende Entscheidung für einen Namen, als vielmehr in der plastischen Vergegenwärtigung des Geflechts von Kooperation und Querverbindungen, Abhängigkeiten und Anstößen, das die letzte Dekade des achtzehnten Jahrhunderts kennzeichnet« (HST Beih. 9, S. 2).

Literatur

Zu den bei *Hofmeister*, Dokumente S. 195–217 abgedruckten »Materialien zu einer Philosophie des subjektiven Geistes« (einer fragmentarischen Sammlung von Notizen und Lesefrüchten) vgl. Friedhelm *Nicolin*, »Hegels Arbeiten zur Theorie des subjektiven Geistes«. In: Erkenntnis und Verantwortung. Festschrift f. Th. *Litt.* Hrsg. von Josef *Derbolav* und Friedhelm *Nicolin.* Düsseldorf 1960, S. 356–374.

Bubner, Rüdiger (Hrsg.): Das älteste Systemprogramm. Studien zur Frühgeschichte des deutschen Idealismus. Bonn 1973 (= HST Beih. 9).

Hasler, Ludwig: »Aus Hegels philosophischer Berner Zeit«. In: HST 11 (1976), S. 205–211.

Henrich, Dieter: Aufklärung der Herkunft des Manuskripts »Das älteste Systemprogramm des Deutschen Idealismus«. In: ZphF 30 (1976), S. 510–528.

Nicolin, Friedhelm: »Aus der Überlieferungs- und Diskussionsgeschichte des ältesten Systemprogramms«. In: HST 12 (1977), S. 29–42.

Peperzak, Adrian: Le jeune Hegel et la vision morale du monde. La Haye 1960 [eine mehr existentielle Interpretation des jungen Hegel].

Pöggeler, Otto: »Hegel, der Verfasser des ältesten Systemprogramms des deutschen Idealismus«. In: HST Beih. 4 (1968), S. 17–32.

Rebstock, Hans-Otto: Hegels Auffassung des Mythos in seinen Frühschriften. Freiburg/München 1971.

4. Frankfurt (1797–1800): Umbruch und Neuorientierung

Durch die Vermittlung Hölderlins nahm Hegel im Januar 1797 eine Hauslehrerstelle bei der Frankfurter Kaufmannsfamilie *Gogel* an, die ihm neben einer Verbesserung seiner materiellen Umstände und der Möglichkeiten wissenschaftlichen Arbeitens endlich den ersehnten Kontakt mit einem weiteren Freundeskreis brachte. Hegels Frankfurter Jahre, die »für uns zu den undurchsichtigsten seines Lebens« gehören (Pöggeler, »Hölderlin-Sinclair-Hegel«, S. 24), zeigen sich von seinen eigenen Äußerungen her wie in den Bemühungen der Forschung in einem widersprüchlichen Licht. Einerseits scheint Hegel sich in Frankfurt sehr wohl gefühlt zu haben. So schreibt er an seine Stuttgarter Jugendfreundin Nanette Endel, daß er »hier in Frankfurt wieder etwas mehr der Welt gleich« werde und »mit den Wölfen heulen« wolle (Br. I, S. 49 u. 52; Frühjahr 1797). Andererseits erscheint dieser Abschnitt seines Lebens im Rückblick als exemplarischer »Wendungspunkt des Lebens«, als krisenhafte »Hypochondrie«, an der er »ein paar Jahre bis zur Entkräftung gelitten« habe, bis eine neue »Sicherheit seiner selbst« erreicht worden sei (Br. I, S. 314; 1810).

Dem entspricht ganz der Zustand der Manuskripte: bis auf eine anonym veröffentlichte Flugschrift sind fast alle Texte Fragmente geblieben, in denen oft gewohnte Gedankengänge unvermittelt neben ganz neuen Ansätzen stehen. Insgesamt herrscht auch eine gewisse terminologische Unsicherheit vor. Denn Hegels Denken befindet sich im Prozeß einer grundlegenden Neuorientierung. Die heroisch-radikale und abstrakte Ablehnung der Gegenwart weicht einer Auseinandersetzung mit den Bedingungen und der Notwendigkeit der bürgerlichen Gesellschaft; eine Notwendigkeit, die von Hegel als »Schicksal« erfahren wird. Das impliziert ein Eingehen auf die konkrete Existenz des Einzelnen – der »Privatmensch« mit den Problemen seiner individuellen Situation als Vereinzelter ist, wie Lukács in seiner allgemeinen Charakteristik der Frankfurter Periode zu Recht hervorhebt, im Gegensatz zu allem späteren Philosophieren hier immer wieder *Ausgangspunkt* von Hegels Denkansätzen. Und bei diesem Versuch, die erlebte Widersprüchlichkeit des Lebens zu überbrücken und zu versöhnen, entwickelt Hegel die Grundbegriffe eines dialektischen Denkens, das zur »Weltphilosophie« einer Epoche (so der junge Marx in dem Brief an seinen Vater, 10. November 1837) werden sollte.

Die Wende in Hegels Denken zeigt sich bereits in den Entwürfen über Religion und Liebe vom Sommer/Herbst 1797. Eine neu gedeutete »Religion«, »Leben« und »Liebe« werden jetzt zu Zentralbegriffen, mit denen Hegel ein Verhältnis von Ich und Außenwelt zu denken versucht, in dem beide als das Ganze eines »Lebens« erscheinen: »Wahre Vereinigung, eigentliche Liebe findet nur unter Lebendigen statt, die an Macht sich gleich [...] sind; sie schließt alle Entgegensetzung aus.«

Liebe raubt dem Entgegengesetzten »allen Charakter eines Fremden« (wie es auch im gewöhnlichen Denken – dem »Verstand« erscheint), in ihr findet »das Leben sich selbst ohne weiteren Mangel« (Nohl, S. 379; I, 245 f.). Dieselbe Subjekt-Objekt-Struktur findet sich in der Religion: »[...] nur in der Liebe ist man eins mit dem Objekt, es beherrscht nicht und wird nicht beherrscht – Diese Liebe von der Einbildungskraft zum Wesen gemacht, ist die Gottheit« (Nohl, S. 367; I, 242). »Die Religion ist eins mit der Liebe« (Nohl, S. 377; I, 244).

Die entscheidenden Anstöße zu dieser Wendung müssen von *Hölderlin* und dessen Freundeskreis ausgegangen sein. So versuchte *Henrich* nachzuzeichnen, wie Hölderlin in der Auseinandersetzung mit Kant und Fichte mit den Mitteln der Vereinigungsphilosophie – einer platonisierenden Nebenströmung in der Philosophie des 18. Jh.s – bereits 1795 über ein Konzept verfügte, in dem das Bezogensein des Menschen auf einen Einheitsgrund – das in der »Liebe« und »Schönheit« begrenzt erfahrene »Seyn« – einen zentralen Stellenwert einnimmt. Hannelore Hegel versuchte parallel dazu, die Bedeutung von Hölderlins engem Freund, dem Regierungsrat Isaac *Sinclair*, schärfer zu erfassen, der in diesen Begegnungen eine große Rolle gespielt hat. Dennoch zeigt die Kritik Pöggelers an Henrich und H. Hegel, wie sehr die konkrete Erforschung der Frühgeschichte des deutschen Idealismus in wichtigen Fragen noch im Bereich von »Spekulationen« (»Sinclair . . .«, S. 19) bleiben muß.

In einem großen Konvolut von Manuskripten, die Nohl unter dem Titel »Der Geist des Christentums und sein Schicksal« zusammengefaßt hat, nimmt Hegel das große Thema der Berner Zeit wieder auf, das jetzt allerdings in einem anderen Licht erscheinen muß. Insbesondere die Person Jesu ist hier als eine *tragische* Gestalt konzipiert, deren »Schicksal« es ist, entweder am Geist ihrer Nation – dem Judentum – zu partizipieren, oder ihn von sich zu weisen, ihrem eigenen Ideal zu leben und an dem Widerspruch dieser »Trennung seiner Natur und der Welt« (Nohl, S. 329; I, 401) tragisch zu scheitern. Derselbe Widerspruch bleibt in der Geschichte des Christentums erhalten, und das Manuskript schließt mit dem Satz: »es ist ihr Schicksal, daß Kirche und Staat, Gottesdienst und Leben, Frömmigkeit und Tugend, geistliches und weltliches Tun nie in Eins zusammenschmelzen können« (Nohl, S. 342; I, 418).

Ansatzpunkt einer dialektischen Vermittlung ist auch in diesem Text wieder die Liebe. In ständiger polemischer Bezugnahme auf *Kant* zeigt Hegel, wie allein Liebe gegenüber dem abstrakten Stittengesetz und einer abstrakten Tugend dem Leben in der Vielfalt seiner »Modifikationen« gerecht werden kann (diese Kritik an der Rigidität des kanntischen Tugend- und Pflichtbegriffs war übrigens damals in Deutschland weit verbreitet). Liebe versöhnt mit dem Verbrechen, ja mit der Tugend selbst, da sie die »Blüte des Lebens«, eines begrifflich nicht starr fixierbaren Ganzen ist. (So im »Grundkonzept zum ›Geist des Christentums‹« vom Herbst 1798, Nohl, S. 394; I,

308). Doch läßt sich Hegel viel realistischer als in Bern auf die konkreten gesellschaftlichen Bedingungen des Daseins ein und sieht, daß »Liebe« wie auch »Religion« ihre Grenzen haben am Eigentum mit seinen Rechtsformen. Er vermag dieses Problem nicht zu lösen, doch geht er in Frankfurt zu einer ausdrücklichen *Anerkennung* des Eigentums über und bemerkt, daß Forderungen wie die Verachtung der Reichtümer in der Bergpredigt »keine Wahrheit für uns« haben: »Das Schicksal des Eigentums ist uns zu mächtig geworden, als daß Reflexionen darüber erträglich, seine Trennung von uns denkbar wäre« (Nohl, S. 273; I, 333).

In dem Bemühen um eine gedankliche Bewältigung derart schroff formulierter Widersprüche gelangt Hegel zu einer dialektischen Verflüssigung seiner Begrifflichkeit, wie wir sie in dem sog. *Systemfragment von 1800* finden. Von dieser vor dem 14. September 1800 abgeschlossenen Arbeit haben sich nur zwei von 47 Bogen erhalten, die allerdings von höchster Bedeutung sind. Hegel gerät hier in der Gegenüberstellung von Reflexion/Gesetz und Religion/Leben in erkenntnistheoretische Fragen und gelangt bei dem Versuch, das Leben als Beziehung auf sich, Getrenntes, wie auch in Beziehung auf das Ganze zu denken, zu der ersten dialektischen Fassung des Widerspruchs: »[...] ich müßte mich ausdrücken, das Leben sei die Verbindung der Verbindung und der Nichtverbindung« (Nohl, S. 348; I, 422). Da alles Denken als trennende Reflexion über eine fixierte Fassung des Widerspruchs nicht hinauskomme, müsse die Philosophie »eben darum mit der Religion aufhören« – ein Gedanke, der im Laufe der Jenaer Jahre umgekehrt werden wird.

Dialektische Verflüssigung findet sich auch auf der Ebene des *historischen* Begreifens in der Neufassung des Anfangs der Berner Positivitätsschrift, die Hegel kurz nach dem »Systemfragment« verfaßt hat. Er untersucht hier, wie eine Religion positiv *wird* und betont, daß ein »allgemeiner Begriff der menschlichen Natur« (die Basis der eigentlichen Aufklärung also) nicht hinreiche, die Religion in der Vielfalt ihrer historischen Formen abstrakt zu »beurteilen«. Es ist kennzeichnend für das Übergangsstadium, in dem Hegel sich befindet, daß er diese Formulierungen mit ihrem neuen Ansatz einfach der alten Berner Positivitätsschrift voranstellen wollte, obwohl sie deren Inhalt diametral entgegengesetzt sind.

Mit der gleichen Intensität, die diese neuen gedanklichen Versuche zur Bewältigung der Wirklichkeit speist, setzt sich

Hegel in Frankfurt mit politischen gesellschaftlichen Problemen im weiteren Sinne auseinander. Pöggeler weist darauf hin, daß bestimmte Vorurteile im Zusammenhang mit der »Legende« von der »großen Lebenskrise« dazu geführt haben, wirklich wahrzunehmen, daß Hegel in Frankfurt auch die »Umrisse einer praktischen Philosophie« konzipiert habe (»Hegels praktische Philosophie in Frankfurt«, S. 75). So erschien zur Ostermesse 1798 die anonyme Schrift *Vertrauliche Briefe über das vormalige staatsrechtliche Verhältnis des Waadtlandes (Pays de Vaud) zur Stadt Bern. Eine völlige Aufdeckung der ehemaligen Oligarchie des Standes Bern. Aus dem Französischen eines verstorbenen Schweizers übersetzt und mit Anmerkungen versehen.«* Daß der Übersetzer und ›Anmerker‹ dieser von J. J. Cart verfaßten Schrift Hegel war, wurde erst 1909 von Hugo Falkenheim wiederentdeckt. Der von der französischen Revolutionsarmee unterstützte Befreiungskampf des Schweizer Waadtlandes gegen die Berner Oligarchie steht hier als historisches Beispiel für den Sieg von Vernunft und Freiheit gegen Despotismus und Unterdrückung. »Eine Menge Nutzanwendungen« würden sich aus diesem Beispiel ergeben, bemerkt Hegel in der »Vorerinnerung« (I, 257), doch will er die Begebenheiten für sich selbst sprechen lassen – ein für Hegels ganzes Geschichtsdenken bezeichnender Zug, wie Pöggeler bemerkt: Hegel tritt seiner Zeit nicht unmittelbar gegenüber, sondern »versteckt sich gleichsam hinter der Darstellung eines bestimmten Geschehens« wenn es gilt, die Grundfrage der Freiheit aufzurollen (»Hegels praktische Philosophie. . .«, S. 81).

Direkt mit der Situation in Deutschland befaßt sich die Flugschrift *Daß die Magistrate von den Bürgern gewählt werden müssen* aus dem Sommer 1798. Nur der Anfang ist als Manuskript erhalten, doch gibt R. Haym, dem der ganze Text noch vorlag, ein Referat des weiteren Inhaltes. Die Flugschrift bezieht sich auf die Reform des Württembergischen Landtages, der Ende 1796 nach beinahe drei Jahrzehnten wieder einberufen worden war und nach allgemeiner Erwartung ein Reformlandtag werden sollte (eine Illusion, die 1799/1800 mit der Auflösung des Landtags und der Anklage des Hochverrats gegen maßgebende Landtagsführer endete – ein Stück deutscher Wirklichkeit). In Hegels Unsicherheit bei konkreten Problemen wie der Wahl der Repräsentanten zeigt sich das allgemeine Problem des durch das Schicksal der französischen Revolution enttäuschten Revolutionsenthusiasmus in Deutschland. So meint Hegel von Volkswahlen absehen zu müssen, solange kein

»Gemeingeist« vorhanden sei – aber wie ein vom Hof unabhängiges »Corps von aufgeklärten und rechtschaffenen Männern« zu finden sei, weiß er nicht auszumachen (I, 273). Angesichts dieser historischen Situation rieten ihm Stuttgarter Freunde, von einer Veröffentlichung der Schrift abzusehen, da sie im Moment mehr Schaden als Nutzen bringe (Ros., S. 31). Die von Hegel erhaltenen Partien zeigen übrigens eine große stilistische Kraft, wie etwa folgende Ausführungen über politisches Handeln:

»Wenn eine Veränderung geschehen soll, so muß etwas verändert werden. Eine so kahle Wahrheit ist darum nötig gesagt zu werden, weil die Angst, die muß, von dem Mute, der will, dadurch sich unterscheidet, daß die Menschen, die von jener getrieben werden, zwar die Notwendigkeit einer Veränderung wohl fühlen und zugeben, aber, wenn ein Anfang gemacht werden soll, doch die Schwachheit zeigen, alles behalten zu wollen, in dessen Besitze sie sich befinden, wie ein Verschwender, der in der Notwendigkeit ist, seine Ausgaben zu beschränken, aber jeden Artikel seiner bisherigen Bedürfnisse, von dessen Beschneidung man ihm spricht, unentbehrlich findet, nichts aufgeben will, bis ihm endlich sein Unentbehrliches wie das Entbehrliche genommen wird« (I, 270).

Rosenkranz berichtet von einem ausführlichen Kommentar zu *Kants* »Metaphysik der Sitten« (1797), den Hegel ab August 1798 verfaßte und der verlorengegangen ist. Leitender Gesichtspunkt war offenbar der Protest »gegen die Unterdrückung der *Natur* bei Kant und gegen die *Zerstückelung* des Menschen in die durch den Absolutismus des Pflichtbegriffs entstehende *Casuistik*« (Ros., S. 87). Ebenfalls verlorengegangen ist ein glossierender Kommentar zur deutschen Übersetzung von *Stewarts* »Grundsätze der Staatswirtschaft« (1767) vom Frühjahr 1799. Diese Auseinandersetzung mit der ökonomischen Theorie des höchstentwickelten Landes der damaligen Welt ist in Hegels Entwicklung von entscheidender Bedeutung als Selbstverständigung über die Grundlagen der bürgerlichen Gesellschaft. (Rosenkranz berichtet auch über ausführliche Exzerpte aus englischen Zeitungen.) Dieser massiven Faktizität der bürgerlichen Gesellschaft konnte Hegel jetzt nicht mehr wie in Bern sein republikanisches Ideal einfach gegenüberstellen, sondern mußte sich – wenn auch kritisch – auf ihre konkreten Bedingungen einlassen. Die Stoßrichtung des Kommentars scheint dieselbe wie im Kantkommentar gewesen zu sein: »Mit edlem Pathos, mit einer Fülle interessanter Beispiele bekämpfte Hegel das Todte desselben [d. h. des Merkantilsystems], indem er inmitten der Concurrenz und im Mechanismus der Arbeit wie des Verkehrs das *Gemüth* des Menschen zu retten strebte.« (Ros., S. 86).

Im Anhang seiner Biographie druckte Rosenkranz Fragmente historischer Studien ab, die aus inhaltlichen Gründen teils der Berner, teils der Frankfurter Zeit zuzuordnen sind (zu den verschiedenen Zuordnungen vgl. Schüler, »Zur Chronologie...«, S. 157). Diese Fragmente kreisen immer wieder um den Unterschied zwischen Antike und moderner Welt als Gesellschaften von kollektiver, freier Praxis einerseits, dem auf die Sicherheit des Eigentums als Angelpunkt fixierten Staat der Neuzeit andererseits. Pöggeler vermutet, daß es sich hierbei um Fragmente aus umfangreichen historischen Studien mit systematischer Absicht handelt (»Hegels praktische Philosophie...«, S. 101; vgl. Ros., S. 60 über »große sorgsam angelegte Tabellen« zur Geschichte im Nachlaß des jungen Hegel).

An der Frankfurter Zeit als einer Periode des Umbruchs und der Neuorientierung (anders jedoch Hartkopf, der die Kontinuität von Hegels Denkentwicklung akzentuiert) zeigt sich als ein Grundproblem aller Forschungen zum jungen Hegel die Gefahr der Projektion aus dem Wissen um die weitere Entwicklung heraus. Das sei an drei Beispielen belegt. Sicher war für den Frankfurter Hegel Hölderlins Auseinandersetzung mit Fichte sehr bedeutsam. Pöggeler kritisiert aber zu Recht, daß Henrich zu weit gehe, in Hegels kritischer Aneignung dieser Auseinandersetzung »die letzte entscheidende Wende auf dem Denkweg Hegels, die Ausbildung dessen, was dann später Dialektik genannt wurde, finden zu wollen« (»Sinclair...«, S. 16). Überzogen ist es auch, wenn Lukács bereits in den Frankfurter Schriften einen »Widerspruch zwischen System und Methode« (»Der junge Hegel«, S. 333 u. 360 f.) entdecken will, wo noch gar kein System vorhanden ist – ebenso wie man wohl kaum diese tastenden »philosophisch-ökonomischen Manuskripte« die Ausbildung einer »eigenen praktischen Philosophie« (Pöggeler) nennen und mit dem vergleichen kann, was die klassische Philosophie darunter verstanden hat. All dies liegt noch als Aufgabe vor Hegel, und er war sich dieser Aufgabe bewußt. So schrieb er in dem berühmten Brief an Schelling, der in Anbetracht des Wechsels nach Jena einen Strich unter die bisherige Entwicklung zieht:

»In meiner wissenschaftlichen Bildung, die von untergeordnetern Bedürfnissen der Menschen anfing, mußte ich zur Wissenschaft vorgetrieben werden, und das Ideal des Jünglingsalters mußte sich zur

Reflexionsform, in ein System zugleich verwandeln. Ich frage mich jetzt, während ich noch damit beschäftigt bin, welche Rückkehr zum Eingreifen in das Leben der Menschen zu finden ist« (Br. I, S. 59 f.; 2. Nov. 1800).

Literatur

Chamley, Paul: Les origines de la pensée économique de Hegel. In: HST 3 (1965), S. 225–261.

Düsing, Klaus: Jugendschriften. In: *Pöggeler*, Otto (Hrsg.): Hegel. Freiburg/München 1977, S. 28–42.

Falkenheim, Hugo: Eine unbekannte politische Druckschrift Hegels. In: Preußische Jahrbücher 138 (1909), S. 193–210. – Die Originalausgabe der »Vertraulichen Briefe« ist photomechanisch reproduziert worden unter dem Titel: Hegels erste Druckschrift. Faksimiledruck der Ausgabe von 1798 mit einem Nachwort von Wolfgang *Wieland*. Göttingen 1970.

Hartkopf, Werner: Die Anfänge der Dialektik bei Schelling und Hegel. In: ZphF 30 (1976), S. 545–566.

ders.: Der Durchbruch zur Dialektik in Hegels Denken. Meisenheim/Glan 1976.

Henrich, Dieter: Hölderlin und Hegel. In: *ders.*, Hegel im Kontext. FfM 1971, S. 9–40.

Nusser, Karl-Heinz: Hegels Dialektik und das Prinzip der Revolution. Der Weg zur praktischen Philosophie. München/Salzburg 1973.

Pöggeler, Otto: Sinclair-Hölderlin-Hegel. Ein Brief von Karl Rosenkranz. In: HST 8 (1973), S. 9–55.

ders.: Hegels praktische Philosophie in Frankfurt. In: HST 9 (1974), S. 93–107.

5. Jena (1801—1807): Auf dem Weg zur »Phänomenologie des Geistes«

Nach dem Tod von Hegels Vater (Januar 1799) wurde das Vermögen der Familie zwischen den drei Kindern aufgeteilt, so daß Hegel jetzt genügend finanzielle Unabhängigkeit besaß, um eine akademische Laufbahn einschlagen zu können. Er entschied sich für Jena, das im letzten Jahrzehnt des 18. Jh.s zum Zentrum geistiger Aktivitäten in Deutschland avanciert war. In engem Bezug zu den Ereignissen der französischen Revolution herrschte hier eine allgemeine geistig-politische Gährung, die zu zahlreichen Studentenunruhen geführt hatte und in *Fichtes* Lehrtätigkeit (ab 1794) einen entschiedenen Vertreter der Freiheitsparole gefunden hatte (1793 war seine Schrift

»Zurückforderung der Denkfreiheit von den Fürsten Europas« erschienen; Fichte selbst mußte 1799 wegen Anklage des Atheismus die Universität verlassen und ging nach Berlin). Zahlreiche Zeitschriften spiegeln die intensive literarische Diskussion der Zeit: *Schillers* »Horen« (1795–97), die »Jenaer Allgemeine Literatur-Zeitung« und von 1788–1800 das »Athenäum« der Brüder *Schlegel* – Jena war Zentrum der deutschen Frühromantik. Im benachbarten Weimar lebte *Goethe,* 1799 siedelte *Schiller* von Jena nach Weimar über. Schließlich nahm mit dem Aufschwung der empirischen Naturwissenschaften, die namhafte Vertreter in Jena besaßen, auch das Interesse an einer spekulativ-betrachtenden Naturdeutung zu, wie es in Goethes Naturstudien und Schellings Naturphilosophie zum Ausdruck kommt. Allerdings war Jena zu Hegels Zeit in einem raschen Niedergang begriffen, und zahlreiche Gelehrte wechselten in diesen Jahren auf andere Universitäten über, die bessere Bedingungen boten (Universitäts- und Schulreform waren wesentliche Anliegen im Prozeß der als Verwaltungsreformen sich darbietenden allgemeinen Intensivierung von Herrschaft im Bereich deutscher Partikularmächte wie Bayern und Preußen zu Beginn des 19. Jh.s).

Für Hegels Jenaer Jahre bestimmend war zunächst die Zusammenarbeit mit *Schelling* – sie wohnten anfangs sogar zusammen –, der bereits 1798 mit Goethes Unterstützung eine außerordentliche Professur erhalten hatte. Schelling stand auf dem Höhepunkt seines Ruhmes; bereits im März 1800 war sein »System des transzendentalen Idealismus« erschienen, in dem Natur und Geist als zwei Weisen der Wirklichkeit begriffen werden, die in der »intellektuellen Anschauung« zum Bewußtsein ihrer Identität gelangen, wobei die Philosophie in der Kunst als geleisteter Subjekt-Objekt-Vermittlung ihr höchstes »Organon« findet. Hegel hingegen kam im Januar 1801 »als ein literarisch völlig Unbekannter« (Rosenkranz) nach Jena. Er wurde Privatdozent der Philosophie wie viele andere auch und galt zunächst als Anhängsel Schellings. In der Tat übernahm Hegel – schon rein terminologisch – entscheidende Anregungen von Schelling; insgesamt muß aber für diese Phase eher von einer ungemein produktiven Zusammenarbeit gesprochen werden, bis dann nach Schellings Weggang nach Würzburg (Sommer 1803) eine immer größere Entfremdung eintrat, die schließlich nach dem Erscheinen der *Phänomenologie* zum Bruch führte.

Hegel entfaltete in Jena eine immense Produktivität. Bereits im Juli war sein erstes namentlich publiziertes Werk fertiggestellt, die »Differenz des Fichteschen und Schellingschen Systems der Philosophie in Beziehung auf Reinhold's Beyträge zur leichtern Übersicht des Zustands der Philosophie zu Anfang des neunzehnten Jahrhunderts«. Hegel griff somit unmittelbar in die aktuelle philosophische Diskussion ein, indem er eine Darstellung des Philosophen *Reinhold* kritisierte, die die Differenz beider Systeme übersehe und von ihrem eigenen Ansatz her Philosophie auf Logik zu reduzieren drohe. Hegel erkennt an, daß Fichte in seiner »Grundlage der gesamten Wissenschaftslehre« (1794) das Prinzip der Spekulation, die Identität des Subjekts und Objekts, rein aufgestellt habe. In der Durchführung zum System aber habe er dieses Prinzip verlassen und Verstandes- mit spekulativen Bestimmungen vermischt, wodurch ein »subjektives Subjekt-Objekt« herausgekommen sei. Diese Einseitigkeit sei bei Schelling behoben, so daß Prinzip und System zusammenfallen – eine für Hegels ganzes Denken bestimmende Forderung. Charakteristisch sind auch die Ausführungen des Vorspanns über die Entzweiung als »Quell des Bedürfnisses der Philosophie«, mit denen Hegel dem ganzen Werk einen geschichtsphilosophisch-zeitkritischen Ansatz zugrunde legt:

»Wenn die Macht der Vereinigung aus dem Leben der Menschen verschwindet und die Gegensätze ihre lebendige Beziehung und Wechselwirkung verloren haben und Selbständigkeit gewinnen, entsteht das Bedürfnis der Philosophie.« (II, 22)

Nach der Differenzschrift begann Hegel sofort mit seiner Habilitationsdissertation *De Orbitis Planetarum*, die ebenfalls 1801 in Jena erschien. Hegel versuchte darin, die Gesetzmäßigkeiten der Planetenabstände spekulativ zu begründen, wobei er sich in heftiger Polemik gegen *Newton* emphatisch auf *Kepler* bezog, der von einer in der Systematik der himmlischen Körper erscheinenden Vernunft ausging. Das bedeutet jedoch nicht, daß Hegel sich vor der Wissenschaft seiner Zeit verschlossen hätte – Rosenkranz, dem das ganze Exzerptmaterial noch vorlag, weist darauf hin, daß Hegel »keines der berühmteren Werke von Mathematikern, Physikern und Physiologen unstudirt ließ« (S. 153; eine Übersetzung der Dissertation und der Habilitationsthesen findet sich in Georg Lassons Ausgabe »Erste Druckschriften«, Leipzig 1928). Im August habilitierte sich Hegel mit zwölf bewußt paradox formulierten Thesen zur theoretischen und praktischen Philosophie. Die These Nr. 9:

»Der Naturzustand ist nicht ungerecht, und gerade deshalb muß man aus ihm herausgehen« weist auf eine intensive Auseinandersetzung mit *Hobbes* hin, die er, wie Siep erwiesen hat, während der ganzen Jenaer Zeit führte.

Im Frühjahr und Sommer 1801 arbeitete Hegel an einem umfangreichen Werk zur Verfassung Deutschlands, dessen Anfänge noch in die Frankfurter Zeit zurückreichen und dessen Reinschrift nach der Datierung Kimmerles Ende 1802 erfolgte. Das erst 1893 von Mollat publizierte Werk war von Hegel nicht veröffentlicht worden, wohl weil er – ähnlich wie in der Flugschrift über die inneren Verhältnisse Württembergs aus dem Jahre 1798 – keine historischen Kräfte und somit praktikable Lösung aufzeigen konnte, die zu einer in sich konsistenten Staatsorganisation führen könnte, wie es in dem französischen Vorbild gelungen war. Dennoch war diese Auseinandersetzung mit der konkreten staatlich-gesellschaftlichen Verfassung Deutschlands und ihrer historischen Genese für die Entwicklung von Hegels politischer Theorie sehr wichtig.

Den Ausgangspunkt bildet die Feststellung: »Deutschland ist kein Staat mehr«, da die ganze Organisation des Staates: Recht, Heer, Finanzen etc. eigentlich privatrechtlich nach der Form eines Eigentums organisiert sind. Hegel visiert eine zentralisierte Staatsgewalt unter Beibehaltung der ständischen Repräsentation als tragendem freiheitlichem Prinzip an (die Bedeutung dieser Begriffe wird ausführlich erörtert bei Hočevar). Diese Staatsfunktion soll Österreich übernehmen. Er erscheint also nicht, wie so oft unterstellt wurde, als Anhänger des Preußentums; Preußen scheidet aus, da es sich als geistloses, krämerisches, machtgieriges, mechanisches Staatsgebilde erwiesen hat (Hegel begrüßte 1806 die preußische Niederlage). Die Schrift endet in einer resignativen Stimmung – da Hegel keine politische Kraft benennen kann, die an einer Veränderung der politischen Organisation in seinem Sinne interessiert ist, beschwört er einen deutschen Theseus, eine mythische Eroberergestalt also, die mit Macht das Werk der Einigung vollbringen könnte.

Sichtbares Ergebnis der Zusammenarbeit von Schelling und Hegel ist die Zeitschrift *Kritisches Journal der Philosophie*, die in sechs »Stücken« vom Januar 1802 bis Juni 1803 erschien. Die beiden Verfasser treten darin als Einheit auf; da keiner der Aufsätze namentlich gezeichnet wurde, entbrannte nach Hegels Tod ein heftiger Streit um die Frage, welche Aufsätze in den ersten Band der »Werke« aufgenommen werden sollten.

Der Streit schien mit *Nohls* Publikation von Hegels Entwurf eines Lebenslaufes aus dem Jahre 1804 entschieden (Nohl, S. VIII f.; abgedruckt auch im Anhang von II, 582 f.), da Hegel darin die von ihm verfaßten Beiträge aufführt. *Buchner* hat diese Frage anläßlich der Vorbereitung der »Gesammelten Werke« neu aufgerollt. Da trotz relativ großer Sicherheit in der Frage der Urheberschaft eine wechselseitige Mitwirkung vorausgesetzt und nachgewiesen werden kann, wurde – wie es am sinnvollsten ist – das *Kritische Journal der Philosophie* als Ganzes in Band 4 der »Gesammelten Werke« aufgenommen (vgl. dort im einzelnen den editorischen Bericht).

Insgesamt lieferte Hegel die Mehrzahl der Beiträge. Seine großen Aufsätze im *Journal* gelten neben der *Differenzschrift* und den Vorlesungen als wesentliche Grundlage seiner Selbstverständigung. Bereits in der »Einleitung. Über das Wesen der philosophischen Kritik überhaupt und ihr Verhältnis zum gegenwärtigen Zustand der Philosophie insbesondere« verteidigt Hegel das Programm der Einheit der systematischen Philosophie gegenüber Originalitätssucht, Formalismus und falschen Popularisierungsversuchen. »Wie der gemeine Menschenverstand die Philosophie nehme, – dargestellt an den Werken der Herrn Krug« kritisiert mit ätzender Ironie die Abstraktionen des nichtspekulativen Standpunktes (Krug hatte polemisch gefordert, daß die transzendentale Deduktion doch auch seine Schreibfeder philosophisch deduzieren solle). Der Aufsatz »Verhältnis des Skeptizismus zur philosophischen Darstellung seiner verschiedenen Modifikationen und Vergleichung des neuesten mit dem alten« zeigt Hegels intensive Auseinandersetzung mit dem antiken Skeptizismus, der »in jedem echten philosophischen Systeme zu finden [ist], denn er ist die freie Seite einer jeden Philosophie« (II, 229). Ihm stellt er am Beispiel des einflußreichen Helmstedter Philosophen Schulze den modernen Skeptizismus gegenüber, der vom Standpunkt der unmitttelbaren Gewißheit aus in einem in sich widersprüchlichen Agnostizismus steckenbleibe.

Band II des *Kritischen Journals* wird eröffnet mit »Glauben und Wissen oder Reflexionsphilosophie der Subjektivität in der Vollständigkeit ihrer Formen als Kantische, Jacobische und Fichtesche Philosophie«. Hegel kritisiert diese drei Philosophien von der Grundlage aus, daß sie alle das Wahre (»das Absolute«, »Gott«) als *Jenseits* des Wissens konzipierten gemäß dem Prinzip der »Bildung« ihrer Zeit, die den durch das »negative« Verfahren der Aufklärung geschaffenen leeren Raum des Wissens »mit der Subjektivität des Sehnens und Ahnens« erfülle (II, 289), die eben ein Sehnen (Jacobi) bzw. Sollen (Kant und Fichte) bleibe. Am Ende des Aufsatzes weist Hegel darauf hin, daß jetzt, nachdem die »Metaphysik der Subjektivität« den »vollständigen Zyklus ihrer Formen« durchlaufen habe, die äußere Möglichkeit gegeben sei, daß »die wahre Philosophie« auf den Plan treten könne (II, 430 f.).

In dem großen Aufsatz »Über die wissenschaftlichen Behandlungsarten des Naturrechts, seine Stelle in der praktischen Philosophie und sein Verhältnis zu den positiven Rechtswissenschaften« entwickelt Hegel aus der Kritik sowohl der Naturrechtstheorien des 17. Jh.s (der »empirischen« Betrachtungsweise) wie der »formellen« des späten 18. Jh.s (Kant und Fichte) das Konzept einer »absoluten sittlichen Totalität« eines Volkes, das die Gegensätze von nur subjektiv gefaßter »Moralität« und objektiver »Sittlichkeit« in sich aufhebt. Als bleibendes Element Hegelscher Argumentation findet sich im Naturrechtsaufsatz die grundsätzliche Kritik der Vertragstheorien, sofern sie aus der Sphäre des privaten Rechts als Modell für die Konstitution eines ganzen Staates übertragen werden. Gegenüber dem von Rosenkranz angebahnten Verständnis des Aufsatzes als einer Vorstufe, die im wesentlichen mit der späteren *Rechtsphilosophie* identisch sei, weist jedoch Riedel darauf hin, daß Hegel hier Positionen einnimmt, die er schon im Laufe der Jenaer Zeit wieder verläßt (»Hegels Kritik des Naturrechtes« S. 42).

Neben der »Differenzschrift« und den Aufsätzen aus dem »Kritischen Journal der Philosophie« veröffentlichte Hegel 1801/02 eine Reihe von Rezensionen und kritische Anzeigen in der *Erlanger Literatur-Zeitung*, mit denen er sich mit bissiger Ironie in die öffentliche Diskussion um die neueste Philosophie einschaltete.

Überhaupt ist mit der Neuedition der Jenaer Vorlesungen im Rahmen der »Gesammelten Werke« die entwicklungsgeschichtliche Hegelforschung stark in Fluß geraten. Grundlage bildet die Neudatierung der Jenaer Schriften, die Kimmerle aufgrund des von Nohl und Schüler entwickelten Handschriftenvergleichs vorgenommen hat. Ferner ermöglichte Kimmerle mit der Publikation von Dokumenten zu Hegels Jenaer Dozententätigkeit neue Erkenntnisse zu Hegels Vorlesungen über das bei Rosenkranz Dargestellte hinaus. Hegel las vom Wintersemester 1801/02 bis vermutlich zum Sommersemester 1806. (Zur Frage, welche Vorlesungen wirklich gehalten wurden, vgl. »Dokumente zu Hegels Jenaer Dozententätigkeit«, S. 76 ff. Die Vorlesungsankündigungen sind ebenfalls abgedruckt in Br. IV, 1, S. 80–85). Aus der Thematik der Ankündigungen wie der Abänderung ihrer Formulierungen lassen sich interessante Verschiebungen in Hegels Entwicklung beobachten. Kimmerle unterscheidet zwei Phasen: Die Vorlesungen von 1801/02 bis 1802/03 über »Logik und Metaphysik« und Naturrecht, die vorwiegend die Einleitungs- und Grundlegungsproblematik der Philosophie behandeln, wobei Hegel jedoch Logik und Metaphysik *trennt;* die eigentliche »Spekulation« wird in der Metaphysik entwickelt. Erst im Verlauf der Vorlesungsankündigungen vom Sommer 1803 bis zum Winter 1806 zeigt sich, daß Hegel dazu gekommen ist, die *ganze* Philosophie als spekulatives System aufzufassen, deren Gesamtheit als »Wissenschaft« bezeichnet wird. Je mehr aber »Logik« und »Metaphysik« zusammenwachsen, Logik also nicht mehr als »Vorstufe« der Vernunft aufgefaßt werden kann, mußte das Problem der Hinführung des Bewußtseins auf den Standpunkt des spekulativen Denkens dringlich werden: »Hegel kam zu der Idee einer Wissenschaft der Erfahrung des Bewußtseins, die das Bewußtsein überhaupt erst auf den Standpunkt der metaphysisch konziperten Logik bringen sollte und somit als Einleitung in die Logik zugleich die Einleitung in die Philosophie als solche bilden würde« (Kimmerle, »Dokumente...«, S. 83). So stellte Hegel eine »Philosophia mentis« neben Logik/Metaphysik und Naturphilosophie, wozu als neues Thema im Wintersemester 1805/06 die Geschichte der Philosophie trat – wesentliche Voraussetzung für die Konzeption der *Phänomenologie.* Hinzu kommt, daß Hegel im Vorlesungsverzeichnis seit dem Sommersemester 1802 immer wieder ein eigenes Lehrbuch mit dem Titel »Logik und Metaphysik« ankündigte. Es wurde jedoch aufgrund der dauernden Wandlungen, die Hegels Denken nahm, nie gedruckt. (Wie konkret diese Pläne waren, zeigt eine Ankündigung des Cotta-Verlages in Tübingen vom Juni 1802 – vgl. Br. IV, 1, S. 86.) Im Sommersemester 1806 erscheint in der Ankündigung der neue Titel »System der Wissenschaft«, dem dann im folgenden Halbjahr als eine Art Vorspann die *Phänomenologie des Geistes* vorangestellt wird (»*Logicam* et *Metaphysicam* s. philosophiam speculativam praemissa *Phaenomenologia* mentis ex libri sui: System der Wissenschaft, proxime proditura parte prima«).

Durch die Neuedition der Schriften und Systementwürfe (Band 5–8 der »Gesammelten Werke«) wurden die bisherigen Ausgaben größtenteils überholt. Es handelt sich hierbei um das sog. *System der Sittlichkeit,* ein Reinschriftfragment vom Winter 1802/03 oder Frühjahr 1803 (hrsg. von Lasson); das Reinschriftfragment *Jenenser Lo-*

gik, Metaphysik und Naturphilosophie vom Sommer–Winter 1804/05 (hrsg. von Lasson) sowie die von Hoffmeister unter dem Titel *Jenenser Realphilosophie I* und *Jenenser Realphilosophie II* herausgegebenen Vorlesungsfragmente von 1803/04 und 1805/06. Da die Annahme einer »Realphilosophie I« sich als Irrtum erwiesen hat, wurde vom Verlag die Neupublikation der »philosophia realis« von 1805/06 unter dem Titel »Jenaer Realphilosophie« vorgenommen.

Während der Neuhegelianismus, dem die Edition der Jenaer Systementwürfe zu verdanken ist, diese stets am späteren Gesamtsystem maß und nur als Vorstufe begriff, ist heute die Erkenntnis ihrer Eigenständigkeit und ihres Eigenwertes verstärkt zu Bewußtsein gelangt. So betont *Habermas,* daß Hegel »in den beiden Jenenser Vorlesungen [›Realphilosophie I und II‹] für den Bildungsprozeß des Geistes eine eigentümliche, später preisgegebene Systematik zugrunde gelegt hat«, – die Konstitution des Geistes in der Dialektik der Kategorien Sprache, Arbeit und Familie (»Arbeit und Interaktion«, S. 9). Hegel studierte zu Beginn der Jenaer Zeit das Werk von Adam *Smith* (»An Inquiry into the Nature and Causes of the Wealth of Nations«, 1776, übersetzt von Christian Garve 1794–96) – ein Vorgang von ganz wesentlicher Bedeutung, der – wie zu Recht oft betont wurde – in der zeitgenössischen Philosophie des deutschen Idealismus keine Parallele hat (seine verschiedenen Etappen sind gut dargestellt in dem Aufsatz von Riedel, »Die Rezeption der Nationalökonomie«). Auf die Bedeutung des Begriffs der Arbeit bei Hegel hat vor allem immer wieder G. Lukács hingewiesen (vgl. »Der junge Hegel« Bd. II, Kap. 5: »Die Ökonomie der Jenaer Periode«). So heißt es in den Vorlesungen von 1805/06:

»Darum macht der Mensch Werkzeuge, weil er vernünftig ist und dies ist die erste Äußerung seines *Willens;* dieser Wille [ist] noch der abstrakte Wille – Stolz der Völker auf ihr Werkzeug. [...] In dem Werkzeuge oder in dem bebauten, fruchtbargemachten Acker besitze ich die *Möglichkeit,* den *Inhalt* als *einen allgemeinen.* Darum [ist] das Werkzeug, Mittel vortrefflicher als der Zweck der Begierde, der einzelner ist; es umfaßt alle jene Einzelheiten.« (»Jenaer Realphilosophie«, ed. Hoffmeister, S. 197 f.)

Wesentlich ist in diesem Zusammenhang auch ein neues Verhältnis zur Geschichte mit der Vertiefung der Frankfurter Einsicht, daß die Antike endgültig vergangen ist, daß die für die Neuzeit charakteristische Vereinzelung der Individuen als Verlust, aber auch als *Fortschritt* gesehen werden muß:

»Dies ist die schöne glückliche Freiheit der Griechen, die so sehr beneidet worden [ist] und wird. Das Volk ist zugleich aufgelöst in Bürger, und es ist zugleich das *eine* Individuum, die Regierung. [...] Aber es ist eine höhere Abstraktion notwendig, ein größerer Gegensatz und Bildung, ein *tieferer* Geist« (a. a. O., S. 249 f.)

Welch verschlungene denkerische Versuche Hegel auf dem Wege zu einer ihn befriedigenden Systemkonzeption beschritt, zeigt der Bericht über seine Beschäftigung mit mystisch-theosophischen Problemstellungen und -lösungsmöglichkeiten (Ros., S. 101 f.; 192 f.; 199). Vor allem das sog. *Fragment vom göttlichen Dreieck*, ein Versuch, Systemtotalität in der Dreiecks- und Viereckssymbolik darzustellen, muß heute befremden. Eine Erhellung des komplexen ideengeschichtlichen Hintergrunds dieser Experimente sowie der Versuch einer Neudatierung des Fragments auf 1801 finden sich bei H. Schneider, »Anfänge der Systementwicklung Hegels in Jena«.

Hegel war als wissenschaftliche Persönlichkeit in Jena keineswegs berühmt, sondern wurde nach Gablers Zeugnis in bestimmten Kreisen »wie eine Obskurität« behandelt. Er las, wie aus den noch vorhandenen Kolleglisten ersichtlich ist, vor einem relativ festen Hörerkreis von etwa 20–30 Studenten, die pro Vorlesung einen bestimmten Betrag bezahlen mußten. Der rückblickende Bericht, den Andreas Gabler, Hegels Jenaer Schüler und späterer Nachfolger in Berlin, im Jahre 1840 auf Veranlassung von Rosenkranz schrieb, gibt ein anschauliches Bild von der Wirkung, die die spekulative Philosophie auf die Studenten machte:

»Übrigens aber war für uns und die meisten die neue Philosophie damals noch ein großes wirres Chaos, in dem alles noch erst sich ordnen und gestalten sollte, ein allgemeiner Schwindel und Taumel, in welchen alles hineingerissen wurde. [...] Ohnehin war mit der Negation der ganzen vorigen Denk- und Vorstellungsweise auch die Sprache und Terminologie, in welcher sie auftrat, so fremd und ungewohnt als die Sache selbst« (abgedruckt in Kimmerle, »Dokumente...«, S. 65–73, hier S. 67 f.).

Hegel hatte zeitlebens Schwierigkeiten im mündlichen Vortrag (Goethe und Schiller überlegten in ihrem Briefwechsel Ende 1803, wie er verbessert werden könnte – vgl. Kimmerle, »Dokumente...«, S. 84). Finanziell ging es ihm besonders in den letzten Jenaer Jahren sehr schlecht, da mit sinkendem Ruf der Universität die Studentenzahlen beständig zurückgingen. Die berühmtesten Professoren waren abgewandert (Schelling und Niethammer, mit dem Hegel zeitlebens sehr eng befreundet blieb, gingen 1803 nach Würzburg). Auch Hegel spekulierte, wie sein Briefwechsel zeigt, beständig auf eine Veränderung (Erlangen, Würzburg, Berlin und insbesondere Heidelberg waren im Gespräch). Ein deprimierter Brief an Niethammer zeigt eindrucksvoll die Abhängigkeit von persönlicher Willkür, die mit der Struktur des Absolutismus gegeben war:

»Es ist mir, nachdem ich im vorigen Herbst die Sache angeregt, dieses Frühjahr die Hoffnung gemacht worden, einen Gehalt zu erhalten; der gute Wille der Minister scheint nicht zu fehlen; aber vor dem nächsten Herbste, fürchte ich, werden sie nicht den Mut fassen, dem Herzoge, der von dergleichen nicht gern sprechen hört, davon zu sprechen, und dann wird vielleicht nächsten Frühjahr resolviert, daß ich auf den folgenden Herbst etwas erhalten *könnte*« (Br. I, S. 109; Mai 1806).

Durch Vermittlung *Goethes,* der Hegel sehr schätzte und sich energisch für die Universität Jena einsetzte, wurde Hegel im Februar 1805 von Carl August von Sachsen-Weimar zum außerordentlichen Professor ernannt; wiederum durch Goethes Einsatz (»im Stillen«) erhielt er schließlich ab Juli 1806 ein bescheidenes Gehalt.

Hegel hatte seit 1802 sehr intensiv wichtige Werke der naturwissenschaftlichen Literatur seiner Zeit studiert und – auf spekulative Weise verarbeitet – in der Vorlesung vom Wintersemester 1803/04 zum Vortrag gebracht. Eine öffentliche Anerkennung für diese naturphilosophischen Studien stellt seine Aufnahme als Assessor in die Jenaische mineralogische Gesellschaft dar (Januar 1804); es folgte die Mitgliedschaft in zwei weiteren naturwissenschaftlichen Gesellschaften.

Exzerpte aus naturwissenschaftlichen und philosophischen Büchern, Aufzeichnungen eigener physikalischer Experimente, aber auch zahlreiche philosophische Reflexionen aus den Jahren 1803–06 trug Hegel in einen umfangreichen Folianten ein, dem sog. *Wastebook.* Da auch dieser Foliant verlorenging, sind nur die von Rosenkranz im Anhang zur Biographie abgedruckten Reflexionen erhalten und daher auch handschriftlich nicht näher datierbar (Nicolin, »Unbekannte Aphorismen aus der Jenaer Periode«, bringt einige Ergänzungen, die teils aus Gründen der Zensur, teils aus drucktechnischen Versehen nicht in die Biographie aufgenommen worden waren). Diese Aphorismen zeichnen sich teilweise durch eine treffsichere Nüchternheit aus, mit der Hegel philosophische und lebenspraktische Einsichten formuliert. Als Beispiel etwa folgende Beobachtung:

»Das *Zeitungslesen* des Morgens früh ist eine Art von realistischem Morgensegen. Man orientiert seine Haltung gegen die Welt an Gott oder an dem, was die Welt ist. Jenes gibt dieselbe Sicherheit, wie hier, daß man wisse, wie man daran sei« (II, 547).

Zahlreiche Aphorismen richten sich gegen die Auffassung von Naturphilosophie als Geheimwissenschaft und allgemein eine übersteigert-gefühlsmäßige Haltung zur Philosophie: »Man fordert von der Philosophie, da die Religion verloren, daß sie sich aufs *Erbauen* lege und den Pfarrer vertrete« (II, 558). – »Was eine tiefe *Bedeutung* hat, taugt eben darum nichts« (II, 548). – »Die Scheidewand zwischen der *Terminologie* der Philosophie und des gewöhnlichen Bewußtseins ist noch zu durchbrechen; das Widerstreben, das Bekannte zu *denken*« (II, 558).

Viele dieser Aphorismen fanden in veränderter Form Eingang in die *Phänomenologie des Geistes*, an der Hegel vom Frühjahr 1805 bis zum Januar 1807 arbeitete. Sie wurde unter dramatischen Umständen fertiggestellt, da er in große finanzielle und terminliche Schwierigkeiten mit seinem schlitzohrigen Verleger Goebhardt in Bamberg geraten war, die durch die Belagerung Jenas durch französische Truppen noch vergrößert wurden. Kurz vor der Einnahme der Stadt am 13. Oktober konnte Hegel die letzten Manuskripte des Hauptteils absenden. Von diesem Tag stammt auch der berühmte Brief an Niethammer, in dem er von dem unmittelbaren Eindruck, den *Napoleon* auf ihn machte, berichtet:

»Den Kaiser – diese Weltseele – sah ich durch die Stadt zum Rekognoszieren hinausreiten; – es ist in der Tat eine wunderbare Empfindung, ein solches Individuum zu sehen, das hier auf einen Punkt konzentriert, auf einem Pferde sitzend, über die Welt übergreift und sie beherrscht. Den Preußen [...] war freilich kein besseres Prognostikon zu stellen, – aber von Donnerstag bis Montag [8.–10. Oktober] sind solche Fortschritte nur diesem außerordentlichen Manne möglich, den es nicht möglich ist, nicht zu bewundern.« (Br. I, S. 120)

Hegels Verhältnis zu Napoleon wurde im Verlauf der Rezeptionsgeschichte oft – affirmativ oder kritisch – als Beispiel seiner Genieverehrung oder der Vergötterung faktischer Macht diskutiert. Recht ausgewogen beurteilt Lukács diese Frage, indem er auf die *Funktion* Napoleons für Hegel als Vollstrecker der französischen Revolution hinweist, der sich mit der Rheinbundpolitik bemüht, die deutsche Mittelmäßigkeit zu überwinden (»Der junge Hegel«, S. 693 ff.; in einem Brief vom August 1807 schrieb Hegel: »Der große Staatsrechtslehrer sitzt in Paris« – Br. I, S. 185). Darüber hinaus besteht für Hegel ein tiefer innerer Zusammenhang zwischen der napoleonischen Ära und dem die ganze *Phänomenologie* tragenden Bewußtsein, daß auch in der Philosophie eine neue Weltepoche ausgebrochen sei, »eine Gärung, wo der Geist einen Ruck getan, über seine vorige Gestalt hinausgekommen ist und eine neue gewinnt« (aus dem Schlußwort zu Hegels letzter Vorlesung in Jena, September 1806 – Ros., S. 214).

In einem Brief an Schelling vom Mai 1807 beklagt Hegel die »unselige Verwirrung, die den ganzen buchhändler- und drukkerischen Verlauf, so wie zum Teil die Komposition sogar selbst beherrschte«. (Br. I, S. 161)

In der Tat existieren in den Originalausgaben der *Phänomenologie* von 1807 neben dem Haupttitel zwei Titel für das Werk: »Erster Theil. Wissenschaft der *Erfahrung* des Bewußtseins« bzw. »I. Wissenschaft der *Phänomenologie* des Geistes«; zum Teil finden sich beide Titel in demselben Band. Außerdem änderte Hegel – möglicherweise während der letzten Korrekturen Anfang 1807 – die Gliederung der *Phänomenologie*, indem er die acht Kapitel nochmals untergliederte in »A. Bewußtsein, B. Selbstbewußtsein und C. (AA) Vernunft, (BB) Der Geist, (CC) Die Religion, (DD) Das Absolute Wissen«.

Diese Änderungen wurden außerordentlich wichtig für die Interpretation der *Phänomenologie,* da in ihnen das Problem der Komposition des Werkes, der ihr zugrunde liegenden »Idee« und ihres Stellenwerts innerhalb des Gesamtsystems zum Ausdruck kommt. Hegel selbst hat diese Frage sein ganzes Leben beschäftigt: Die *Phänomenologie* wurde den Heidelberger und Berliner Vorlesungen nicht mehr zugrunde gelegt, und in der *Enzyklopädie der philosophischen Wissenschaften* von 1817 hat das Kapitel »Phänomenologie« eine wesentlich beschränktere Bedeutung. Hegels Bearbeitung der – bei einer Auflage von nur 750 Exemplaren – erst 1831 notwendig gewordenen zweiten Auflage kam über Anfänge nicht hinaus. Sehr schnell erhob sich die zentrale Frage nach dem Verhältnis von *Phänomenologie* und *Logik;* wie denn die *Phänomenologie* der erste Teil des *Systems der Wissenschaft* sei, das als Wissenschaft seine *Begründung* in der *Logik* erhält, so daß sich Rosenkranz mit der Behauptung auseinandersetzen mußte, daß Hegels System einen doppelten Anfang habe, nämlich einen phänomenologischen und einen logischen (vgl. Ros., S. 206).

Die neuere entwicklungsgeschichtliche Forschung hat, insbesondere vorangetrieben durch das Werk von Friedrich *Fulda* (»Das Problem einer Einleitung in Hegels Wissenschaft der Logik«), seit etwa 1960 diese Frage verstärkt diskutiert und zunächst die *Wandlung* in der Konzeption der Phänomenologie von einer ursprünglichen »Wissenschaft der Erfahrung des Bewußtseins« zur *Phänomenologie des Geistes* in den Vordergrund gerückt (Schmitz, Fulda und Pöggeler). In einer intensiven Erörterung der Textform (Fragmente aus der Entstehungszeit, Gliederungs- und Titelprobleme) wie der Logikkonzeption der parallel zur Abfassung der *Phänomenologie* gehaltenen Vorlesungen von 1805/06 hat demgegenüber *Trede* nachzuweisen versucht, »daß entgegen den bisherigen Vermutungen, in einem nur sehr begrenzten Umfange von einem Konzeptionswandel überhaupt die Rede sein kann«. (»Phänomenologie und Logik«, S. 173). Diese Diskussion kann hier nur erwähnt werden – Hegel selbst jedenfalls, das belegen die brieflichen Äußerungen klar, war mit vielen Teilen der *Phänomenologie,* vor allem den in aller Eile niedergeschriebenen letzten Partien, nicht zufrieden und dachte an eine gründliche Überarbeitung bei einer, wie er hoffte, »*bald* zu erfolgenden 2ten Auflage« (Br. I, S. 136; vgl. auch S. 161).

Fragen der Komposition und des systematischen Ortes stellen indes nur einen Aspekt der ungeheuren *Vielschichtigkeit* der *Phänomenologie* dar, die Hegel in seiner Selbstanzeige in der »Jenaer Allgemeinen Literatur-Zeitung« in fast ironischer Untertreibung andeutet (»Sie betrachtet die *Vorbereitung* zur Wissenschaft aus einem Gesichtspunkte, wodurch sie eine neue, interessante und die erste Wissenschaft der Philosophie ist« – III, 593). Von Gegenstand, Denk- und Sprachduktus her schillernd, hat sie die unterschiedlichsten Deutungen hervorgerufen. Diese ergeben sich aus dem Programm der *Phänomenologie,* den dialektischen Erfahrungsprozeß des Bewußtseins im Durchgang durch verschiedene Bewußtseinsformen bis hin zum »absoluten Wissen« darzustellen. Daher kann sie unter verschiedenen Schwerpunkten gelesen werden, die jeweils innerhalb des Werkes ihren systematischen Stellenwert haben: etwa als dialektische Erkenntnistheorie, als Versuch einer denkerischen Versöhnung der widersprüchlichen Struktur der bürgerlichen Gesellschaft, als geschichtsphilosophische Entwicklungskonzeption der Menschheit oder etwa als Religionsphilosophie, da der Religion innerhalb der Gesamtkonzeption ja eine ganz zentrale Bedeutung zugemessen wird.

Die Vorrede enthält entscheidende programmatische Gesichtspunkte, die Hegels Standpunkt umreißen. Es empfiehlt sich meiner Erfahrung nach, die Vorrede als Einstieg in die *Phänomenologie* durchzuarbeiten, obwohl sich sofort die Schwierigkeiten einstellen, die Hegels Ausdrucks- und Denkweise bereiten. Außerdem bietet sie trotz vieler Kernaussagen nur bedingt Hilfestellung für das Verständnis der dann folgenden Kapitel, die den Erfahrungsprozeß des Bewußtseins zum Selbstbewußtsein hin beschreiben. Überhaupt ist die gründliche Detailinterpretation einzelner Kapitel und Abschnitte der *Phänomenologie* noch immer nur in Ansätzen geleistet: »Es ist offenbar leichter, über das Ganze mehr oder weniger angemessene Behauptungen zu formulieren, als einen einzelnen Gedankenschritt so verständlich zu machen, daß man ihn nachvollziehen kann« (Wieland in: »Materialien zur Phänomenologie des Geistes«, S. 69).

Formell gesehen kann man mit *Van Dooren* drei Möglichkeiten des Kommentars unterscheiden: 1. die paraphrasierende Nacherzählung in anderen (meist aber ähnlichen) Worten als den Hegelschen – eine oft sehr hilfreiche und notwendige Erläuterung für das Sinnverständnis, die jedoch die Kluft zum eigentlichen Wortlaut nur vermindern, nicht überspringen kann. 2. Ein Kommentar, der von der Interpretation zentraler Begriffe her einen Überblick über das ganze Werk gibt. Als Beispiel hierfür wäre etwa Lukács zu nennen, dessen Schlußkapitel seiner Studie über den »jungen Hegel« lautet: »Die ›Entäußerung‹ als Zentralbegriff der ›Phänomenologie des Geistes‹«. Diese Methode ist sehr fruchtbar gewesen, doch verpflichtet sie natürlich besonders den neu sich Einarbeitenden leicht auf die Interpretation des Kommentators. Für die dritte Möglichkeit – ein umfassender Kommentar zur ganzen Phänomenologie – kann Van Dooren kein Beispiel nennen, da es bisher nur Ansätze dazu gibt.

Eine recht gute Hilfestellung für den Einstieg bieten die *Materialien zu Hegels ›Phänomenologie des Geistes‹* (hrsg. von H.-F. Fulda und D. Henrich). Der Band versammelt zwölf Aufsätze zum Programm der *Phänomenologie,* zum Thema: Herrschaft und Knechtschaft, zu Zeitkritik und Geschichtsbegriff sowie zur Systematik des Werks. Der Anhang enthält eine Auswahlbibliographie zur *Phänomenologie* als ganzer und zu bestimmten Themenbereichen bis zum Jahre 1973, die ich ergänzen möchte durch den Hinweis auf einen Aufsatz von Schnädelbach, der interessante Ansätze zur Interpretation enthält (»Zum Verhältnis von Logik und Gesellschaftstheorie bei Hegel«). Das ausführliche Vorwort der »Materialien« informiert über die Rezeptionsgeschichte speziell der *Phänomenologie;* weitere Überblicke zur Rezeption bieten Pöggeler (»Zur Deutung der Phänomenologie«) und Göhler im Nachwort zur Ausgabe des Ullstein-Verlages. (Der sehr nützliche Anhang dieser Ausgabe enthält neben den letzten drei Kapiteln aus dem Hegelbuch von Lukács längere Textauszüge zur Rezeptionsgeschichte von Haym, Findlay, Wahl, Hyppolite, Marx, Marcuse und Bloch; außerdem eine ausführliche Bibliographie bis 1973.)

Literatur

Fulda, Hans-Friedrich und *Henrich*, Dieter (Hrsg.): Materialien zu Hegels ›Phänomenologie des Geistes‹. FfM 1973.

Gauvin, Joseph: Wortindex zur Phänomenologie des Geistes. Bonn 1977. (= HST Beih. 14)

Göhler, Gerhard (Hrsg.): G. W. F. Hegel, Frühe politische Systeme. System der Sittlichkeit; Über die wissenschaftlichen Behandlungsarten des Naturrechts; Jenaer Realphilosophie. FfM 1974.

ders., (Hrsg.): G. W. F. Hegel, Phänomenologie des Geistes. Mit einem Nachwort von Georg Lukacs. Texte-Auswahl und Kommentar zur Rezeptionsgeschichte von G. Göhler. FfM ²1973.

Baum, Manfred und *Meist*, Kurt: Durch Philosophie leben lernen. Hegels Konzeption der Philosophie nach den neu aufgefundenen Jenaer Manuskripten. In: HST 12 (1977), S. 43–81.

Bonsiepen, Wolfgang: Phänomenologie des Geistes. In: *Pöggeler*, Otto (Hrsg.): Hegel. Freiburg/München 1977, S. 59–74.

Bubner, Rüdiger: Problemgeschichte und systematischer Sinn der ›Phänomenologie‹ Hegels. In: HST 5 (1969), 129–159; ebenfalls in: *ders.*, Dialektik und Wissenschaft. FfM 1973, S. 9–43. (= ed. s. 597)

Buchner, Hartmut: Hegel und das Kritische Journal der Philosophie. In: HST 3 (1965), S. 95–156.

Düsing, Klaus: Spekulation und Reflexion. Zur Zusammenarbeit Schellings und Hegels in Jena. In: HST 5 (1969), S. 95–128.

ders.: Das Problem der Subjektivität in Hegels Konzeptionen der Logik. Bochum 1975.

ders., und *Henrich*, Dieter (Hrsg.): Hegel-Tage Zwettl 1977. Hegel in Jena 1801–1805. Bonn (= HST Beih. 20; Erscheinungsdatum noch unbestimmt).

Fulda, Hans-Friedrich: Das Problem einer Einleitung in Hegels Wissenschaft der Logik. FfM 1965.

Habermas, Jürgen: Arbeit und Interaktion. Bemerkungen zu Hegels Jenenser ›Philosophie des Geistes‹. In: *ders.*: Technik und Wissenschaft als »Ideologie«. FfM 1968, S. 9–47 (= ed. s. 287).

Hočevar, Rolf K.: Stände und Repräsentation beim jungen Hegel. Ein Beitrag zu seiner Staats- und Gesellschaftslehre sowie zur Theorie der Repräsentation. München 1968.

Kimmerle, Heinz: Dokumente zu Hegels Jenaer Dozententätigkeit (1801–1807). In: HST 4 (1967), S. 21–99.

ders.: Zur Chronologie von Hegels Jenaer Schriften. In: HST 4 (1967). S. 125–176.

ders.: Hegels Naturrecht 1802–1805/06. In: HST 11 (1976), S. 219–227.

ders.: Das Problem der Abgeschlossenheit des Denkens. Hegels »System der Philosophie« in den Jahren 1800–1804. HST Beiheft 8, Bonn 1970. – Dazu: *Horstmann,* Rolf P.: Probleme der Wandlung in Hegels Jenaer Systemkonzeption. In: PhR 19 (1972), S. 87–118.

Nicolin, Friedhelm: Unbekannte Aphorismen aus der Jenaer Periode. In: HST 4 (1967), S. 9–19.

Pöggeler, Otto: Hegels Idee einer Phänomenologie des Geistes. Freiburg und München 1973. Darin vor allem die Aufsätze: Hegels Jenaer Systemkonzeption (S. 110–169); Zur Deutung der Phänomenologie (S. 170–230); Hegels Phänomenologie des Bewußtseins (S. 231–298).

Riedel, Manfred: Studien zu Hegels Rechtsphilosophie, FfM 1969. Darin: Hegels Kritik des Naturrechts (S. 42–74); Die Rezeption der Nationalökonomie (S. 75–99).

Schmitz, Hermann: Die Vorbereitung von Hegels Phänomenologie des Geistes in seiner Jenenser Logik. In: ZphF 14 (1960), S. 16–39.

Schnädelbach, Herbert: Zum Verhältnis von Logik und Gesellschaftstheorie bei Hegel. In: Aktualität und Folgen der Philosophie Hegels. Hrsg. von Oskar Negt. FfM 1970, S. 58–80 (= ed. s. 441).

Schneider, Helmut: Anfänge der Systementwicklung Hegels in Jena. In: HST 10 (1975), S. 133–171.

Siep, Ludwig: Der Kampf um Anerkennung. Zu Hegels Auseinandersetzung mit Hobbes in den Jenaer Schriften. In: HST 9 (1974), S. 155–207.

Trede, Johann Heinrich: Hegels frühe Logik (1801–1803/04). Versuch einer systematischen Rekonstruktion. In: HST 7 (1972), S. 123–168.

ders.: Phänomenologie und Logik. Zu den Grundlagen einer Diskussion. In: HST 10 (1975), S. 173–209.

Van Dooren, Willem: Die Aufgabe der Hegelforschung in bezug auf die ›Phänomenologie des Geistes‹. In: HST 4 (1967), S. 233–244.

6. Hegel als Redakteur der Bamberger Zeitung (1807–1808)

Durch die Vermittlung seines Freundes *Niethammer* bot sich für Hegel die Möglichkeit, die redaktionelle Leitung der *Bamberger Zeitung,* der einzigen Tageszeitung Bambergs, zu übernehmen. Hegel sagte zu unter der Voraussetzung eines zeitlich beschränkten Engagements – daß er aber gerade *diesem* Engagement zusagte, hatte sicherlich mehr Gründe als die von Hegels Sohn Karl weithin übernommene Vorstellung einer »Flucht« aus dem besetzten Jena in die »Verbannung« in Bamberg. Sicherlich war die unmittelbare ökonomische Not »in diesen Geldklemmen-Zeiten« (Br. I, S. 146) das ausschlaggebende Motiv, das Bamberger Angebot anzunehmen. Hegels bedrängte finanzielle Situation war nämlich noch verschlimmert worden durch den Umstand, daß er während der Arbeit an der *Phänomenologie* die darin formulierte Kritik des kantischen ethischen Rigorismus und die eigenen Vorstellungen einer innigen Subjekt-Objekt-Vermittlung auch praktisch werden ließ und mit der Frau seines Hauswirts ein Kind gezeugt hatte, das am 5. Februar 1807 geboren wurde. Dieser Sohn Ludwig Fischer wuchs zunächst in der Umgebung des Jenaer Freundes *Fromann*, eines bekannten Verlegers, auf und wurde nach der Berufung nach Heidelberg in Hegels Haushalt aufgenommen. Die in sich widersprüchlichen Zeugnisse über Hegels Verhältnis zu Ludwig zeigen allerdings, daß die Beziehung zu einem – wie es im Jenaer Taufbuch heißt – »in Unehren« geborene Kind damals prekär waren (vgl. die Anmerkung 3 zu Brief Nr. 581 sowie den Aufsatz von Beyer; ferner Br. IV, 1, S. 231–246).

Über diese ökonomischen Notwendigkeiten hinaus äußerte Hegel jedoch wiederholt sein Interesse für die Redakteurstätigkeit. So schreibt er in dem Brief an Niethammer, in dem er seine Zusage mitteilt: »Das Geschäft selbst wird mich interessieren, da ich, wie Sie selbst wissen, die Weltbegebenheiten mit Neugierde verfolge, und von dieser Seite hätte ich mich eher dafür zu fürchten und davon abzuziehen« (Br. I, S. 145); 20. Feb. 1807).

Solche brieflichen Äußerungen sind wichtig angesichts der sehr unterschiedlichen Einschätzungen, die zu Hegels Redakteurstätigkeit (März 1807–November 1808) gemacht wurden (es liegt jetzt ein sehr reicher Briefwechsel vor, während z. B. aus der Frankfurter Zeit nur acht Briefe überliefert sind). Die Bamberger Zeit wurde allgemein nur als unbedeutende Episode in Hegels Leben gesehen. Dieser Einschätzung lag die Aussage von Rosenkranz zugrunde, daß sich wegen der damaligen Zensurvorschriften in der ›Bamberger Zeitung‹ »keine Spur von leitenden, oder wie man damals sagte, raisonnierenden Artikeln« fand (Ros., S. 232). Außerdem wirkte sehr kräftig das Klischee des Weltphilosophen, für den die Niederungen der

Tagespolitik unwürdig sind. Wilhelm Raimund *Beyer,* der Vorsitzende der »linken« Hegel-Gesellschaft, hat 1955 in seiner umfangreichen Untersuchung – der einzigen, die überhaupt zur Bamberger Zeit vorliegt – dieses Urteil grundsätzlich revidiert. Sein Ansatz liegt dabei in dem Versuch,

»diese Tätigkeit bei der Bamberger Zeitung als für die Entstehung des Hegelschen Systems und vor allem für seine Fortbildung nicht ganz bedeutungslos hervorzuheben und gleichzeitig die aktive publizistische Berufsausübung des Philosophen Hegel als spezifischen Beitrag desselben zur Bewahrheitung der dialektischen Einheit von Theorie und Praxis zu betonen« (»Zwischen Phänomenologie und Logik«, S. 10).

In der Tat läßt sich dieser Ansatz mit der Fragestellung: Theorie-Praxis von brieflichen Äußerungen her stützen, in denen Hegel das Prinzip der Publizität als »göttliche Macht« preist (Br. I, S. 176) und – gegenüber den deutschen Verhältnissen – in dem »Sprechen der Regierung mit dem Volke über ihre und seine Interessen [...] eines der größten Elemente der Kraft des französischen und englischen Volkes« sah (Br. I, S. 209; Jan. 1808). Vor allem stammt aus der Bamberger Zeit eine Äußerung Hegels, die in der Theorie/Praxis-Diskussion häufig herangezogen wurde: »Die theoretische Arbeit, überzeuge ich mich täglich mehr, bringt mehr zustande in der Welt als die praktische; ist erst das Reich der Vorstellung revolutioniert, so hält die Wirklichkeit nicht aus« (an Niethammer, Br. I, S. 253; 28. 10. 1808).

Das Desiderat von Beyers Studie, nämlich die genaue Analyse der Art und Weise, wie Hegel als Alleinverantwortlicher in die redaktionelle Gestaltung der Nachrichtenvermittlung eingriff, wird durch die Arbeit von *Baum* und *Meist* ausgeglichen, die in Band 5 der »Gesammelten Werke« (»Schriften und Entwürfe 1799–1808«) auch Hegels Redaktionstätigkeit dokumentieren werden. Einen vorläufigen Überblick gibt ihr Aufsatz »Politik und Philosophie in der Bamberger Zeitung«, in dem die Darstellung der politischen und militärischen Situation, der Kulturpolitik Napoleons und andere journalistische Tätigkeiten an konkreten Beispielen dokumentiert wird. Diese Analyse ist äußerst schwierig, da die Zeitung strengster Zensur unterlag und nur »Tatsachenmeldungen«, jedoch keinerlei kommentierende Artikel bringen durfte, so daß eine eigene Stellungnahme – neben der Auswahl und Anordnung – nur in den Artikeln selbst als eigens gezeichnete Anmerkung gebracht werden durfte. Baum und Meist können jedoch überzeugend dokumentieren, daß die ›Bamberger Zeitung‹ sehr wohl inhaltlich ihre Leser für die französische Politik und für Verfassungsreformen zu gewinnen versuchte und mit der Darstellung der napoleonischen Kulturpolitik implizit auch für eine tolerante Haltung gegenüber dem Protestantismus in Bayern warb (Hegel unterstützt hier Niethammer, der als protestantischer »Central Schul- und Studienrat« in München eine durchgreifende Schulreform im humanistischen Sinne vorantrieb; ihr Briefwechsel enthält viel Spott über die Borniertheit des bayerischen Provinzialismus). Insgesamt jedoch konnte Hegel die ursprüngliche Hoffnung, seine Zeitung dem Vorbild des französischen Pressewesens (über dessen Freiheit er sich täuschte) anzunähern, nicht verwirklichen, und es finden sich viele Klagen über das »Zeitungsjoch«, das durch existenzgefährdende Konflikte mit der Zensurbehörde noch drückender wurde. So ergriff er dankbar die wiederum von Niethammer verschaffte Gelegenheit eines Postens als Gymnasialrektor und siedelte Ende November 1808 nach Nürnberg über.

In die Bamberger Zeit gehört auch der Aufsatz »Wer denkt abstrakt?«, den Kimmerle aufgrund handschriftlicher Befunde neu datierte (Frühjahr 1807; Rosenkranz hatte die Berlinische Gesellschaft als Entstehungsumkreis angenommen). Dieser höchst merkwürdige Aufsatz – eine kunstvolle Mischung von philosophischer Erörterung, schneidender Ironie und versöhnendem Humor – zeigt Hegels meisterhafte Fähigkeit im Einsatz sprachlicher Mittel, so daß ursprünglich feststehende und eben daher »abstrakte« Vorstellungen und Worte im Verlauf des Aufsatzes relativiert werden. Anke Bennholdt-Thomsen hat diesen Aufsatz einer detaillierten Stilanalyse unterzogen und Hegels Vorgehensweise durchsichtig gemacht.

Literatur

Baum, Manfred und *Meist*, Kurt: Politik und Philosophie in der Bamberger Zeitung. Dokumente zu Hegels Redaktionstätigkeit 1807–1808. In: HST 10 (1975), S. 87–127.
Bennholdt-Thomsen, Anke: Hegels Aufsatz: Wer denkt abstrakt? Eine Stilanalyse. In: HST 5 (1969), S. 165–199.
Beyer, Wilhelm Raimund: Zwischen Phänomenologie und Logik. Hegel als Redakteur der Bamberger Zeitung. 1. Auflage 1955; 2., ergänzte und erweiterte Auflage Köln 1974. [Dort auch weitere Literatur zum Pressewesen und zur politischen Situation der Zeit.]
Dontschev, Gentscho: »Wer denkt abstrakt?« und die »Phänomenologie des Geistes«. In: HST 12 (1977), S. 190–200.

7. Nürnberg (1808–1816): Gymnasialrektor, Ehemann und Logiker zugleich

Im Gefolge der Auflösung des »Heiligen Römischen Reichs Deutscher Nation« (16. Aug. 1806) hatte das zum Rheinbund gehörende Bayern im September 1806 die freie Reichsstadt Nürnberg okkupiert und mit der verwaltungsmäßigen Eingliederung auch eine Neuorganisation des Nürnberger Schulwesens in Gang gesetzt. Die Nürnberger Schulen waren, wie das von Goldmann präsentierte Material anschaulich bezeugt, in einem herabgekommenen, noch quasi zunftmäßig organisierten Zustand; Hauptaufgabe der Neuorganisation war daher neben der Schaffung der Voraussetzungen für die Durchsetzung der allgemeinen Schulpflicht (in Bayern seit 1803) die Reform des Gymnasialunterrichts in Hinblick auf universitäre Anforderungen. Das Aegidiengymnasium war schon 1526 auf Anregung von Melanchthon gegründet worden, und Hegel übernahm mit der Leitung die Aufgabe einer Neubelebung, die *Niethammers* Reformbestrebungen konkret umsetzen sollte. Zugleich geriet das Gymnasium als eine der wenigen protestantischen Unterrichtsanstalten in die heftigen kulturpolitischen Auseinandersetzungen der Zeit (mit der Säkularisierung geistlicher Herrschaften nach dem Reichsdeputationshauptschluß 1803 und dem Anschluß protestantischer Bevölkerungsgruppen war die klerikale Machtbasis zunächst empfindlich getroffen worden. Zum kulturpolitischen Hintergrund vgl. Hoffmeisters Einleitung zu den »Nürnberger Schriften«, S. XXVI–XXXVI). Als Rektor und Professor für philosophische Vorbereitungswissenschaften meisterte Hegel in den acht Jahren seiner Tätigkeit diese Situation mit großer Umsicht und Sorgfalt, obwohl er ständig mit organisatorischen und finanziellen Schwierigkeiten zu kämpfen hatte. 1813 übernahm er auf Initiative Niethammers zusätzlich das Amt eines Lokal-Schulrats und Referenten in Schul- und Studiensachen bei dem Königlichen Stadtkommissariat Nürnberg, was eine gute Gehaltsaufbesserung, aber noch mehr »Amtsdienstzerstreuungen« mit sich brachte, da ihm damit die Aufsicht über sämtliche Nürnberger Schulen zufiel. Diese Seite seiner Tätigkeit bedarf jedoch, über die Arbeiten von Beyer und Goldmann hinaus, noch weiterer Erhellung, da das gesamte vorliegende Aktenmaterial des Nürnberger Stadtarchivs und des Bayrischen Staatsarchivs München noch nicht als hinreichend ausgewertet betrachtet werden kann.

»Hegel und die Pädagogik« – *Rebles* Literaturbericht beleuchtet die Diskussion um dieses Problem in Hinsicht auf Hegels Bildungsbegriff, seine praktische Schultätigkeit, die Nachwirkungen auf die Schulgeschichte des 19. Jh. und die Grundlagendiskussion der Pädagogik. Er zeigt die Spannweite der Einschätzungen zwischen dem Absprechen jeglicher »pädagogischer Haltung«, da das Individuum gar nicht in das Blickfeld des systematischen Philosophen falle (Erika Hoffmann) und der konträren These, daß Hegels Philosophie des Geistes als Ganze »Bildungstheorie« schlechthin sei (Theodor Litt). Gerade vor dem Hintergrund bestimmter systematischer und geschichtsphilosophischer Aussagen Hegels, wie etwa der, daß die Weltgeschichte nicht »Boden des Glücks« sei, lohnt sich eine genauere Untersuchung seiner eigenen Praxis. Meines Erachtens stellt sie ein Korrektiv zu vielen gängigen Vorurteilen dar. Insbesondere Hegels Reden zum Schuljahresabschluß zeigen sein Problembewußtsein gegenüber dem konkreten Einzelnen, der in der Schule zwischen dem persönlichen Verhältnis der Familie und einem Zusammenhang der »Welt« steht, in dem die Einzelnen nur gelten, »insoweit sie diesem Allgemeinen sich gemäß machen und betragen«; »es kümmert sich nicht um ihre besonderen Zwecke, Meinungen und Sinnesarten« (4. Rede, Sept. 1811; IV, 325). Insofern sieht Hegel in der »Bildung zur Selbständigkeit« das wichtigste Ziel aller schulischer Erziehungstätigkeit. Es impliziert »Liberalität«, »Begrenzung des Umfangs der Disziplin« (IV, 351), Relativierung der Bedeutung des Lehrerurteils und frühe Gewöhnung an selbständiges Lernen. Hegel lehnte im Grunde auch eine fixierte Disziplinarordnung ab, da das »Formelle« solcher Ordnungen in der Sphäre der Schule etwas »Fremdartiges« sei (Nürnb. Schriften, S. 405 ff.).

Im Mittelpunkt der Unterrichtsinhalte standen die »Studia humaniora«, wobei Hegel in der zweiten Rede durchaus das mechanische Verständnis von Grammatikunterricht kritisierte, das damals die Regel war. Der wesentliche Bildungswert der Antike liegt dabei – gegenüber der in jeder Hinsicht durchgängigen Zersplitterung der Lebenszusammenhänge in der modernen Welt – darin, in der Auseinandersetzung mit der Antike »in uns die Vorstellung und den Begriff eines vollständigen Lebens zu erschaffen und zu erhalten« (5. Rede, Sept. 1813; IV, 365. – Was Hegel als Jüngling real herstellen wollte, gibt er also als Erwachsener als »Bildungsgut« an die Jugend weiter. Die Tendenz zur rein nostalgischen Antikerezeption wird dann im Verlauf des 19. Jh.s die Oberhand gewinnen). Außerdem hat das Studium der alten Sprachen, die Fähigkeit der individuellen Auseinandersetzung mit der Tradition für Hegel eine emphatische Bedeutung als Grundprinzip des Protestantismus, wie er es in einem Brief an Niethammer formuliert:

> »Wir haben keine Laien; der Protestantismus ist nicht der hierarchischen Organisation einer Kirche anvertraut, sondern liegt allein in der allgemeinen Einsicht und Bildung. [...] Unsere Universitäten und Schulen sind unsere Kirche. Die Pfarrer und der Gottesdienst tuts nicht, wie in der katholischen Kirche« (Br. II, S. 89, Juli 1816; vgl. Br. II, S. 141; Br. I, S. 336).

Als Professor für philosophische Vorbereitungswissenschaften mußte Hegel in den oberen Gymnasialklassen 12 Wochenstunden unterrichten, wobei er die allgemeinen Empfehlungen des Niethammerschen Normativs von 1808 in der Weise selbständig modifizierte, daß er in der Unterstufe (der heutigen Klasse 10) Religions-, Rechts- und Pflichtenlehre, in der Mittelstufe (11. und 12. Klasse) Logik und Psychologie und in der Oberstufe (Klasse 13) philosophische Enzyklopädie lehrte. Die Überlieferung dieser sog. *Philosophischen Propädeutik* teilte das Schicksal so manchen Hegelschen Textes, da Rosenkranz aus dem vorhandenen Material (Hegels Originalhefte sowie Nachrichten nach Diktat und mündlichen Erläuterungen) eine Kompilation herstellte, die als philosophisches Lehrbuch für den Gymnasialunterricht dienen sollte und als Band 18 der »Werke« erschien. Sein Editionsprinzip war dabei »eine Ergänzung aller Hefte durch einander und Kontrollierung durch die späteren, vollendeteren Schöpfungen Hegels« (Brief an Hegels Witwe vom 15. 4. 1839). Da zahlreiche Originalmanuskripte verloren gingen, mußte auch Hoffmeisters Neuedition der »Nürnberger Schriften« (1938) vielfach im Bereich kombinatorischer Hypothesen bleiben, wie zuletzt an der Neuedition von Hegels propädeutischer Logik für die Unterklasse (1809) durch Nicolin deutlich wurde. Die Rekonstruktion dieser aus fünf Textstücken bestehenden Unterrichtseinheit, die getrennt voneinander oder in falschen Verbindungen überliefert wurden, zeigt die Mühsal der philologischen Arbeit, soll Hegels Vorgehensweise wirklich authentisch rekonstruiert werden – eine Mühsal, die jedoch wertvolle entwicklungsgeschichtliche Einsichten zu erbringen vermag, fällt doch Hegels Unterrichtspraxis zeitlich mit der Ausarbeitung der eigentlichen *Großen Logik* zusammen. Wie sehr dabei konkrete Erfahrungen mit den Anforderungen und Schwierigkeiten der täglichen Unterrichtspraxis in die Arbeiten an der *Logik* eingeflossen sind, zeigt

Pöggelers Edition »Fragmente aus einer Hegelschen Logik«, das deutliche inhaltliche Berührungspunkte zur »Begriffslehre für die Oberklasse« (1809/10) aufweist und daher in diesen Zeitraum einzuordnen ist. Eine Erörterung der schwierigen Frage einer Unterscheidung zwischen propädeutischen und sachlich-systematischen Modifikationen in den verschiedenen Entwürfen der Nürnberger Zeit finde sich bei Düsing, »Das Problem der Subjektivität in Hegels Logik« (S. 209–213).

Niethammer war an Hegel schon in Bamberg mit der Bitte herangetreten, eine neue *Logik* für den Schulgebrauch zu verfassen. Hegel nahm diesen Plan einer »Landlogik« auf, wollte jedoch erst die eigene *Logik* schreiben und war sich insgesamt unsicher über die Konzeption einer Schullogik in Lehrbuchform, da die alte Logik rettungslos überholt, die neue, spekulative aber noch nicht vom allgemeinen Bewußtseinsstand überhaupt nur zur Kenntnis genommen worden sei (vgl. Br. I, S. 176; Br. I, S. 228 ff. u. ö.). Eine ausführliche Darlegung seiner Vorstellungen über Inhalt und Methode des Philosophieunterrichts auf Gymnasien gab Hegel in einem Privatgutachten für Niethammer aus dem Jahre 1812. In methodischer Hinsicht wird hier die Konzeption eines »Philosophierens um des Philosophierens willen« einer scharfen Kritik unterzogen: »Das Verfahren im Bekanntwerden mit einer inhaltvollen Philosophie ist nun kein anderes als das *Lernen*. Die Philosophie muß *gelehrt und gelernt werden*, so gut als jede andere Wissenschaft.« (IV, 411) Hegel will einen prinzipiellen Gegensatz zwischen »Lernen« und »Selbsttun« nicht gelten lassen. Sein didaktisches Gespür und die Zurückhaltung gegenüber der Versuchung, die eigene Philosophie par force zu vermitteln, zeigt sich darin, daß er die Bekanntschaft mit der abstrakten Form des Philosophierens als die eigentliche Aufgabe des Philosophieunterrichts ansieht. Demgegenüber kann dialektisches, gar spekulatives Denken nur angedeutet werden. Im Begleitbrief zum Gutachten erwägt Hegel sogar, ob nicht »das Studium der Alten« seiner Substanz nach den Philosophieunterricht überhaupt ersetzen könnte und sollte (Br. I, S. 418 f.).

Daß Hegel im eigenen Unterricht die in den Reden formulierten Ansprüche erfüllte, belegen anschaulich einige Schülerzeugnisse, die G. Nicolin in der umfangreichen Sammlung »Hegel in Berichten seiner Zeitgenossen« (in Zukunft: HBZ) wiedergegeben hat. Als Beispiel sei hier ein Auszug aus der Biographie von J. G. A. *Wirth* gebracht (1844), der im übrigen Hegels System sehr kritisch gegenüberstand:

»Sämtliche philosophischen Vorträge hatte sich der Rektor vorbehalten [...]. Zuvörderst zog Hegel die Naturwissenschaften, Geschichte, Kunst und die Literatur der Alten häufig in seine Entwicklungen, um an ihnen gleichungsweise philosophische Theses zu erklären: dann diktierte er nur kurze Sätze und ließ den Sinn derselben die Zuhörer selbst im Wechselgespräch frei erörtern [...] Was aber noch wohltätiger wirkte und die Anstalt im hohen Grad auszeichnete, das war die Art, wie Hegel die Schüler behandelte. Von der untern Gymnasialklasse an [...] redete er jeden Schüler mit ›Herr‹ an. [...] Ein solches achtungsvolles Benehmen [...] gegen junge Leute, erweckte in diesen ein ungemein erhebendes Selbstgefühl« (HBZ, S. 115 f.).

Im September 1811 heiratete Hegel im Alter von 41 Jahren die zwanzigjährige *Marie von Tucher,* die aus einer der angesehensten Nürnberger Patrizierfamilien stammte (ob der Zeitpunkt, von Hegel her gesehen, als Ausdruck seiner »organischen Reife« – so Rosenkranz, S. 258 – anzusehen ist, bleibe hier dahingestellt). Zum Zustandekommen der Heirat mußten mancherlei Hindernisse beiseitegeräumt werden: Mißverständnisse zwischen den Brautleuten selbst, die in Hegels charakteristischer Einstellung zu Fragen individuellen Glücks, des Absolutheitsanspruchs von Liebe und der Gültigkeit moralischer Ansichten überhaupt gründeten (vgl. Br. I, Nr. 186 u. Nr. 187); zum anderen aber schien der Familie seine ökonomische Situation zu ungesichert und sie erwartet seine vorherige Ernennung zum Universitätsprofessor. Hier half wiederum *Niethammer,* der einen – wie man sich damals ausdrückte – »ostensiblen« Brief an Hegel schrieb, der offensichtlich zur Vorlage für Maries Familie bestimmt war (Br. I, Nr. 183; Mai 1811). Die Ehe scheint über den Zeitraum von zwanzig Jahren hin sehr harmonisch verlaufen zu sein. 1813 wurde ein Sohn *Karl* und im folgenden Jahr *Immanuel Hegel* geboren.

Hegels Briefwechsel und die dazugehörigen Dokumente geben aus der Mikroperspektive einer Individualbiographie einen interessanten Einblick in die Lebensformen des deutschen Bürgertums zur Zeit des Biedermeier, am Vorabend der Industrialisierung. So wurde Hegel im Jahre 1810 Mitglied der Bürgergesellschaft ›Museum‹, einer jener bürgerlichen Lese- und Erholungsgesellschaften, wie sie im 18. und beginnenden 19. Jh. in zahlreichen deutschen Städten gegründet wurden. Zweck der 318 Mitglieder umfassenden, auf Aktienbasis beruhenden Gesellschaft war laut Vereinsstatut, »einen gemeinschaftlichen Vereinigungspunkt der gebildeten Stände zu bewirken, worin sie durch gesellschaftliche Unterhaltung eine Erholung und die bequemste Gelegenheit finden, mit dem literarischen Geist der Zeit fortzuschreiten« (Br. IV, S. 98 u. 321). Kritisch verhielt sich Hegel gegenüber den patriotischen Bestrebungen im Gefolge der Befreiungskriege (vgl. etwa die Äußerungen zur Gründung eines Nationaldenkmals und -Archivs, Br. II, S. 43) und der allgemeinen politisch-kulturellen Reaktion zur Zeit des Wiener Kongresses (vgl. Br. II, S. 86).

Die *Wissenschaft der Logik,* die Hegel in den Nürnberger Jahren schrieb, wird auch *Große Logik* genannt, im Unterschied zur wesentlich kürzeren Fassung der Logik, die den ersten Band der Heidelberger *Enzyklopädie der philosophischen Wissenschaften* (1817) darstellt. Die »Große Logik« erschien 1812–1816 in drei Teilen in Nürnberg. Der erste Band, die »objektive Logik«, ist in zwei Bücher aufgeteilt: Die »Lehre vom Sein« erschien im Frühjahr 1812 (»Es ist keine Kleinigkeit, im ersten Semester seiner Verheuratung ein Buch des abstrusesten Inhalts von 30 Bogen zu schreiben« – an Niethammer, Br. I, S. 393; Feb. 1812); die »Lehre vom Wesen« erschien ein Jahr später. Der zweite Band, der als »subjektive Logik« die »Lehre vom Begriff« enthält, konnte erst 1816 fertiggestellt werden.

Zu Recht beginnt fast jede Publikation zur *Wissenschaft der Logik* mit einem Hinweis auf die außerordentlichen Schwierigkeiten, die Hegels zweites großes Werk seit jeher dem Verständnis entgegengesetzt hat. Die Hermetik des Textes, der »Panzer dieser Terminologie« (Rohs) und die spezifische Verarbeitung der gesamten Tradition der abendländischen Philosophiegeschichte stellt jede Interpretation vor die grundsätzliche Schwierigkeit, »der Alternative von nur äußerlicher Kritik oder nur versichernder Paraphrase zu entgehen« (Wieland, »Bemerkungen zum Anfang von Hegels Logik«, S. 395). Ein von Henrich (»Hegel im Kontext«, S. 132 u. ö.) geforderter Kommentar, der in dem Sinne in die Feinstruktur des Textes eindringt, daß er auch »im Kommentar Alternativen für das Verständnis des Textsinnes zu entwickeln und zwischen ihnen mit Argumenten zu entscheiden« in der Lage ist, ein argumentierender Kommentar also, ist bisher – außer zum Anfang der Logik – kaum versucht worden. So ist es keine Übertreibung, wenn ein Interpret im Jahre 1975 schreiben konnte: »Es ist aber zu bezweifeln, ob es der Hegel-Forschung [...] schon gelungen ist, Hegels endgültige Logik auch nur einigermaßen adäquat zu interpretieren« (Puntel in: HST 10 [1975], S. 377).

Hegel selbst hatte das stärkste Bewußtsein des totalen Neubeginns. Selbst der Titel: »*Wissenschaft* der Logik« war neu und wirkte befremdend, da die Logik traditionellerweise nur als allgemeinste Grundlage des Denkens, nicht aber als eine eigene Wissenschaft galt. Als Schwierigkeit für den heutigen Leser kommt hinzu, daß Hegel die Bekanntschaft mit seinen Hauptbezugspunkten – der formalen und Kants transzendentaler Logik – wie der Philosophie seiner Zeit überhaupt voraussetzt. Die ganze *Wissenschaft der Logik* ist durchzogen von der Polemik gegen die traditionelle Logik als »verknöchertes Material« (VI, 234), als Voraussetzung seiner Arbeit, die »nur hie und da einen dürren Faden oder die leblosen Knochen eines Skeletts, sogar in Unordnung untereinander geworfen, dargibt« (V, 19) – Logik als »Werkzeug« des Denkens, als formales Reflektieren über die Formen des Schließens. Der andere Pol, die transzendentale Logik, thematisiert zwar den Wirklichkeitsbezug des Denkens, stellt aber mit dem »Gespenst des Dings-an-sich« (V, 41) für Hegel eine Kapitulation vor der Wahrheitsfrage dar. Demgegenüber will Hegel in der spekulativen Logik die Trennung von Form und Inhalt, von Denken und dem, was in der traditionellen Ontologie und Metaphysik als letzte »Wirklichkeit« und »Wahrheit« ihm gegenübergestellt wird (»Gott«, »Sein«, »Unendlichkeit« etc.) überwinden. Der »Gegenstand« der Logik ist also ein inhaltlicher in dem Sinne, daß der »*Begriff der Dinge*«, wie er sich im wissenschaftlichen Fortgang auseinanderlegt, dargestellt wird, und »Methode« wird – da es in Hegels Programm kein diesem Inhalt äußerliches Denken sein soll – zum »Bewußtsein über die Form der inneren Selbstbewegung ihres Inhalts« (V, 49). Damit gibt es kein »Jenseits« des Denkens mehr; Logik und Metaphysik – das ist das wesentlich Neue gegenüber den frühen Logikkonzeptionen der Jenaer Zeit – fallen zusammen, wie es der ungeheure Satz in der »Einleitung« formuliert:

> »Die Logik ist sonach als das System der reinen Vernunft, als das Reich des reinen Gedanken zu fassen. *Dieses Reich ist die Wahrheit, wie sie ohne Hülle an und für sich selbst ist.* Man kann sich deswegen ausdrücken, daß dieser Inhalt *die Darstellung Gottes ist, wie er in seinem ewigen Wesen vor der Erschaffung der Natur und des endlichen Geistes ist*« (V, 44).

Hegel betrachtete die Form seiner Darstellung als aus zeitlichen und finanziellen Gründen notgedrungen unvollkommen und bedauerte, daß über die »Schwere der Darstellung« geklagt wurde. Er wies aber darauf hin, daß »wahrhaft spekulative Philosophie [...] auch nicht das Gewand und den Stil Locke'scher oder der gewöhnlichen französischen Philosophie erhalten [kann]. Uneingeweihten muß jene ihrem Inhalt nach ohnehin als die verkehrte Welt erscheinen [...]« (Br. I, S. 425 f.; Dez. 1812). Die drei Rezensionen, die der erste Band erhielt, waren ausgesprochen abfällig (Auszüge finden sich in Br. II, S. 381 f.). Dann aber wurde die *Wissenschaft der Logik* rasch berühmt und stand lange Zeit im Mittelpunkt der Auseinandersetzungen um Hegels Philosophie. Da das Werk nach zehn Jahren nahezu vergriffen war, begann Hegel für die Neuauflage mit einer gründlichen Umarbeitung, kam aber nur zu einer Bearbeitung der »Lehre vom Sein«. Die auf den 7. November 1831 datierte Vorrede zu dem stark erweiterten 1. Band ist der letzte Text, den er verfaßt hat.

Diese umgearbeitete Fassung wurde der Edition der »Werke« zugrundegelegt und wurde in der Logikrezeption weitgehend bestimmend (eine Faksimile-Ausgabe der Erstfassung hat W. Wieland 1966 ediert). Über einen Zeitraum von fünfzig Jahren (1826–76) verfaßte die Hegelschule spekulative Logiken, die Hegels Logik in Einzelheiten zu verbessern und modifizieren versuchten, wobei die zeitgenössische Kritik (wichtig vor allem *Trendelenburgs* »Logische Untersuchungen« von 1840) aufgenommen bzw. widerlegt wurde. In der ersten Hälfte des 20. Jh.s stand demgegenüber die *Phänomenologie* im Vordergrund, und erst seit etwa zwanzig Jahren ist eine verstärkte Hinwendung zur *Wissenschaft der Logik* eingetreten, bei der entwicklungsgeschichtliche Aspekte, Probleme der Systemkonstruktion (Verhältnis Phänomenologie – Logik) und die systematische Frage nach Begriff und Verfahrensweise der Dialektik im Vordergrund stehen. Eine besondere Richtung des neueren Interesses bilden dabei im Anschluß an *Lenins* »Konspekt zur Wissenschaft der Logik« (1914) Fragen der Methode der Kritik der politischen Ökonomie (vgl. → S. 126 ff.).

Ein knapper Überblick über wesentliche Tendenzen der Logik-Interpretation findet sich in der Einleitung von Klaus *Düsings* Abhandlung »Das Problem der Subjektivität in Hegels Logik«, S. 25–37.

Wegen seines besonderen, methodologisch zentralen Stellenwerts, aber auch der wahrlich »befremdenden« Form der Darstellung war der *Anfang* der *Logik* seit ihrem Erscheinen einer der umstrittensten Fragenkomplexe, die das Werk aufwirft. Insofern stellt er eine Ausnahme innerhalb der allgemeinen Bilanz zur Rezeptionsgeschichte dar, da es bei der Diskussion um Hegels Vorgehen – den Sinn eines als »unbestimmte Unmittelbarkeit« bestimmten »reinen Seins«, das zugleich »dasselbe« ist wie »Nichts«, und wie beide ihre »Wahrheit« in der »Bewegung« des »Werdens« finden – zur intensiven Hinterfragung der Stringenz der Argumentation und zur Erörterung alternativer Lösungsmöglichkeiten gekommen ist. Bei der Neubearbeitung ist Hegel in der Vorrede, der Erörterung »Womit muß der Anfang der Wissenschaft gemacht werden?« und in den Anmerkungen ausführlich auf die Konzeption des Anfangs eingegangen; der eigentliche erste Abschnitt des Textes jedoch wurde als *einziger* unverändert übernommen (vgl. dazu Henrich, »Hegel im Kontext«, S. 90 f.). Im übrigen hat Hegel an die Kritiker die Aufforderung zurückgegeben, eine andere Möglichkeit des Anfangs zu nennen, die der Forderung nach *Unmittelbarkeit* genügt (V, 75 – sonst wäre es ja kein »Anfang« im strikten Sinne; vgl. auch die Kritik an Sinclairs Anfang mit dem »Zweifel« in: Br. II, S. 4 f.

Die neuere Diskussion der Anfangsproblematik wurde 1962 von *Henrich* angeregt, der mit dem Nachweis, daß die älteren Modifikationen des 19. Jh.s allesamt dem Anfang den Charakter der Unmittelbarkeit genommen haben, als eigenen Interpretationsvorschlag eine Explikation des Anfangs aus seinem strukturellen Stellenwert »via negationis«, aus der Abgrenzung gegenüber der Logik der Reflexion heraus, expliziert hat. *Gadamer* (»Die Idee der Hegelschen Logik«) hingegen versteht Hegel so, daß der Unterschied von »Sein« und »Nichts« auf das »Meinen« beschränkt sei, und zwar gerade weil es sich um ganz anfängliche Bestimmungen handle: »Darin liegt aber implizit, daß der Sinn des Fortgangs zum Werden nicht der der dialektischen Fortbestimmung sein kann [...]. Sein und Nichts sind also eher als analytische Momente im Begriff des Werdens zu behandeln« (S. 61).

In einer intensiven, textnahen Analyse relativiert Ruth-Eva *Schulz-Seitz* wiederum die Ergebnisse von Henrich und Gadamer. Da das Sein von Hegel auch wesentlich als »einfache Beziehung auf sich« bestimmt werde, bedürfe es nicht der Ableitung »via negationis«, sei also durchaus aus sich heraus denkbar; und von »Werden« bzw. dem Perfekt »übergegangen ist« (V, 83) lasse sich nur dann sinnvoll reden, wenn Sein und Nichts vorher in einer Weise unterschieden würden, die nicht nur im »Meinen« bestehe. Gerade dieser Aufsatz zeigt, wie stark die Interpretationsergebnisse von dem Gewicht abhängen, das jeweils auf verschiedene Aspekte des Problems bzw. verschiedene Textstellen gelegt wird. *Wielands* »Bemerkungen« thematisieren vor allem das Problem, daß der Leser hinter dem Begriff des Seins »zu viel« sucht. Wieland nimmt Hegels Rede von der *Einfachheit* des Anfangs vor und untersucht deren sprachliche Implikationen, da der erste Satz der Logik (»Seyn, reines Seyn, – ohne alle weitere Bestimmung«) ja eigentlich gar keinen *Satz* im üblichen Sinne darstellt. So zeigt Wieland in der Interpretation alternativer Hegelscher Gedankenexperimente zur Bestimmung des Seins, daß jede andere Satzform den Gegenstand seiner Intention nach verfehlen müsse und daß Hegels Vorgehensweise daher plausibel gemacht werden kann.

Die hier angedeutete Diskussion um den Anfang der Logik mag zunächst verwirrend erscheinen und von daher eher verunsichernd wirken. Sie ist aber geeignet, einen guten Zugang zur Logik zu eröffnen, indem in dieser Diskussion die zentralen Grundfragen der spekulativen Methode, wie z. B. die des Verhältnis von Spekulation und Reflexion, des »wissenschaftlichen Fortgangs« und der Abstraktionsebenen der Argumentation aufgeworfen werden. Hierzu wären die beiden Aufsätze von *Henrich* in »Hegel im Kontext« zu empfehlen, außerdem sein Aufsatz »Hegels Grundoperation« in der Festschrift für W. Marx, der als Vortrag auf gute Verständlichkeit hin konzipiert worden ist. In derselben Festschrift findet sich der Aufsatz von Rüdiger *Bubner*: »Strukturprobleme dialektischer Logik«, der Hegels zentrales Theorem von der »Bewegung des Begriffs« im logischen Geschehen mit Hilfe einer Analyse des »spekulativen Satzes« verständlich zu machen versucht. Der von *Horstmann* herausgegebene Sammelband »Seminar: Dialektik in der Philosophie Hegels« ist ebenfalls schwerpunktmäßig auf die *Wissenschaft der Logik* hin angelegt und enthält neben der informativen Einleitung des Herausgebers zu »Schwierigkeiten und Voraussetzungen der dialektischen Philosophie Hegels« zahlreiche neuere Beiträge zur dialektischen Methode, zu den Kategorien des Anfangs, der Negation und des Widerspruchs sowie Beiträge zu »materialen Aspekten« der Philosophie Hegels. Eine entwicklungsgeschichtliche Darstellung mit systematisch-metaphysikkritischer Intention bietet *Düsings* Abhandlung; als wichtiger Versuch eines Kommentars zu einem Kapitel der Logik wäre die Untersuchung von Peter *Rohs,* »Form und Grund« zu nennen. – Als explizite Kritiker der Hegelschen Logik sind in jüngerer Zeit vor allem Werner *Becker* und Wolfgang *Marx* hervorgetreten. Diese Kritik konzentriert sich auf zentrale Bestandteile der Hegelschen Argumentationsstruktur, indem sie deren logische Unhaltbarkeit nachzuweisen versucht. Hegelkritik von dem Interesse her, eine eigene »Ontologie des gesellschaftlichen Seins« zu begründen, bietet das Spätwerk von G. *Lukács*. Da es Lukács hier gelingt, Hegels historischen Standort in einem nicht oberflächlichen Sinne ideologiekritisch in die Auseinandersetzung einzubeziehen, sei auf dieses Werk als inhaltlichem Gegengewicht zu den vorher genannten Arbeiten hingewiesen, die bei allem Scharfsinn analytischer Kombinatorik doch eine über den immanenten Gang der Forschung hinausgehende eigene Standortbestimmung, die die Motivation für die jeweilige Auseinandersetzung verstehbar machen könnte, oft vermissen lassen. Als weitere Ausnahme wäre auf die Arbeit von *Theunissen* hinzuweisen, die sicher für die weitere Diskussion der Hegelschen *Logik* Maßstäbe setzen wird. Theunissen interpretiert die *Logik* neu auf ihre mögliche kritische Funktion im Kontext einer Theorie kommunikativer Freiheit hin, wobei er an der metaphysikkritischen Intention der *Logik* ansetzt (vgl. → S. 195 f.).

Literatur

Eine ausgewählte Bibliographie hauptsächlich neuerer Arbeiten zu Themen der Logik und Dialektik enthält der Sammelband »Seminar: Dialektik in der Philosophie Hegels« (hrsg. von Rolf Peter *Horstmann*), FfM 1978, S. 415–423.

Zum Thema »Bildung, Erziehung, Pädagogik« in Hinblick auf Hegel vgl. die zahlreichen Referate in HJB 1972, S. 280–324 und HJB 1973, S. 162–201.

G. W. F. *Hegel*, Wissenschaft der Logik. Erster Band, erstes Buch. Das Sein. Faksimiledruck nach der Erstausgabe von 1812. Hrsg. von Wolfgang *Wieland*, Göttingen 1966.

Fragment aus einer Hegelschen Logik. Mit einem Nachwort zur Entwicklungsgeschichte von Hegels Logik hrsg. von Otto *Pöggeler*. In: HST 2 (1963), S. 11–70.

Hegels propädeutische Logik für die Unterklasse des Gymnasiums. Hrsg. und besprochen von Friedhelm *Nicolin*. In: HST 3 (1965), S. 9–38.

Angehrn, Emil: Freiheit und System bei Hegel. Berlin/New York 1977.
Becker, Werner: Hegels Begriff der Dialektik und das Prinzip des Idealismus. Zur systematischen Kritik der logischen und phänomenologischen Dialektik. Stuttgart 1969.

Beyer, Wilhelm Raimund: Hegel als praktischer Verwaltungsbeamter (Lokalschulrat in Nürnberg). In: DZfPh 9 (1961), S. 747–766. Auch in: *ders.*: Denken und Bedenken. Hegel-Aufsätze. Berlin 1977, S. 141–164.

Bubner, Rüdiger: Strukturprobleme dialektischer Logik. In: Der Idealismus und seine Gegenwart. Festschrift für Werner Marx. Hrsg. von Ute *Guzzoni* u. a., Hamburg 1976, S. 36–52.

Düsing, Klaus: Das Problem der Subjektivität in Hegels Logik. Systematische und entwicklungsgeschichtliche Untersuchungen zum Prinzip des Idealismus und zur Dialektik. Bonn 1976 (= HST Beiheft 15).

Gadamer, Hans Georg: Die Idee der Hegelschen Logik. In: *ders.*: Hegels Dialektik. Fünf hermeneutische Studien. Tübingen 1971, S. 49–70.

Goldmann, Karlheinz: Hegel als Referent für das Nürnberger Lehrerseminar und Volksschulwesen 1813/1816. In: G. W. F. Hegel in Nürnberg 1808–1816. Mit Beiträgen von Wilhelm Raimund Beyer u. a., Nürnberg 1966, S. 39–46.

Henrich, Dieter: Anfang und Methode der Logik. In: Hegel im Kontext. FfM 1971, S. 73–94 (= ed. s. 510).

ders.: Hegels Logik der Reflexion. In: *ders.*, Hegel im Kontext, S. 95–156.

ders.: Hegels Grundoperation. Eine Einleitung in die »Wissenschaft der Logik«. In: Der Idealismus und seine Gegenwart. Festschrift für Werner Marx. Hrsg. von Ute *Guzzoni* u. a., Hamburg 1976, S. 208–230.

ders. (Hrsg.): Hegel-Tage Chantilly 1971. Die Wissenschaft der Logik und die Logik der Reflexion. Bonn 1978 (= HST Beih. 18).

Hogemann, Friedrich und *Jaeschke*, Walter: Die Wissenschaft der Logik. In: *Pöggeler*, Otto (Hrsg.): Hegel. Freiburg/München 1977, S. 75–90.

Lanig, Karl: Die pädagogischen Jahre Hegels in Nürnberg. In: G. W. F. Hegel in Nürnberg 1808–1816. Mit Beiträgen von Wilhelm Raimund *Beyer* u. a., Nürnberg 1966, S. 17–37.

Lukács, Georg: Zur Ontologie des gesellschaftlichen Seins. Hegels falsche und echte Ontologie. Neuwied/Berlin 1971.

Marx, Wolfgang: Hegels Theorie der logischen Vermittlung. Kritik der dialektischen Begriffskonstruktionen in der »Wissenschaft der Logik«. Stuttgart–Bad Cannstadt 1972.

Rademaker, Hans: Hegels ›Objektive Logik‹. Eine Einführung. Bonn 1969.

Reble, Albert: Hegel und die Pädagogik. In: HST 3 (1965), S. 320–355 [Sammelrezension].

Rohs, Peter: Form und Grund. Interpretation eines Kapitels der Hegelschen Wissenschaft der Logik. Bonn 1969 (= HST Beiheft 6).

Schulz-Seitz, Ruth-Eva: ›Sein‹ in Hegels Logik: ›Einfache Beziehung auf sich‹. In: Wirklichkeit und Reflexion. Festschrift für Walter

Schulz. Hrsg. von Helmut *Fahrenbach,* Pfullingen 1973, S. 365–383.
Theunissen, Michael: Sein und Schein. Die kritische Funktion der Hegelschen Logik. FfM 1978.
Wieland, Wolfgang: Bemerkungen zum Anfang von Hegels Logik. In: Wirklichkeit und Reflexion. Festschrift für Walter Schulz. Hrsg. von Helmut *Fahrenbach,* Pfullingen 1973, S. 395–414.

8. *Professur in Heidelberg (1816–1818)*

In den letzten Jahren in Nürnberg hatte Hegel zunehmend unter der intellektuellen Isolation seiner Provinzexistenz gelitten; ein lebendiger Wirkungskreis, schrieb er an den Heidelberger Prorektor Daub, »ist der höchste Wunsch meines Lebens« (Br. II, S. 116; Aug. 1816). Nachdem sich verschiedene Spekulationen auf Jena, Tübingen, Berlin, Altdorf und Erlangen immer wieder zerschlagen hatten, sah sich Hegel im Sommer 1816 plötzlich mit drei Berufungen zugleich konfrontiert (Erlangen, Berlin, Heidelberg). Nicht zuletzt mit Rücksicht auf seine Frau gab Hegel 1816 Heidelberg den Vorzug, da sie in Heidelberg bereits gute Freunde und Bekannte erwarteten, und da ihn die Berliner Anfrage erst kurz nach der Zusage für Heidelberg erreichte.

Zu Recht wurde die Bedeutung der zwei Jahre in Heidelberg innerhalb Hegels Entwicklung vor allem in der Begegnung mit der »Heidelberger Romantik« gesehen. Hatte Hegel die für ihn vor allem in Friedrich *Schlegel* konzentrierten Tendenzen der Jenaer Romantik aufgrund ihres radikalen Subjektivismus scharf kritisiert, so stellte sich die Heidelberger Romantik doch ganz anders dar und verlangte eine erneute Auseinandersetzung. Wenn auch 1816 ihre Blütezeit bereits vorbei war, hatten *Arnim, Brentano* (»Des Knaben Wunderhorn«, 1806/08) und vor allem *Görres* eine historisch-nationale Bewegung entfacht, die in den »Freiheitskriegen« große Bedeutung erlangt hatte und in den Bestrebungen der Burschenschaften weiterwirkte. Wie die als Konzept erhaltene Heidelberger Antrittsrede und die »Berichte seiner Zeitgenossen« (Nr. 276 u. 280) zeigen, würdigte Hegel jetzt durchaus ein nationales Bewußtsein und stand den burschenschaftlichen Bestrebungen zunächst positiv gegenüber.

Pöggelers 1956 erschienene Studie »Hegel und die Romantik« ist immer noch als grundlegend für diese Thematik zu betrachten. Darüber hinaus hat Pöggeler in einem Aufsatz versucht, die biographische Erfahrungsbasis der Heidelberger Jahre vor allem in kunstphilosophischer Hinsicht nachzuzeichnen, die dann in den Berliner Vorlesungen über Ästhetik verarbeitet wurde. Hegel hatte in Heidelberg durch die Aufführungen des Singvereins des Juristen und bedeutenden Musikkenners *Thibaut* Gelegenheit, intensiv in die Musik vor allem der italienischen Renaissance und des Barock einzudringen (vgl. HBZ, Nr. 231: »er ging so darauf ein, daß er sich mehrmals in seinem Haus Aufführungen erbat«). Die berühmte Gemäldesammlung der Brüder *Boisserée* (ca. 200 Bilder altdeutscher und niederländischer Maler, heute in der Münchener Pinakothek) ermöglichte den Zugang zur christlichen Malerei und somit die Erweiterung und Überschreitung des klassizistischen Kanons. Hier arbeitet Pöggeler gut heraus, wie sich – z. B. in der beginnenden Sammlertätigkeit *religiöser* »Objekte« – reale Wandlungen der historischen Erfahrung von Kunst vollzogen haben. In kunsttheoretischer Hinsicht zentral war für Hegel die Begegnung mit Friedrich *Creuzer,* dessen »Symbolik und Mythologie der alten Völker, besonders der Griechen« (1810 ff.) ihm die theoretische Möglichkeit gab, mit einem neuen Begriff des »Symbolischen« den geschichtsphilosophischen Status und die künstlerische Form vorgriechischer Kunst zu bestimmen und damit den geläufigen, abstrakten Gegensatz des »Klassischen« und »Romantischen« zu relativieren.

Hegel las in den vier Semestern über »Enzyklopädie der philosophischen Wissenschaften«, »Geschichte der Philosophie«, »Logik und Metaphysik«, »Anthropologie und Psychologie«, »Naturrecht und Staatswissenschaft« sowie erstmals auch über »Ästhetik«. Die zunächst sehr kleine Hörerzahl (in einem Kolleg waren es nur vier!) verwunderte ihn sehr (vgl. Br. II, S. 147; 29. Okt. 1816), zumal da diese Zahl seltsam abstach von der Emphase, mit der seine Antrittsrede (die eigene als) die neue Philosophie preist:

»Diese *Morgenröte eines gediegeneren Geistes begrüße ich,* rufe ich an, *mit ihm nur habe ich es zu tun,* indem ich *behaupte, daß die Philosophie Gehalt haben müsse,* und indem ich *diesen Gehalt* vor Ihnen entwickeln werde; überhaupt aber rufe ich den *Geist der Jugend dabei* an« (X, 403 f.).

Als vorläufige Summe der bisherigen Bemühungen und eigentliche Realisierung des nun schon mehr als zehn Jahre postulierten systematischen Charakters und Umfangs der Philosophie erschien im Sommer 1817 die *Enzyklopädie der philo-*

sophischen Wissenschaften im Grundrisse. Dieses »Zum Gebrauch seiner Vorlesungen« verfaßte Kompendium diente als Vorlesungsgrundlage, die zugleich dem Hörer als Leitfaden in die Hand gegeben werden konnte und – wie Hegel immer wieder betonte – der Ausarbeitung und Ergänzung durch den mündlichen Vortrag bedurfte. Hegel selbst hat die *Enzyklopädie* für die zweite und dritte Auflage (1827 und 1830) erheblich umgearbeitet und erweitert, so daß schließlich gegenüber der Heidelberger Fassung ein stark verändertes Buch entstanden war. Durch die Hereinnahme mündlicher Zusätze und durch redaktionelle Umformungen, die im Einzelnen nicht nachgewiesen wurden, haben dann die Herausgeber der »Werke« den Charakter der *Enzyklopädie* nochmals verändert, so daß bei der Beschäftigung mit dem Werk genau darauf geachtet werden muß, welche Auflage von den Interpreten jeweils zugrunde gelegt wurde. Die grundsätzliche Konzeption mit ihrem triadischen Aufbau von Logik, Natur- und Geistphilosophie ist jedoch in der Heidelberger *Enzyklopädie* bereits vollständig ausgearbeitet (H. Glockner hat die Heidelberger Erstfassung innerhalb der sog. Jubiläumsausgabe wieder leicht zugänglich gemacht).

In der *Enzyklopädie* hat Hegel erstmals eine ausführliche und systematische Darstellung des subjektiven und objektiven Geistes ausgearbeitet, wobei er teilweise auf die Nürnberger Propädeutik zurückgreifen konnte. In der Gliederung des subjektiven Geistes in »Anthropologie«, »Phänomenologie« und »Psychologie« wurde die »Phänomenologie« als solche erheblich umgearbeitet und erhielt gegenüber der *Phänomenologie* von 1807 wie deren Zuordnung in der *Logik* wiederum einen ganz anderen Stellenwert (vgl. hierzu bes. Fulda, »Das Problem einer Einleitung«, → S. 40 f.).

Hegels Naturphilosophie mit ihrem Aufbau in Mechanik, Physik und organische Physik (Leben) ist der Teil seines Werkes, der am wenigsten rezipiert und am stärksten verurteilt wurde. Der Geruch der Antiquiertheit haftet ihr an, und in der Tat muß der Ansatz der idealistischen und romantischen Naturphilosophie, bei der Erkenntnis des Besonderen der Natur von einer einheitlichen Systematik im Sinne eines einheitlichen Grundprinzips des Universums bzw. des Denkens auszugehen, heute in jedem Fall zunächst befremden. Dabei ist jedoch zu beachten, daß die Naturphilosophie durchaus versuchte, die *neuesten* zeitgenössischen Entdeckungen im Bereich der Chemie, Physik und Medizin zu integrieren bzw. sie auch selbst experimentell vorantrieb. So war Hegel, der in der *Enzyklopädie* Goethes Farbenlehre gegen Newton verteidigte (vgl. auch Br. Nr. 321 f. und HBZ, Nr. 208 und 224), mit den Experimenten der führenden Naturwissenschaftler bekannt, zum Teil auch durch persönlichen Umgang (Seebeck, Schelver). Es ist vor allem der Vorwurf des »Begriffsimperialismus«, der formalen, um die Methodik und Ergebnisse einzelwissenschaftlicher Forschung unbekümmerten Konstruktion, der Hegels Naturphilosophie gemacht wurde. So sehr nun viele Ableitungen, begriffliche Bestimmungen etc. der Naturphilosophie »überholt« und z. T. auch schlicht abstrus sein mögen, so darf dieser Vorwurf nicht dahingehend pauschalisiert werden, daß Hegel kein deutliches Problembewußtsein um das Verhältnis von naturwissenschaftlich-experimenteller Empirie und spekulativer Ableitung gehabt habe, da Hegel dieses Problem selbst ständig thematisiert. Nur hat er – etwa schon in dem Kapitel »Beobachtende Vernunft« in der *Phänomenologie* – der naturwissenschaftlichen Forschung und ihrer Methodik einen bestimmten theoretischen Status zugewiesen, der seinerseits nicht verabsolutiert werden darf.

Wer heute Zugang zur Hegelschen Naturphilosophie sucht, dem sei *Petrys* pionierhafte Arbeit empfohlen, die Heede in seiner Besprechung (in: HST 7 1972, S. 311–319) eingehend würdigt (»der erste, der Hegels Naturphilosophie in ihrer Totalität *erforscht*, anstatt sich in unverbindlichen Spekulationen über sie zu ergehen« – S. 371). In einer ausführlichen Einleitung arbeitet Petry wichtige Gesichtspunkte heraus, die Hegels Aktualität für die gegenwärtige Naturwissenschaft zu begründen versuchen, vor allem den Anteil des Denkens an naturwissenschaftlicher Erfahrungsbildung überhaupt. Ein gründlicher Sachkommentar stellt detailliert die Beziehungen zur zeitgenössischen Naturwissenschaft her; die Vollständigkeit anstrebende Bibliographie nennt die Arbeiten bis Ende der sechziger Jahre (Ergänzungen bei Heede, S. 315 Anm. 7). – Das Jubiläumsjahr 1970 brachte auch verschiedene Aufsätze zur Naturphilosophie: Im »Wiener Jahrbuch für Philosophie« (Grimmlinger und Oeser), in dem Sammelband »Hegel und Wir« (Korch) und in den Beiträgen des Kolloquiums »Naturwissenschaften« während der Stuttgarter Hegel-Tage 1970. Weitere Referate zu dieser Thematik wurden von der Fragestellung »Dialektik« her auf dem Moskauer Hegelkongreß 1974 vorgetragen (Abdruck in HJB 1974 und 1975). »Idee und Materie« war das Thema des XI. Internationalen Hegel-Kongresses in Lissabon; ein Teil der Referate ist bisher erschienen im HJB 1976.

Neben seiner Lehrtätigkeit hatte Hegel noch die Redaktion der philologischen und philosophischen Abteilung der *Heidel-*

berger Jahrbücher übernommen und hier zwei Aufsätze veröffentlicht. Die Rezension des dritten Bandes von *Jacobis* Werken ist – gegenüber der scharfen Polemik der Jenaer Abhandlung »Glauben und Wissen« (1802) überaus versöhnlich und stellt trotz grundsätzlicher Differenzen in der Auslegung des Absoluten die Gemeinsamkeiten in den Vordergrund (zu Jacobis – positiver – Reaktion vgl. HBZ, Nr. 204). Direkt in das politische Tagesgeschehen greift der zweite Aufsatz ein: *[Beurteilung der]* »*Verhandlungen in der Versammlung der Landstände des Königreichs Württemberg im Jahr 1815 und 1816.*« In dem Konflikt zwischen dem *König Friedrich,* der eine neue Verfassung einführen wollte, und den württembergischen Landständen, die sich auf traditionelle Rechte beriefen, ergreift Hegel in einer ungemein dichten, historischen Argumentation Partei für den König, dessen Absichten er im Einklang mit den modernen Tendenzen zu einheitlich regierten Staaten mit repräsentativer Verfassung sieht. Den Landständen wirft er den »Formalismus« vor, auf positivem Recht zu beharren, nur weil es positiv gewesen sei: »sie scheinen diese letzten 25 Jahre, die reichsten, welche die Weltgeschichte wohl gehabt hat, und die für uns lehrreichsten, weil ihnen unsere Welt und unsere Vorstellungen angehören, *verschlafen* zu haben« (IV, 507).

Hegels Schrift wurde von der Regierung in billigen Sonderdrucken verbreitet und erlangte so unmittelbar politische Wirkung. Hegel kehrt hier die Argumentation seiner unveröffentlichten Flugschrift von 1798 um, in der er gerade in den Ständen die Möglichkeit zum Schutz bürgerlicher Freiheitsrechte gegenüber herzoglicher Willkür sah (→ S. 26 f.). Die grundsätzliche Ambivalenz der Hegelschen Argumentation von 1817 hat *Habermas* im Nachwort seiner Ausgabe der »Politischen Schriften« formuliert:

»Hegel kehrt, wie an keiner Stelle zuvor, die rationale Geltung des abstrakten bürgerlichen Rechts gegenüber der historischen Zufälligkeit der traditionellen ständigen Freiheitsrechte hervor. [...] Die Zwiespältigkeit seiner politischen Stellung zeigt sich aber darin, daß eine theoretisch überlegene und gewiß fortschrittliche Position zugunsten der eher restaurativen Gewalt des Königs [...] benutzt wurde« (S. 349).

Literatur

Hegel's philosophy of Nature. Edited and translated with an introduction and explanatory notes by Michael John *Petry.* London/New York 1970. (3 Bde.)

G. W. F. *Hegel:* Politische Schriften. Hrsg. von Jügen *Habermas,* FfM 1966.

Ein Blatt aus Hegels Heidelberger Zeit. Aus der Einleitung der Logik-Vorlesung von 1817. Hrsg. von Klaus *Düsing* und Heinz *Kimmerle.* In: HST 6 (1971), S. 39–51.

Hegels Notizen zum absoluten Geist. Eingeleitet und hrsg. von Helmut *Schneider.* In: HST 9 (1974), S. 9–38 sowie HST 10 (1975), S. 11–77.

Behler, Ernst: Friedrich Schlegel und Hegel. In: HST 2 (1963), S. 203–250.

Gadamer, Hans-Georg: Hegel und die Heidelberger Romantik. In: ders.: Hegels Dialektik. Fünf hermeneutische Studien. Tübingen 1971, S. 71–81.

Grimmlinger, Friedrich: Zur Methode der Naturphilosophie bei Hegel. In: Wiener Jahrbuch für Philosophie. Hrsg. von Erich Heintel. Bd. 3. Wien/Stuttgart 1970, S. 38–68.

Nicolin, Friedhelm: Hegel als Professor in Heidelberg. Aus den Akten der philosophischen Fakultät 1816–1818. In: HST 2 (1963), S. 71–98.

ders.: Pädagogik-Propädeutik-Enzyklopädie. In: *Pöggeler,* Otto (Hrsg.): Hegel. Freiburg/München 1977, S. 91–105.

Oeser, Erhard: Der Gegensatz von Kepler und Newton in Hegels »Absoluter Mechanik«. In: Wiener Jahrbuch für Philosophie. Hrsg. von Erich Heintel. Bd. 3. Wien/Stuttgart 1970, S. 69–93.

Pöggeler, Otto: Hegel und die Romantik. Bonn 1956.

ders.: Hegel und Heidelberg. In: HST 6 (1971), S. 65–133.

Stuttgarter Hegel-Tage 1970. Hrsg. von Hans-Georg *Gadamer.* Bonn 1974 (= HST Beiheft 11).

9. Berlin (1818–1831)

a) Öffentliche Wirksamkeit

Im Bewußtsein der Nachwelt hat sich Hegels Name automatisch mit der preußischen Hauptstadt Berlin verbunden, und in der Tat bilden diese dreizehn Jahre den Höhepunkt seines Lebens und seiner Wirksamkeit. Zugleich ist diese Verknüpfung mit dem Topos vom »preußischen Staatsphilosophen« aber auch sehr problematisch, da in ihr das Verhältnis Hegels zum preußischen Staat auf eine allzu eingängige Formel gebracht wurde. Das zeigt sich bereits in der Beschreibung seiner Berufung: *Rosenkranz* spricht von der »höheren Notwendigkeit« der Berufung nach Preußen, da Hegels Philosophie ja in Wahrheit die »Vollendung« der Preußisch-Kantischen sei (Ros., S. 317). Dreizehn Jahre später sieht R. *Haym* – jetzt *kritisch* gewendet – eine »Wahlverwandtschaft« und »innere Zusammengehörigkeit des preußischen Staates und der Hegelschen Lehre« (»Hegel und seine Zeit«, 1857, S. 357).

Hegels Korrespondenz zeigt jedoch ein anderes Bild. Wie *Ritter* (»Hegel und die französische Revolution«, S. 76–81) ausführlich belegt, spielten bei Hegels Entscheidung für Berlin typische Fragen der Universitätslaufbahn (bessere Dotierung, Lehrmöglichkeit etc.) eine entscheidende Rolle, zu der natürlich die Bedeutung Berlins als »Mittelpunkt« gegenüber der Heidelberger »Provinz« hinzukam (vgl. Br. Nr. 390, 1821) – immerhin ging es um die Nachfolge von Fichtes Lehrstuhl, der unbesetzt geblieben war. Ferner bestand seitens des preußischen Kultusministers *Freiherr von Altenstein* eine besondere Gewogenheit gegenüber Hegel, so daß er auf die Unterstützung des »philosophierenden Ministers«, wie dieser einmal genannt wurde, rechnen konnte. Ein weiterer wichtiger Gesichtspunkt bei der Beurteilung von Hegels Wahl besteht natürlich in der Einschätzung des preußischen Staates, die – will man keine Pauschalurteile fällen – nicht so einfach zu leisten ist. Einerseits – so der Tenor von Eric Weils grundlegender Studie »Hegel et l'Etat« – läßt sich das Preußen zwischen 1815–1830 im Vergleich zu anderen europäischen Staaten der Restaurationszeit (England vor der Wahlrechtsreform, Frankreich vor der Julirevolution, das Österreich Metternichs) und vor seiner eigenen reaktionären Politik in den dreißiger und vierziger Jahren als moderner, relativ fortschrittlicher Staat beschreiben, und so wird auch Hegels positives Verhältnis zum preußischen Staat nachvollziehbar. Andererseits herrschte gerade auf dem Gebiet des geistigen Lebens eine umfassende Unterdrückung, für die wir nach dem Radikalenerlaß von 1972 besonders sensibilisiert sind (vgl. zahlreiche Parallelen dieser deutschen Tradition bei Brückner). Im Gefolge des Wartburgfestes der deutschen Burschenschaften (1817) und der Ermordung des russischen Staatsrats von Kotzebue durch den Studenten Sand (März 1819) wurde auf Betreiben Metternichs mit den »Karlsbader Beschlüssen« (August 1819) eine umfassende »Demagogenverfolgung« eingeleitet. Eine zentrale Untersuchungskommission in Mainz, präventive Pressezensur und die Überwachung der Universitäten durch außerordentliche Bevollmächtigte (in Berlin: Sonderbeauftragter von Kamptz) stellten das Instrumentarium zur Ausschaltung politisch mißliebiger Überzeugungen dar, der zahlreiche Professoren und Studenten zum Opfer fielen.

Auch hier war Hegels Haltung zwiespältig. Schließlich zum Gegner der radikaldemokratischen Burschenschaften geworden, sprach er sich anläßlich der Entlassung des Berliner Theologieprofessors *de Wette* (1819) für das Recht des Staates aus, einen Lehrer abzusetzen, wenn er ihm sein Gehalt belasse. Altenstein sprach ihm wiederholt das (zweifelhafte) Lob aus, daß er »wohltätigen Einfluß« auf die Jugend ausgeübt habe (Br. Nr. 657, Dez. 1830; vgl. auch HBZ, Nr. 376). Andererseits modifiziert Hegels Praxis dieses Bild, da er z. B. de Wette mit anderen Professoren finanziell unterstützte und dem verfolgten Justizrat Asverus durch eine Bürgschaft half (zur Dokumentation des Falles vgl. Br. II, S. 432–448). In dem Klima allgemeiner Verdächtigung blieb auch Hegel nicht verschont: 1821 wurde sein eigener Schüler und Mitarbeiter *von Henning* verhaftet, und nach Hegels Reise nach Dresden (1820) wurde von der dortigen Polizeibehörde ein Bericht über seinen Aufenthalt angefordert (Br. II, S. 482). Besonders gefährlich mußte in dieser Situation der Vorwurf des »Atheismus« werden, wenn er politisch gewendet wurde, wogegen Hegel sich leidenschaftlich gewehrt hat (vgl. Br. Nr. 389, Mai 1821). Hegels Bilanz:

»Ich bin gleich 50 Jahre alt, habe 30 davon in diesen ewig unruhevollen Zeiten des Fürchtens und Hoffens zugebracht und hoffte, es sei einmal mit dem Fürchten und Hoffen aus. [Nun] muß ich sehen, daß es immer fortwährt, ja, meint man in trüben Stunden, immer ärger wird« (an Creuzer, Okt. 1819).

Unterdessen wuchs Hegels Ruhm schlagartig an. Das spekulative Denken wurde zu einer Art Modephilosophie, und Hegels Vorlesungen waren eine Attraktion des Berliner Universitäts- und »höheren« Gesellschaftslebens (»hier kommt man sogar dazu, Majors, Obristen, Geheime Räte unter seinen Zuhörern zu haben« – Br. II, S. 218; Okt. 1819). Hegel hielt pro Semester zwei Vorlesungen; den Grundstock bildete sozusagen die Logik-Vorlesung, die er in jedem Sommersemester wiederholte, dazu las er abwechselnd über Enzyklopädie der philosophischen Wissenschaften (2mal), Naturphilosophie (5mal), Anthropologie und Psychologie (5mal). Diesen Vorlesungen lag die jeweils neueste Ausgabe der *Enzyklopädie* zugrunde; die Vorlesungen über Naturrecht und Staatswissenschaften basierten auf den *Grundlinien der Philosophie des Rechts*. Außerdem las Hegel aber noch über Geschichte der Philosophie (6mal), Ästhetik (4mal), Religionsphilosophie (5mal) und Philosophie der Geschichte (5mal). Besonders diese Vorlesungen waren wegen ihrer besseren Verständlichkeit und der Faszination, die Hegels gedankliche Durchdringung des historischen Materials ausübte, sehr beliebt, und bald begannen private Vorlesungsnachschriften zu kursieren.

Über Hegel im Auditorium liegen in den »Berichten seiner Zeitgenossen« zahlreiche Schilderungen vor, von denen die seines Schülers Hotho (Nr. 385) am bekanntesten wurde. Sie alle gehen ausführlich auf die merkwürdige Vortragsweise ein, deren Schilderung durch einen Hörer hier etwas ausführlicher wiedergegeben sei:

»Denkt ihr vielleicht, daß die persönliche Gabe der Rede das Urteil der Hörer bezaubert? Keineswegs. Hegel sprach nicht glatt, nicht fließend, fast bei jedem Ausdruck krächzte er, räusperte sich, hustete, verbesserte sich ständig [...]; seine Sprache war nicht metallisch, eher hölzern, fast grob. Seine Vorlesung war eher ein Monolog, es schien, als vergäße er seine Hörer [...]. Es ereignete sich auch das, daß zeitweise eine satirische Bemerkung seinem Munde entschlüpfte oder ein glückendes Wort, das seine Gegner schlug; es war das ein mörderischer Sarkasmus, welcher am nächsten Tage die Stadt durcheilte [...]. Oft jedoch, denn wenn er sich räusperte, hielt er in seinem Vortrag inne; es war zu erkennen, daß sein Gedanke untertauchte [...]. In solchen Augenblicken der Inspiration war er von großer Poesie, in solchen Augenblicken sprach er glatt und seine Worte fügten sich zu einem Bild voller unvorhergesehenen Zaubers zusammen [...]. So versteht ihr, daß Hegel [...] dennoch mit magischer Kraft die Zuhörer gefangennahm und festhielt« (HBZ Nr. 558; 1828).

Wenn Hegel auch in Heidelberg einige Anhänger bzw. begeisterte Hörer hatte, so fiel doch erst in die Berliner Zeit die Entstehung und rasche Ausbreitung einer eigentlichen *Schule*, die – gegenüber dem Meister ständig mit dem Problem des Epigonalen konfrontiert – seinen Ansatz auf die verschiedenen Gebiete der besonderen Wissenschaften anwendete. Ihre führenden Köpfe waren der Naturkundler *von Henning*, der Jurist *Gans*, die Historiker *Leo* und *Förster*, die Theologen *Marheineke* und *Hinrichs* sowie die Ästhetiker *Hotho*, *Weisse* und *Boumann*. Bei dem offiziellen Wohlwollen gegenüber Hegel und seiner Philosophie erlangten diese Schüler großen Einfluß, so daß schon Anfang der zwanziger Jahre der Vorwurf erhoben wurde, daß man durchaus Hegelianer sein müsse, um an der Berliner Universität eine Anstellung zu erlangen (vgl. HBZ Nr. 382 und 390). Um so heftiger waren die Auseinandersetzungen mit den Gegnern, als deren wichtigste Vertreter in Berlin der Jurist und Begründer der historischen Schule *von*

Savigny und der Theologe *Schleiermacher* zu nennen wären (so gelang es Schleiermacher, Hegels Aufnahme in die Berliner Akademie der Wissenschaften zu verhindern). Insgesamt fällt am intellektuellen Klima der extreme Gegensatz auf zwischen begeisterter Verehrung des Meisters durch die Schüler und scharfer Polemik seitens der Gegner (als Beispiel ein Zitat aus einer Rezension der 2. Auflage der *Enzyklopädie* in der ›Jenaischen Allgemeinen Literatur Zeitung‹, 1829: »In Dunst und Nebel, im Aberglauben und Mystizismus, und wenn auch beide des Alleinglaubens und Alleinwissens sich rühmen, vermögen wir nichts Klares zu lesen. Es sind Bücher voll leerer Blätter« – zit. in Br. III, S. 430).

Forum der Auseinandersetzung waren die *Jahrbücher für wissenschaftliche Kritik* (ab 1827), von den Gegnern kurz »Hegelzeitung« genannt. Bereits 1819/20 hatte Hegel in einer Eingabe an das Unterrichtsministerium »Über die Errichtung einer kritischen Zeitschrift der Literatur« den Vorschlag einer nach französischem Vorbild als »Staatsanstalt« geführten Zeitschrift detailliert unterbreitet; ihre Unabhängigkeit sollte durch die Nicht-Anonymität der Rezensenten gesichert werden. Das Ministerium ging auf diesen Vorschlag nicht ein, doch konnte durch die Initiative von Gans der Verleger Cotta für dieses Projekt als Privatunternehmung gewonnen werden, als dessen Träger sich die »Sozietät für wissenschaftliche Kritik zu Berlin« im Juli 1826 konstituierte. Die Geschäftsführung übernahm zunächst Gans. – Hegel hat in den »Jahrbüchern« eine Reihe wichtiger, ins Grundsätzliche gehender Besprechungen veröffentlicht. Sie stellen neben der *Rechtsphilosophie* (1820), der Schrift über die englische Reformbill (1831) und den Bearbeitungen der *Enzyklopädie* und des ersten Bandes der *Logik* den eigentlichen literarischen Ertrag der Berliner Jahre dar. Besonders folgenreich wurde die Rezension der nachgelassenen Schriften und Briefwechsel des Ästhetikers *Solger* aus dem Jahre 1828, dem Hegel wegen seines eigenständigen und doch ihm verwandten dialektischen Denkens hohes Lob zollte, während die romantische Schule und insbesondere Friedrich Schlegel und Tieck eine vernichtende Abfuhr erteilt bekamen. Ebenso aufsehenerregend war die Besprechung der »Aphorismen über Nichtwissen und absolutes Wissen im Verhältnis zur christlichen Glaubenserkenntnis« des Justizrats *Göschel*. Hegel griff diese Schrift lobend auf, da Göschel die Übereinstimmung der spekulativen Philosophie mit dem Christentum nachwies und mit seiner Kritik der rationalistischen wie der »Gefühlstheologie« auf einer Linie mit seinem Denken lag. (Schon 1822 hatte Hegel im Vorwort zu einer Schrift seines Heidelberger Schülers *Hinrichs* »Die Religion im inneren Verhältnisse zur Wissenschaft« das Prinzip der Theologie Schleiermachers, nämlich dessen Begriff von Religion als Gefühl der schlechthinnigen Abhängigkeit von Gott, sarkastisch kritisiert: »so wäre der Hund der beste Christ, denn er trägt dieses Gefühl am stärksten in sich und lebt vornehmlich in diesem Gefühle« – XI, 58).

Weitere Rezensionen: eine Abhandlung Wilhelm von *Humboldts* über indische Mythologie und Philosophie (1827); die Schriften *Hamanns* (1828); zwei polemische Publikationen über die Hegelsche Philosophie (1829); die Schrift des Herbarth-Schülers *Ohlert:* »Der Idealrealismus« (1831) sowie drei Vorträge von *Görres*: »Über Grundlage, Gliederung und Zeitenfolge der Weltgeschichte« (1831).

Zwei Indizien mögen die überragende Bedeutung, die Hegel in den Berliner Jahren erlangte, belegen: schon 1824 brachte das Brockhaus-Konversationslexikon eine ausführliche Darstellung seiner Biographie wie der Grundzüge seiner Philosophie; die zweite Auflage der *Enzyklopädie* (1827) war bereits nach kurzer Zeit vergriffen, so daß 1830 eine dritte Auflage erschien. 1820–22 war Hegel Mitglied der Wissenschaftlichen Prüfungskommission für Lehramtskandidaten und Gymnasialprüfungen. Aus dieser Funktion ging das Gtuachten »Über den Unterricht der Philosophie auf Gymnasien« hervor (1822; vgl. → S. 51). Einen Höhepunkt seiner öffentlichen Laufbahn bildet die Bekleidung des Rektorats der Berliner Universität im Jahre 1830. (Übrigens liebte Hegel diese Funktion nicht und war froh, daß es in diesem Jahr an der Universität keine Schwierigkeiten wegen »demagogischer Umtriebe« gab.)

An den kulturellen Ereignissen des Berliner gesellschaftlichen Lebens nahm Hegel lebhaften Anteil. Übereinstimmend wird er im geselligen wie im privaten Bereich als umgänglich-heiterer, ausgeglichen wirkender Mensch geschildert; die »Balance«, von der er selbst in einem Brief an Niethammer spricht (Br. II, S. 323; Juli 1822), mag sein Lebensgefühl treffend charakterisieren. Er unternahm mehrere große Reisen, in denen er fast fanatisch die Kunstschätze der großen Zentren in sich einsog und die ihren Niederschlag in den zum Teil sehr detaillierten Analysen der Ästhetik-Vorlesungen gefunden haben (1822 Niederlande, 1824 Wien, 1826 Paris und Niederlande, 1829 Prag). Eine große Erschütterung erfuhr Hegels ausbalancierte Welt noch einmal gegen Ende seines Lebens mit der französischen Julirevolution und der belgischen Revolution (1830), die er als ernste Bedrohung empfand: »Doch hat gegenwärtig das ungeheure politische Interesse alles andere verschlungen, – eine Krise, in der alles, was sonst gegolten, problematisch gemacht zu werden scheint« (Br. III, S. 323; Dez. 1830). In der Auseinandersetzung mit diesen Ereignissen entstand seine letzte größere politisch-publizistische Arbeit »Über die englische Reformbill« (1831), in der er im Bewußtsein einer möglichen Revolution den politisch-gesellschaftlichen Zustand Englands einer scharfen Kritik unterzog.

Hegel starb am 14. November 1831 als Opfer der Cholera, nachdem die Epidemiewelle fast schon überwunden geglaubt war. Es paßt geradezu zu seiner unpathetischen Haltung gegenüber dem Individuum als Einzelnem, daß er fast schmerzlos, nach kurzer Krankheit und ohne Bewußtsein seiner Gefahr in den Tod hinüberschlief. Wie er es gewünscht hatte, wurde er auf dem Hugenottenfriedhof neben Fichte und nahe bei Solger beigesetzt. Der Schock, den sein Tod auslöste, wird nachfühlbar in der Trauerrede, die *Marheineke* als Rektor der Universität hielt und in der Grabrede seines ältesten anwesenden Schülers *Friedrich Förster* (Ros., S. 562–566).

Literatur

Das umfangreiche Material zu Hegels Berliner Zeit (Aufsätze, Reden, Gutachten, Aktenstücke zur Rektoratsführung) ist zuletzt zusammengefaßt in den von Johannes *Hoffmeister* herausgegebenen »Berliner Schriften«, Hamburg 1956.

Darüber hinaus tauchten aber noch viele bisher unbekannte Fragmente und Vorlesungsnotizen auf, vor allem aus dem Besitz der Houghton-Library der Universität Harvard und dem Hegel-Nachlaß der ehemaligen Königlich Preußischen Staatsbibliothek Berlin. Ein Teil dieser Fragmente und Notizen wurde inzwischen in den »Hegelstudien« publiziert; zum Teil ergeben sie interessante Einblicke in Hegels Vorlesungspraxis. Die endgültige Zusammenstellung und Datierung muß jedoch der Kritischen Gesamtausgabe vorbehalten bleiben.

»Ein Hegelsches Fragment zur Philosophie des Geistes«. Eingeleitet und herausgegeben von Friedhelm *Nicolin*. In: HST 1 (1961), S. 9–48.

»Zur zweiten Auflage von Hegels Logik«. Hrsg. und kommentiert von Helmut *Schneider*. In: HST 6 (1971), S. 9–38.

»Unveröffentlichte Vorlesungsmanuskripte Hegels.« »Blätter zu Hegels Berliner Logikvorlesungen.« »Zwölf unbekannte Briefe von und

an Hegel.« »Neue Briefe aus Hegels Berliner Zeit.« »Der erste Lexikon-Artikel über Hegel.« Alle in: HST 7 (1972), S. 9–122.
»Dokumente zu Hegels politischem Denken 1830/31.« Hrsg. von Helmut *Schneider.* In: HST 11 (1976), S. 81–88.
Drei Haushaltsbücher Hegels aus den Jahren 1811, 1819 und 1831 finden sich in Br. IV/1, S. 181–226.

Brückner, Peter: »...bewahre uns Gott in Deutschland vor irgendeiner Revolution!« Die Ermordung des Staatsrats von Kotzebue durch den Studenten Sand. Berlin 1975.
D'Hondt, Jacques: Hegel in seiner Zeit. Berlin 1818–1831. Berlin 1973.
Ritter, Joachim: Hegel und die französische Revolution. FfM 1965 (= ed. s. 114). Auch in: *ders.:* Metaphysik und Politik. Studien zu Aristoteles und Hegel. FfM 1977, S. 183–255.
Weil, Eric: Hegel et l'Etat. Paris 1950.

b) Die Rechtsphilosophie

Hegel las in Berlin insgesamt fünfmal über »Naturrecht und Staatswissenschaft oder Philosophie des Rechts« (WS 1818/19 – WS 1822/23 und 1824/25). Als »Leitfaden« »Zum Gebrauch für seine Vorlesungen« erschienen im Oktober 1820 (das Titelblatt gibt das Jahr 1821 an) die *Grundlinien der Philosophie des Rechts,* die den im Kapitel »Der objektive Geist« der Heidelberger *Enzyklopädie* enthaltenen Ansatz zur – freilich in ganz wesentlichen Teilen neuformulierten – systematischen Darstellung bringen. Zu den Anmerkungen, die Hegel selbst dem Text beigab, fügte sein Schüler Gans noch Zusätze aus eigenhändigen Notizen Hegels und Vorlesungsnachschriften hinzu, als er die *Rechtsphilosophie* im Rahmen der »Werke« herausgab (1833). Der Editionspraxis des Herausgeberkreises gemäß ist die Herkunft der in die Endfassung aufgenommenen Textteile jedoch nicht im einzelnen belegt und wurde von anderen Herausgebern (Lasson, Hoffmeister) heftig kritisiert – auch hier findet sich jenes für Hegels Werk typische Ineinander von Philologie und Interpretation/Kritik, dessen Implikationen zuletzt durch Iltings Edition des gesamten Materials eindrucksvoll belegt wurden.

Eine Vergegenwärtigung der Voraussetzungen, die überhaupt die Konzeption eines Werkes wie die Rechtsphilosophie ermöglichen, kann einen Zugang über das Bewußtsein der *Distanz* eröffnen. M. *Riedel* nennt sie »das letzte Zeugnis einer philosophischen Kultur, die sich explizit als ›praktische Philosophie‹

im Sinne des methodischen Begreifens der ›ganzen‹ menschlichen (ethischen wie politischen, wissenschaftlichen und historischen) Praxis versteht« (»Materialien zu Hegels Rechtsphilosophie« Bd. I, S. 37). Diese vor der Entwicklung der Sozialwissenschaften im 19. Jh. gelegene »praktische Philosophie« erlebt allerdings in der gegenwärtigen philosophischen Diskussion eine geradezu erstaunliche Renaissance, indem die disparaten Teilbereiche des gesellschaftlichen Daseins und ihrer theoretischen Reflexion wieder zu einer gedanklichen Integration gebracht werden sollen. Die *Rechtsphilosophie* mit ihrer Theorie des modernen Staates als »vermutlich tiefsinnigste und umfassendste Theorie in der gesamten Geschichte der politischen Philosophie« (Ilting in »Materialien« Bd. II, S. 52) bietet sich diesen Bemühungen als Kontrastfolie an, womit sich zugleich eine tiefere Ebene der Interpretation erschließt, als die Frage nach ihrem aktuell-politischen Standort über lange Zeit hin erlaubte. Daß diese Frage im Vordergrund stand, ist nicht zuletzt eine Folge der Vorrede, die Hegel dem Werk beigab. Sie enthält eine geharnischte Kritik der burschenschaftlich-patriotischen Bestrebungen, als deren Wortführer der Philosophieprofessor und Vorgänger Hegels in Heidelberg, Jakob Friedrich *Fries*, in scharfer Form angegriffen wird.

Zur Einschätzung dieser Bewegung vgl. neben dem Bändchen von Brückner (→ S. 72) die Studie von Avineri, »Hegels Theorie des modernen Staates«, Kap. VI: Die Tatsache, daß Fries u. a. Opfer der repressiven Karlsbader Beschlüsse wurden, dürfe nicht blind machen für die irrationalistischen, z. T. auch antisemitischen Tendenzen der Bewegung.

Damit scheint sich Hegel auf die Seite des preußischen Staates zu stellen – der Begleitbrief an Hardenberg spricht von der »unmittelbare[n] Beförderung der wohltätigen Absichten der Regierung« durch die Philosophie (Br. II, S. 242; Okt. 1820) – was in dem berühmt-berüchtigten Diktum zu gipfeln scheint:

»Was vernünftig ist, das ist wirklich; und was wirklich ist, das ist vernünftig« (VII, 24).

In der Tat stimmt Horstmanns Feststellung, daß Hegel in der Vorrede »alle ihm zur Verfügung stehenden Möglichkeiten des mehrdeutigen Redens ausnutzt, um eine klare Aussage zu den bestehenden politischen Institutionen zu vermeiden« (in: HST 9, S. 245). Das Diktum verweist auf die vieldiskutierte komplexe Rolle des Logischen innerhalb der *Rechtsphilosophie*. Hegels Freund *von Thaden* kritisierte schon 1821 in scharfer Form: »Der [...] allerwichtigste Satz: ›Das Seiende ist das Gute und Vernünftige‹ ist philosophisch wahr, aber politisch ist dieser Satz falsch« (Br. II, S. 279). Diesen Vorwurf der Vermischung der Ebenen griff Hegel später auf (in der *Enzyklopädie*, § 6; vgl. auch den Lexikonartikel von 1827, in: HBZ, S. 369 f.) und rechtfertigte sich mit der *logischen* Bedeutung dieser »einfachen Sätze«, in der »Erscheinung« und »Wirklichkeit« im emphatischen Sinne streng zu unterscheiden seien – eine Unterscheidung, die jedoch die grundsätzliche Zweideutigkeit dieser Sätze nicht aufzuheben vermochte, wie die Diskussion um die politische Definition von »Vernunft« nach Hegels Tod zeigte.

Die Intention der *Rechtsphilosophie* läßt sich umschreiben als Versuch, die wesentlichen Elemente der Moderne theoretisch zu rekonstruieren und im Staat als der konkretesten Form der »Sittlichkeit« zur Versöhnung zu bringen. Insofern verschmilzt Hegel, wie *Ilting* in seinem sehr informativen Aufsatz »Die Struktur der Hegelschen Rechtsphilosophie« formuliert, »zwei verschiedene Systeme der praktischen Philosophie«: die neuzeitliche Begründung vom autonomen Individuum her (Hobbes) und die antike Konzeption einer substantiellen Gemeinschaft (Platon, Aristoteles; vgl. S. 62). Der wesentliche gedankliche Schritt ist dabei die prinzipielle Unterscheidung von Staat und bürgerlicher Gesellschaft, die Hegel als erster politischer Theoretiker konsequent durchgeführt hat. Damit gibt er zugleich den gesellschaftskonstitutiven Anspruch des Sozialvertrags preis, den die aufklärerische Theorie postulierte – ein Vorgang, der von Willms und Röhrich im historischen Längsschnitt gut nachgezeichnet wird (»Indem Hegel den Vertrag als zentrale Kategorie zurücknahm in das Recht des Privateigentums, in das nur abstrakte Recht, [...] verlor die bürgerliche Theorie das Instrument, mit dem sie die Welt verändert hatte« – Willms, »Revolution und Protest«, S. 56).

Zu Recht hat ein bedeutender Zweig der neueren Beschäftigung mit der *Rechtsphilosophie* (Marcuse, Lukács, Ritter u. a.) die Aufmerksamkeit auf die Darstellung der »bürgerlichen Gesellschaft« gerichtet, in der sich Hegels tiefe gedankliche Aneignung und Durchdringung seiner Zeit gerade in der offenen Beschreibung ihrer Widersprüchlichkeit zeigt. Hegel bestimmt sie in ihrer Differenz zu Familie und Staat (»Die Individuen sind als Bürger dieses Staates *Privatpersonen,* welche ihr eigenes Interesse zu ihrem Zwecke haben« – § 187) und formuliert exakt die spezifische Vermittlungsweise ihres Allgemeininteresses, das sich »hinter dem Rücken der Produzenten« (Marx) herstellt: »In der bürgerlichen Gesellschaft ist jeder sich Zweck, alles andere ist ihm nichts. Aber ohne Beziehung auf andere kann er den Umfang seiner Zwecke nicht erreichen« (§ 182, Zusatz). In der glänzenden Darstellung des »Systems der Bedürfnisse« zeigt sich Hegel auf der Höhe der nationalökonomischen Theoretiker seiner Zeit, die er rezipierte (Smith, Say, Ricardo; vgl. § 189). Sehr prägnant formuliert er die Ambivalenz des Vergesellschaftungsprozesses – der »allseitigen Verschlingung der Abhängigkeit aller« (§ 199), da die Arbeit in der bürgerlichen Gesellschaft Befreiung von Naturnotwendigkeit *und* deren Verlängerung auf höherem Niveau (»Willkür«) zugleich ist (§ 194). So erzeugt die bürgerliche Gesellschaft Luxus wie »unendliche Vermehrung der Abhängigkeit und Not« (§ 195) und bringt mit Notwendigkeit einen »Pöbel« unter ihrem eigenen – gesellschaftlich definierten – Subsistenzniveau hervor (§ 243). Schließlich treibt ihre innere Dialektik diese Gesellschaft über sich selbst hinaus; sie entwickelt internationalen Handel und Kolonisation (§ 246 ff.). In einer begriffsgeschichtlichen Abhandlung (»Der Begriff der ›bürgerlichen Gesellschaft‹ und das Problem seines geschichtlichen Ursprungs«) hat *Riedel* gezeigt, daß in dieser Bestimmung der »bürgerlichen Gesellschaft« als Arbeitsgesellschaft – entsprechend der fortschreitenden industriellen Revolution – Hegels eigentliche Leistung gegenüber der früheren Verwendung des Terminus liegt.

Inwiefern es Hegel gelingt, im Staat als der »Wirklichkeit der sittlichen Idee« diese Widersprüche zur Versöhnung zu bringen, muß hier offen bleiben. Schon früh, vor allem in der Kritik des jungen *Marx,* wurde die gewaltsame, pseudologische Ableitung und Begründung historisch gewordener, zufälliger Institutionen wie der »Erbmonarchie« kritisiert. Wie Ilting (in »Materialien zu Hegels Rechtsphilosophie«, Bd. II, S. 70) belegt, geht Hegel durch die systematische Stellung, die er dem Monarchen einräumt, der Zusammenhang zwischen Staat und bürgerlicher Gesellschaft über weite Strecken verloren, so daß er »den Staat nicht mehr als diejenige Organisation einer politischen Gemeinschaft darstellen [konnte], in der die allgemeinen Probleme der Familie und besonders der bürgerlichen Gesellschaft erörtert und entschieden werden«. Ein angemessenes Verständnis der *Rechtsphilosophie* muß sich an solchen Punkten bemühen, Legitimationsaspekte in Hegels Darstellung konkret nachzuzeichnen, ohne dabei die eigentliche Bedeutung von Hegels sozialem Konservativismus aus den Augen zu verlieren, die einem kruden Liberalismus sicherlich überlegen ist. Daß Hegels politische Philosophie jedoch »geradezu darauf angelegt [war], zu einem liberalen Sozialismus entwickelt zu werden« (Ilting, »Materialien« Bd. II, S. 72), scheint mir von Hegels Prämissen her stark überzogen zu sein.

Im Zusammenhang mit den Bemühungen um eine differenzierte Einschätzung von Hegels politischer Philosophie und dem Nachweis seines grundsätzlichen Liberalismus hat *Ilting* in einer umfangreichen, verdienstvollen Edition das gesamte Material zur *Rechtsphilosophie* vorgelegt. Band I enthält das Kapitel »Der objektive Geist« aus der Heidelberger *Enzyklopädie* von 1817 mit Hegels Vorlesungsnotizen 1818–1819, ferner die bisher unbeachtete Vorlesungsnachschrift des Savigny-Schülers C. G. Homeyer vom WS 1818/19 sowie sämtliche zeitgenössische Rezensionen der *Rechtsphilosophie* bis zum Vorwort zur Neuausgabe 1833 von Gans. Die Intention ist dabei, die Gestalt des eigentlichen Textes der *Rechtsphilosophie* von den Vorlesungen her zu relativieren und die Abhängigkeit der Textfassung von den der Veröffentlichung vorhergehenden politischen Ereignissen im Gefolge der »Karlsbader Beschlüsse« aufzuzeigen. Die ausführliche Einleitung versucht die These zu begründen, daß Hegel zwischen 1817 und 1820 seinen politischen Standort in einer Ausnahmesituation gewechselt habe, wobei er sich jedoch bei der Umarbeitung der *Rechtsphilosophie* »nicht etwa um eine neue, zur restaurativen Politik passende Konzeption bemüht, sondern an dem vorhandenen Text nur retuschiert und seine wirkliche Auffassung zu kaschieren versucht« (S. 82). Diese These kann Ilting durch den Vergleich von Homeyers Nachschrift (in der er die – verlorene – »Urfassung« der *Rechtsphilosophie* sieht) mit dem Text von 1820 an vielen Beispielen belegen; ihr Tenor geht auf die größere Akzentuierung von »Freiheit«, die noch *ausstehende* Verwirklichung der »an sich« vollbrachten Versöhnung zwischen Vernunft und Wirklichkeit in der Nachschrift. Wie die Gradunterschiede dieser Formulierungen auch zu beurteilen sein mögen – die zeitgenössischen Rezensionen belegen eindrucksvoll den »Mißerfolg« (Ilting) dieser »erfolgreichen Bearbeitung«. Mag auch der Vorwurf mangelnder sachlicher Würdigung berechtigt sein, so erfassen sie doch kritisch den tendenziösen Tenor der Schrift, der zumindest in der tagespolitischen Auseinandersetzung auf eine »philosophische Einsegnung des Bestehenden«

(Ilting) hinausläuft. Band II der Edition enthält den Text der *Rechtsphilosophie* von 1820 mit Hegels Notizen zu den Paragraphen 1–180, die Ilting in einer vorbildlichen Edition auch zeitlich zuzuordnen versucht. Band III und IV enthalten die Nachschriften von H. G. Hotho (1822/23) und Major von Griesheim (1824/25), die verschiedenen Fassungen des Kapitels über den »objektiven Geist« in der zweiten und dritten Auflage der *Enzyklopädie* sowie die Nachschrift von D. F. Strauss zur von Hegels Tod früh unterbrochenen Vorlesung von 1831. Zur kritischen Würdigung der Editionsarbeit und der Auseinandersetzung mit der Liberalismus-These sind die Rezensionen von Horstmann sehr aufschlußreich. Zwei Kommentarbände mit einer Gesamtdarstellung der politischen Philosophie auf der Grundlage der Neuedition (Bd. V) und Einzelanalysen (Bd. VI) sollen noch folgen.

Da der Preis der nur geschlossen zu beziehenden Ausgabe sich auf etwa 1 200 DM belaufen wird – das entscheidende Handicap einer Edition, die die Verbreiterung der Diskussion beabsichtigt – bieten sich als Hilfe für die Lektüre die »Materialien zu Hegels Rechtsphilosophie« an. Band I, dem eine gute strukturierende Einleitung des Herausgebers zur Rezeptionsgeschichte bis zur Gegenwart vorangestellt wurde, versucht eine Erhellung der *Rechtsphilosophie* aus der *historischen* Perspektive und bietet Texte aus dem 19. Jh. (Rezensionen, Polemiken etc.), aus denen die Kritik des jungen *Marx* besonders hervorzuheben ist (vgl. → S. 122 ff.). Band II dokumentiert Schwerpunkte der gegenwärtigen Forschung in *systematischem* Bezug zur Struktur der *Rechtsphilosophie*.

Hingewiesen sei hier noch einmal explizit auf die wichtige und ungemein dichte Studie von Joachim *Ritter,* »Hegel und die französische Revolution« (→ S. 72), die für die Interpretation der politischen Philosophie Hegels Meilensteine gesetzt hat (»es gibt keine zweite Philosophie, die so sehr und bis in ihre innersten Antriebe hinein Philosophie der Revolution ist wie die Hegels« – S. 18). Da die »Materialien« – »aus Raumgründen« – die Positionen der verschiedenen marxistischen Ansätze nicht dokumentieren, muß hierzu verwiesen werden auf die zahlreichen Referate im »Hegel-Jahrbuch« 1971 und – vorwiegend unter dem Aspekt der Dialektik – im »Hegel-Jahrbuch« 1975. Eine Gesamtdarstellung der Interpretationsgeschichte von Hegels politischer Philosophie bietet die Arbeit von H. Ottmann (vgl. → S. 100).

Literatur

G. W. F. *Hegel:* Vorlesungen über Rechtsphilosophie 1818–1831. Edition und Kommentar in sechs Bänden von Karl-Heinz *Ilting.* Bd. I Stuttgart–Bad Cannstatt 1973; Bde. II–IV 1974. – Dazu die Rez. von R.-P. *Horstmann* in: HST 9 (1974), S. 241–252; HST 11 (1976), S. 273–277; ferner die Rez. von H. *Reinicke* in: Ästhetik und Kommunikation. Heft 18, Kronberg 1974, S. 70–79.

Riedel, Manfred (Hrsg.): Materialien zu Hegels Rechtsphilosophie. Bd. I u. II, FfM 1975. [Bd. II enthält eine ausführliche chronologische Bibliographie ausgewählter Literatur zur Rechtsphilosophie bis 1973, die hier vorausgesetzt wird.]

Angehrn, Emil: Freiheit und System bei Hegel. Berlin/New York 1977.
Avineri, Shlomo: Hegels Theorie des modernen Staates. FfM 1976.
Baum, Manfred und *Meist,* Kurt Rainer: Recht-Politik-Geschichte. In: *Pöggeler,* Otto (Hrsg.): Hegel. Freiburg/München 1977, S. 106–126.
Hočevar, Rolf: Hegel und der preußische Staat. München 1973.
Ilting, Karl-Heinz: Die Struktur der Hegelschen Rechtsphilosophie. In: Materialien zu Hegels Rechtsphilosophie Bd. II, FfM 1975, S. 52–78.
Ottmann, Henning: Individuum und Gemeinschaft bei Hegel. Bd. I: Hegel im Spiegel der Interpretationen. Berlin/New York 1977.
Riedel, Manfred: Der Begriff der ›Bürgerlichen Gesellschaft‹ und das Problem seines geschichtlichen Ursprungs. In: *ders.,* Studien zu Hegels Rechtsphilosophie. FfM 1969, S. 135–166 (= ed. s. 355).
Röhrich, Wilfried: Sozialvertrag und Bürgerliche Emanzipation von Hobbes bis Hegel. Darmstadt 1972.
Willms, Bernhard: Revolution und Protest oder Glanz und Elend des bürgerlichen Subjekts. Stuttgart 1969.

c) Philosophie der Religion

Hegels Religionsphilosophie ist wohl der Teil seiner Philosophie, der unserem durch *Kierkegaard* wie die *Marxsche* Religionskritik wesentlich geprägten Bewußtsein sehr fern steht und sehr befremdlich anmutet – eine ganze Tradition abendländischer rationalistischer Theologie (seit *Aristoteles*) ist hier noch einmal verarbeitet worden. Gleichwohl war dieser Systemteil zu seinen Lebzeiten und vor vor allem unmittelbar nach seinem Tod von höchster Aktualität: es war der Streit um die Religionsphilosophie, der zur Spaltung der Hegelschule in Rechts- und Linkshegelianer führte. Hegel selbst hat ja im Laufe seines Lebens eine radikale Wendung in seinem Verhältnis zum Christentum vollzogen. Ging es dem jungen Hegel um eine Erneuerung der »Volksreligion« nach antikem Muster, ohne alle dogmatisch-institutionelle »Posivität« (→ S. 18 f.), so gelangte er in der weiteren Entwicklung zur spekulativen Aussöhnung mit der christlichen Religion, die bereits in der *Phänomenologie* als Vorstufe des absoluten Wissens rangiert. Dennoch blieb auch in der reifen Religionsphilosophie der Berliner Vorlesungen sein Verhältnis zur christlichen Religion und Theologie wesentlich zweideutig, wie es *Löwith* zu Recht formuliert:

»Es besteht in einer philosophischen *Rechtfertigung* der Religion durch die *Kritik* ihrer religiösen Vorstellungsform, oder mit dem doppeldeutigen Grundbegriff der Hegelschen Philosophie gesagt: in der »›Aufhebung‹ der Religion in die Philosophie« (»Hegels Aufhebung der christl. Religion«, S. 194 f.).

Hegel hätte den Vorwurf der »Zweideutigkeit« zurückgewiesen; seinem Verständnis nach leistet er gerade die (verlorengegangene) Wiederherstellung des Gültigkeitsanspruchs der Religion auf dem Argumentationsniveau seiner Zeit.

Vgl. hierzu den informativen Aufsatz von *Riedel,* »Wissen, Glaube, Wissenschaft. Religionsphilosophie als kritische Theologie«, bes. S. 86: »Es ist der Versuch, das Verhältnis von Wissen und Glauben nicht mit den Modellen und Interpretationsmustern der Theologie, sondern auf der Basis des Subjektivitätsprinzips und unter der intellektuellen Voraussetzung der modernen, von der ›Kultur‹ der bürgerlichen Gesellschaft bestimmten Welt aufzulösen.«

Und mit einem gründlichen Ausleuchten der Zeitsituation setzen die Vorlesungen ein. Hegel analysiert die »Entzweiung« des religiösen Bewußtseins mit dem weltlichen, von der Wissenschaft geprägten Bewußtsein, das sein eigenes »Universum der Erkenntnis« hat, »außerhalb der Religion« (XVI, 24). Beide »Regionen des Bewußtseins« verhalten sich »mißtrauisch« zueinander. Die Religion selbst ist ebenfalls in zwei Extreme zerfallen. Einerseits die »Vernunfttheologie« im Zuge der Aufklärung, deren historische Bibelkritik als »Räsonnement«, deren Gottesbegriff (das »höchste Wesen«) als »hohl, leer und arm« kritisiert werden (XVI, 37). Auf der anderen Seite steht die »Gefühlstheologie«, deren Basis in der »zufälligen Subjektivität« beheimatet bleiben muß: »so ist die Religion erkenntnislos geworden und in das einfache Gefühl [...] zusammengeschrumpft, kann aber von dem Ewigen nichts aussagen« (XVI, 24). Die Polemik gegen dieses in *Jacobi* verkörperte theologische Prinzip ist seit der Jenaer Abhandlung »Glauben und Wissen« (→ S. 33) ein konstantes Motiv in Hegels Denken.

Hegels eigener Ansatz steht in einer Tradition rationalistischer Philosophie und beruht auf der Identität des *Inhalts* von Religion und Philosophie: das Absolute. (»So fällt Religion und Philosophie in eins zusammen; die Philosophie ist in der Tat selbst Gottesdienst, ist Religion.« – XVI, 28) Die Erkenntnis*formen* des Absoluten sind jedoch verschieden, es sind in der Religion die Formen von Gefühl – Anschauung – Vorstellung, die sich in der Sphäre des Denkens in ihrem Begriff erfassen. Wesentlicher Inhalt der christlichen Lehre ist ihm die *Offenbarung* Gottes und – dadurch – die Möglichkeit der Erhebung des Menschen zu Gott: »Hier ist alles dem Begriff angemessen; es ist nichts Geheimes mehr an Gott« (XVI, 88). Im Zentrum der Absoluten Religion steht die – bekanntlich vom Neuplatonismus stark beeinflußte – Trinitätslehre, um deren spekulative Ausdeutung Hegel in immer neuen Anstrengungen gerungen hat. Das »Reich des Geistes« lebt fort in der Gemeinde, die sich im »Kultus« ihre Freiheit und Versöhnung mit dem Absoluten bestätigt und realisiert.

Da die Kirche aber auch auf das praktische Handeln Einfluß nimmt, steht sie in einem prekären Verhältnis zum Staat. Übereinstimmung beider Sphären »kann«, »kann« aber auch nicht existieren (XVI, 242) – eine bei Hegel seltene Formulierung. Es ist interessant und läßt aufhorchen, daß Hegel das Problem diagnostiziert, ohne eine Lösung anbieten zu können. Die Ereignisse der Julirevolution haben ihn hier noch skeptischer gemacht, da er sie auf ein Mißverhältnis zwischen Staatsverfassung und Religion zurückführte. Die Ausführungen brechen – abrupt – ab mit der Feststellung: »An diesem Widerspruch und der herrschenden Bewußtlosigkeit desselben ist es, daß unsere Zeit leidet« (XVI, 246).

Nach der Methode des Fortgangs vom Abstrakten zum Konkreten und den drei Momenten des Begriffs entsprechend (Allgemeinheit – Besonderheit – Einzelheit) entwickelt Hegel im zweiten Hauptteil der Vorlesungen die historische Entwicklung des Gottesbegriffes bis zum Christentum hin. Dieser Teil sticht hervor durch die intensive gedankliche Durchdringung eines immensen historischen Materials, mit einer Fülle originärer Begriffsbildungen und brillanter Formulierungen. Über eine Kritik früherer Religionen im Sinne der Aufklärung (»Aberglauben«, »Irrtum«, »Priesterbetrug«) ist Hegel weit hinaus; hier zeigt sich die Fruchtbarkeit des dialektisch-phänomenologischen Ansatzes, der von der historischen Korrelation von gesamtgesellschaftlichem Zustand, letztlich dem Stand der Emanzipation der Gattung also, und religiösen Bewußtseinsformen ausgeht:

»Um diese [d. h. die historischen Religionen] in ihrer Wahrheit aufzufassen, muß man sie nach den zwei Seiten betrachten: einerseits wie Gott gewußt wird, wie er bestimmt wird, und andererseits wie das Subjekt sich damit selbst weiß. Denn für die Fortbestimmung beider Seiten, der objektiven und subjektiven, ist *eine* Grundlage, und durch beide Seiten geht *eine* Bestimmtheit hindurch. Die Vorstellung, welche der Mensch von Gott hat, entspricht der, welche er von sich selbst, von seiner Freiheit hat« (XVI, 83).

Der Schritt, diesen Ansatz auch auf das Christentum selbst anzuwenden, wurde nach Hegels Tod sehr rasch vollzogen (→ S. 97). Gerade seine Polemik gegen die historische Bibelkritik und die dogmengeschichtliche Betrachtungsweise ist selbst undialektisch und setzt gleichsam ein Thronen der Philosophie über den Einzelwissenschaften voraus (vgl. etwa zur Trinitätslehre: »so ist es doch zunächst gleichgültig, woher jene Lehre gekommen sei; die Frage ist allein, ob sie *an und für sich wahr* ist« – XVI, 46).

Hegel, der sich persönlich als gläubigen Protestanten empfand, konnte das Mißtrauen der Theologen nie ausräumen. So schrieb etwa I. H. Fichte, ein Kenner der philosophisch-theologischen Szenerie seiner Zeit, 1829:

»Freilich bekenne ich, auch jetzo noch nicht einzusehen, wie nach der *mir bis jetzt klar gewordenen* Konsequenz Ihrer Lehre eine *wahrhaft substantielle Ewigkeit und Unvergänglichkeit der Kreatur, ewige Individualitäten* gedacht werden können. Dies halte ich indessen für den Hauptpunkt in der Ausgleichung zwischen Religion und Philosophie« (Br. III, S. 281).

Auch ohne in eine diffizile Diskussion über die »eigentlichen« Grundlagen des Christentums einzutreten (was allerdings von vielen Kritikern der Hegelschen Religionsphilosophie versäumt wurde), läßt sich feststellen, daß Hegel die Vorstellung vom *Anderssein* Gottes, seiner Ferne und seinem Verhülltsein *in* aller Offenbarung als konstitutiven Bestandteil der christlichen Tradition souverän überging.

Hegel las viermal über Religionsphilosophie: 1821, 1824, 1827 und 1831, jedesmal in veränderter Form. Sein Entwurf für die erste Vorlesung ist erhalten; für die anderen Vorlesungen stützte er sich z. T. auf Nachschriften von Zuhörern. Als Ergänzung zu der Logik-Vorlesung vom SS 1829 trug er »Vorlesungen über die Beweise vom Dasein Gottes« vor. Diese Beweise faßte er als eine Form der »Erhebung des Menschengeistes zu Gott« auf und würdigte ihre Intention etwa gegenüber der Gefühlstheologie seiner Zeit; ihre Problematik – insbesondere die Form des logischen Schließens – zeigte er vom Standpunkt der spekulativen Logik her auf.

In seinem umsichtigen, grundsätzliche Fragen der hermeneutischen Methode berührenden Aufsatz »Hegel-Bilanz: Hegels Religionsphilosophie als Aufgabe und Problem der Forschung« (dort auch die wichtigste Literatur bis 1972) hat *Heede* die Quellenlage zur Religionsphilosophie dargestellt, deren Komplexität mit dem immanenten Weiterschreiten Hegels im Prozeß seiner Auseinandersetzung mit dem Christentum, aber auch mit der Rezeptionsgeschichte nach seinem Tode zusammenhängt.

Die erste Ausgabe wurde von *Marheineke* »in aller Eile« 1832 im Rahmen der Freundesvereinsausgabe herausgegeben und stützte sich daher hauptsächlich auf Vorlesungsnachschriften. 1840 erschien die zweite, wesentlich erweiterte Ausgabe unter Mitwirkung von Bruno *Bauer*. Da aber der Streit um die *Religionsphilosophie* zu dieser Zeit in vollem Gange war, gingen bei den Zweitauflagen der »Werke« Interessen wie »das offen eingestandene Ziel, Hegel vor radikalistischen Deutungen zu schützen« (Heede, S. 53) in die Textgestaltung mit ein. Heede belegt das an einem wichtigen Beispiel am Ende der Vorlesung, wo Hegel interessanterweise von einem »Mißton« in der Wirklichkeit spricht, der Gefahr des Untergangs der Gemeinde (vgl. XVII,, 342 ff.). Aber auch die sich als historisch-kritisch verstehende Ausgabe von Lasson (1925–30) ist von interpretatorischer Willkür nicht frei. Es liegt hier eine erhebliche »Differenzbreite« der Editionen vor bei zentralen Fragen wie der Versöhnung von Philosophie und Theologie und dem Verhältnis von Theorie und Praxis. – Ein Ausweg scheint hier nur eine Edition im Sinne von Iltings Ausgabe der *Rechtsphilosophie* zu sein, die darauf verzichtet, die verschiedenen Nachschriften zu *einem* Text zusammenzufassen.

Als weiteres Desiderat seiner Bilanz stellt Heede fest, daß es »kaum Untersuchungen zur Methode, zur Systematik, zur logischen Konstruktion, zur Dialektik in ihrer spezifischen realphilosophischen Konkretion und zur genetischen Entfaltung der religionsphilosophischen Vorlesungen gibt« (54). Diese Fragen sind deshalb besonders wichtig, weil viele Interpretationen ohne zureichende Berücksichtigung der philosophischen Implikationen das Christentum als Voraussetzung und Grundlage der Hegelschen *Logik* deuten, Hegel also »vertheologisieren«. – Selbst die grundlegende Motivation der Auseinandersetzung mit der *Religionsphilosophie* ist umstritten. So bezweifelt *Kimmerle* anläßlich einer Sammelrezension, »ob es heute – nach diesen ganzen Irrungen und Wirrungen der Auslegungsgeschichte – eine andere als eine rein historische Auslegung der Hegelschen Religionsphilosophie geben kann und ob nicht die Kritik an Hegel nur von den Voraussetzungen seiner Zeit und seines Denkens aus geführt werden kann« (»Zu Hegels Religionsphilosophie«, S. 112). *Ebert* hingegen bemängelt gerade die Abgeklärtheit einer distanzierten Haltung, die ihm bei einem amerikanischen Symposion 1968 exemplarisch zum Ausdruck gekommen schien:

»Ohne Zweifel hat dabei [d. h. in der »vergleichsweisen Beschaulichkeit« der Forschung gegenüber der Vehemenz der Auseinandersetzungen in der Hegelschule] die Abwesenheit apologetischer und polemischer Motive dazu beigetragen, eine deutlichere Kenntnis der Hegelschen Religionsphilosophie zu vermitteln; umgekehrt ist jedoch die größere ›Sachlichkeit‹ der neueren Diskussion mit dem Verzicht auf die Orientierung an einem Sachinteresse erkauft worden« (in: HST 7 [1972], S. 339).

Ich habe jedoch den Eindruck, daß in den sechziger Jahren die Bewegung der Theologie in Richtung auf eine kritische Reflexion ihrer gesellschaftlichen Situation und Möglichkeiten als »Sachinteresse« wichtiger Arbeiten zur Religionsphilosophie zu spüren ist. Cornhels historisch breit angelegte Untersuchung zu protestantischen Eschatologie-Konzeptionen seit der Aufklärung etwa läßt sich von Hegel zu einer »Geschichtstheologie der Versöhnung« inspirieren, gegenüber der »Theologie der Revolution« bei Moltmann. Küng befragt die »Menschwerdung Gottes« bei Hegel in Richtung auf eine zukünftige, weltbezogene Christologie. Und die große Studie von Theunissen bringt dieses Sachinteresse schon in ihrem Titel zum Ausdruck: »Hegels Lehre vom absoluten Geist als theologisch-politischer Traktat.« (Textgrundlage der sehr genauen und weitreichenden Interpretation bildet in dieser Arbeit das Schlußkapitel »Der absolute Geist« in der *Enzyklopädie,* dessen christlich-eschatologischer Hintergrund von Theunissen im Spannungsfeld geschichtlicher Praxis diskutiert wird.)

Literatur

Als Einführung geeignet ist die Arbeit von Erik *Schmidt,* Hegels System der Theologie. Berlin 1974, die einen knappen, gut gegliederten Überblick über Hegels religionsphilosophische Aussagen vermittelt. Dort auch weitere Literaturangaben.
Zum gegenwärtigen Stand der religionsphilosophischen Diskussion vgl. die Sammelrezension von Walter *Jaeschke,* Neuere theologische Arbeiten zu Hegel. In: HST 13 (1978), S. 309–319.

Cornhel, Peter: Die Zukunft der Versöhnung. Eschatologie und Emanzipation in der Aufklärung, bei Hegel und in der Hegelschen Schule. Göttingen 1971.

Ebert, Theodor: [Rez. von] Hegel and the Philosophy of Religion. The Wofford Symposion. Edited, and with Introduction by Darrel E. *Christiansen*. The Hague, 1970. In: HST 7 (1972), S. 339–346.

Heede, Reinhard: Hegel-Bilanz: Hegels Religionsphilosophie als Aufgabe und Problem der Forschung. In: Hegel-Bilanz. Zur Aktualität und Inaktualität von Hegels Philosophie. Hrsg. von R. *Heede* und Joachim *Ritter*, FfM 1973, S. 41–89.

Kimmerle, Heinz: Zu Hegels Religionsphilosophie. Dimensionen und Möglichkeiten ihrer Auslegung, Kritik und Aneignung. (= Sammelrezension) In: PhR 15 (1968), S. 111–135.

ders.: Religion und Philosophie als Abschluß des Systems. In: *Pöggeler*, Otto (Hrsg.): Hegel. Freiburg/München 1977, S. 150–171.

Küng, Hans: Menschwerdung Gottes. Eine Einführung in Hegels theologisches Denken als Prolegomena zu einer künftigen Christologie. Freiburg 1970.

Löwith, Karl: Hegels Aufhebung der christlichen Religion. In: HST Beih. I (1964), S. 193–236.

Maurer, Reinhart: Hegels politischer Protestantismus. In: HST Beih. 11 (1974), S. 383–415.

Riedel, Manfred: Wissen, Glauben, Wissenschaft. Religionsphilosophie als kritische Theologie. In: *ders.*: System und Geschichte. Studien zum historischen Standort von Hegels Philosophie. FfM 1973, S. 65–95 . (= ed. s. 619)

Rhormoser, Günter: Emanzipation und Freiheit. München 1970.

Theunissen, Michael: Hegels Lehre vom absoluten Geist als theologisch-politischer Traktat. Berlin 1970.

ders.: Die Verwirklichung der Vernunft. Zur Theorie-Praxis-Diskussion im Anschluß an Hegel. Tübingen 1970 (= PhR, Beih. 6).

d) Die Philosophie der Weltgeschichte

Die Berliner Vorlesungen über »Philosophie der Weltgeschichte« waren sehr beliebt und hatten wegen ihres populären Charakters immer eine große Zuhörerzahl. Hegel trug sie ab dem Wintersemester 1822/23 alle zwei Jahre vor, las also fünfmal über diesen Gegenstand.

Die Textgrundlage ist ähnlich unsicher wie bei den Vorlesungen über Religionsphilosophie. 1837 erschienen sie als *Vorlesungen über die Philosophie der Geschichte* innerhalb der »Werke«. Der Herausgeber Gans hatte sich dabei auf Nachschriften aus allen fünf Kollegs und eigenhändige Manuskripte Hegels gestützt. Die von Karl Hegel herausgegebene zweite Fassung (1840) berücksichtigt mehr die ersten Vorlesungen, in denen die Entwicklung des philosophischen Begriffs stärker im Vordergrund stand als später. Diese zweite Fassung wurde von Glockner in die »Jubiläumsausgabe« aufgenommen. Lassons vierteilige Ausgabe (1917–1920 u. ö.) zieht zusätzliche Manuskripte Hegels heran, beruht aber insgesamt auf einer schmaleren Basis von Nachschriften.

In der Einleitung verweist Hegel, da er kein Kompendium zugrunde legen kann, auf das letzte Kapitel der *Rechtsphilosophie*, »Die Weltgeschichte« (§ 341–360), in der der nähere Begriff und die »Prinzipien oder Perioden« angegeben seien. In der Tat stellt das Ende der *Rechtsphilosophie* den *systematischen* Ort der Weltgeschichte dar, indem die einzelnen »Volksgeister« sich aufeinander beziehen und dem »Spiel [...] der Zufälligkeit« (§ 340) ausgesetzt werden. Um so provokanter mußte Hegels lapidare Definition seines Gegenstandes wirken: »Die Weltgeschichte ist der Fortschritt im Bewußtsein der Freiheit – ein Fortschritt, den wir in seiner Notwendigkeit zu erkennen haben« (XII, 32). Um diesen sehr affirmativ-apologetisch klingenden Satz zu verstehen, wurde mit Recht immer wieder auf die Bedeutung der französischen Revolution innerhalb der geschichtsphilosophischen Konzeption Hegels hingewiesen. In dem sehr lesenswerten, weil auf das Wesentliche konzentrierten Aufsatz »Fortschritt und Dialektik in Hegels Geschichtsphilosophie« hat *Riedel* den Hegelschen Fortschrittsbegriff in den historischen Kontext seiner Entwicklung in der Neuzeit gestellt und als Weiterführung der »Kopernikanischen Wende in der Geschichtsphilosophie« interpretiert, die Kant eingeleitet habe. *Kant* macht die im »Gedanken des Rechts verbürgte Freiheit« zum Prinzip seiner Geschichtskonstruktion und wendet sich damit entschieden der bürgerlichen Gesellschaft und ihrer Geschichte zu (S. 49). Was Kant jedoch als *Postulat* aufstellt, ist für Hegel Wirklichkeit geworden:

»Das Vernunftideal der bürgerlichen Gesellschaft, das in der geschichtlichen Begebenheit der französischen Revolution verwirklicht worden ist, kann jetzt durch die Wirklichkeit der geschehenen Geschichte gerechtfertigt werden« (S. 58). »Die Geschichte als der Fortschritt im Bewußtsein der Freiheit ist die Rechtfertigung jener Freiheit, die im Verfassungsstaat der modernen Welt ihre Wirklichkeit gefunden hat« (S. 62).

Bekanntlich hat Hegel alljährlich mit einem feierlichen Trunk des Jahrestags des Bastille-Sturms gedacht (vgl. HBZ, S. 207). In den Vorlesungen wird die französische Revolution emphatisch gepriesen:

»Im Gedanken des Rechts ist also jetzt eine Verfassung errichtet worden, und auf diesem Grunde sollte nunmehr alles basiert sein. Solange die Sonne am Firmamente steht und die Planeten um sie herumkreisen, war das nicht gesehen worden, daß der Mensch sich auf den Kopf, d. h. auf den Gedanken stellt und die Wirklichkeit nach diesem erbaut. Anaxagoras hatte zuerst gesagt, daß der νοῦς die Welt regiert; nun aber erst ist der Mensch dazu gekommen, zu erkennen, daß der Gedanke die geistige Wirklichkeit regieren solle« (XII, 529).

Der Widerspruch, daß in diesem Lob zugleich auch eine Absage an weitere Revolutionen steckt, wurde von *Habermas* aufgezeigt. Er ergänzt die These Ritters (→ S. 77) um einen bedeutenden Zusatz: »Um nicht Philosophie als solche der Herausforderung durch die Revolution zu opfern, hat Hegel die Revolution zum Prinzip seiner Philosophie erhoben« (»Hegels Kritik der französischen Revolution«, S. 128). Der Weltgeist, der sich revolutionär in der ungeheuren Arbeit der Geschichte zum Bewußtsein gebracht hat, »darf als revolutionäres Bewußtsein nicht erkennbar sein« (S. 144). Damit hängt auch die zunächst überraschende Tatsache zusammen, daß – außer der üblichen Polemik gegen das »Sollen« (z. B. XII, 53 f.) – die Dimension der Zukunft aus den Vorlesungen ausgeblendet bleibt. *Haym* betont richtig den Gegensatz zu dem »lockenden Hintergrund«, den Geschichtsphilosophie als zugleich praktisch-zukunftsorientierte Wissenschaft bei Herder, Fichte und Kant hatte. »Die Hegel'sche Geschichtsphilosophie *hat nicht eigentlich eine Zukunft*« (»Hegel und seine Zeit«, S. 448).

Um so fruchtbarer ist die gedankliche Durchdringung der Vergangenheit, deren »spezifische Denkmethode« Michael *Kirn* in dem Aufsatz »Der Begriff der Revolution in Hegels Philosophie der Weltgeschichte« zu bestimmen versucht. Interessant ist hier, daß Kirn auch durchaus psychologische und psychoanalytische Kategorien in die Analyse einbringt, um die Prozeßhaftigkeit, Dynamik des Hegelschen Ansatzes zu fassen:

»Die Dialektik selbst treibt somit die Geschichtsphilosophie hervor: nicht mehr die einzelne ›Revolution‹, sondern die permanente Antithetik der dynamischen Hintergründe und des mit festen Formen versehenen Vordergrundes des (gesellschaftlichen oder individuellen) Subjekts ist jetzt das Thema, das solange verfolgt wird, bis zwischen beiden Sphären ein stabiles Gleichgewicht, eine dauerhafte Versöhnung eingetreten ist« (S. 341). (Daher kann Hegel auch den ungeheuren Satz sagen, daß die Perioden des Glücks »leere Blätter« in der Weltgeschichte sind: »denn sie sind die Perioden der Zusammenstimmung, des fehlenden Gegensatzes«. – XII, 42)

Dieser dialektische Gesamtprozeß gliedert sich nach vier großen Prinzipien:

> »Die Weltgeschichte ist die Zucht von der Unbändigkeit des natürlichen Willens zum Allgemeinen und zur subjektiven Freiheit. Der Orient wußte und weiß nur, daß *Einer* frei ist, die griechische und römische Welt, daß *Einige* frei seien, die germanische Welt weiß, daß *Alle* frei sind. Die erste Form, die wir daher in der Weltgeschichte sehen, ist der *Despotismus*, die zweite ist die *Demokratie* und *Aristokratie*, und die dritte ist die *Monarchie*.« (XII, 134)

Hegel bginnt mit dem Orient, weil in diesen Theokratien mit fixierter Staatsordnung (China, Indien, Persien) Geschichte erstmals in Gang gesetzt wird. Dabei werden mit einer Fülle historischer Beobachtungen die Zusammenhänge zwischen räumlich/klimatischen Gegebenheiten, gesellschaftlicher Organisation und individuellen bzw. kollektiven Bewußtseinsformen expliziert. In die Konstruktion der griechischen Welt geht – schon von der der Ästhetik entlehnten Terminologie her – die ganze Sehnsucht nach dem Ideal ein, das der junge Hegel praktisch verwirklichen zu können glaubte (→ S. 18 f.). In der Darstellung des »subjektiven Kunstwerks« (die Individuen), des »objektiven Kunstwerks« (Götterwelt) und des Staates als »politischem Kunstwerk« zeigt sich überall die gleiche Struktur einer Subjekt–Objekt–Relation, die gleichsam dynamisch bleibt, noch nicht zu verfestigten Formen geronnen ist. Bei der Schilderung des Untergangs der griechischen Demokratie ist zu beachten, daß Hegel – diesen Geschichtspunkt hat Kirn sehr gut herausgearbeitet – die negativen bzw. ihm problematischen Seiten seiner eigenen Zeit in die Geschichte zurückprojiziert, um sie im (preußischen) Staat der Gegenwart als überwunden darstellen zu können. Mußte daher die griechische Demokratie bei größerer gesellschaftlicher und individueller Differenzierung (»Symbolfigur« ist Sokrates) an der Unmittelbarkeit ihres Prinzips scheitern, so kritisiert Hegel an der gesellschaftlichen und politischen Verfassung Roms die wesentlichen Prinzipien des (Wirtschafts-) Liberalismus seiner Gegenwart (Eigentum, abstraktes Recht, »Sprödigkeit« der Persönlichkeit – d. h. des egoistischen bourgeois –; außerdem die potentielle Willkür souveräner Herrschaft).

Mit dem Christentum als »Angel, um welche sich die Weltgeschichte dreht« (XII, 386), ist das Prinzip einer tieferen Subjekt-Objekt-Versöhnung erreicht, dessen Verwirklichung die Geschichte der germanischen Welt prägt. Dabei geht es Hegel um einen Begriff von Religion, der auch die weltliche Seite des Daseins als berechtigten Teil der Wirklichkeit akzeptiert (eine religiös fundierte Idee der Gütergemeinschaft wurde von ihm immer als abstrakt und nicht verwirklichbar kritisiert). Dieser Schritt ist mit der deutschen Reformation (Luthers Zwei-Reiche-Lehre) erreicht. In der Darstellung der Reformation liegt, wie *Lukács* von der *Phänomenologie* her feststellt, »die einzige wirklich einschneidende Veränderung« in der geschichtsphilosophischen Konzeption der Neuzeit:

»In Jena ist die französische Revolution und ihre Aufhebung [...] durch Napoleon der entscheidende Wendepunkt der neueren Geschichte. [...] Dagegen finden wir, daß in den späteren Vorlesungen [...] die *Reformation* jene zentrale Stelle [...] einnimmt, die Hegel in Jena der französischen Revolution zugeschrieben hat« (»Der junge Hegel«, S. 705).

Die psychologische Komponente dieser Verschiebung wurde von *Kirn* treffend zusammengefaßt:

»Sein Stufenbau der Entwicklung des Weltgeistes ist ebenfalls zugleich Analyse und Synthese der gegenwärtigen Gesellschaft und ihres Bewußtseins und somit in einem ähnlichen Sinne wie er es von der Reformation sagt, eine Revolution. Eigentlich sogar eine doppelte Revolution, denn einerseits zerstört Hegel das naive Bewußtsein der Gesellschaft von der Rationalität ihrer Funktionsweise, indem er die hintergründig steuernden Dynamiken des gesellschaftlichen Lebens aufdeckt und andererseits versucht er, die mit diesen Hintergründen fest verbundenen Zerstörungsängste aufzuheben und zu zeigen, daß man vernünftigerweise in vollem Bewußtsein mit den negativen Polen der Existenz leben könne und müsse« (S. 362).

Dennoch blendet Hegel die Möglichkeit zukünftiger Bedrohung nicht gänzlich aus; er sieht sie sogar angelegt im Prinzip des Liberalismus, der – durch die angestrebte Beteiligung *aller* – »nichts Festes von Organisation« aufkommen lasse. Das Problem der »subjektiven Willen« bleibt als dunkler Fleck am Ende der Geschichtsphilosophie stehen: »So geht die Bewegung und Unruhe fort. Diese Kollision, dieser Knoten, dieses Problem ist es, an dem die Geschichte steht und den sie in künftigen Zeiten zu lösen hat« (XII, 535).

Die sehr umfangreiche Einleitung enthält in konzentrierter Form die methodologischen und inhaltlichen Gesichtspunkte seines Programms, die Hegel aus der Kritik gängiger Auffassungen von Geschichte und Geschichtsschreibung entwickelt. Mit Entschiedenheit wendet er sich gegen moralische Beurteilungen, die an den eigentümlichen Umständen jeder Zeit vorbeigehen müssen (XII, 17). Mit derselben Entschiedenheit betont er, daß bei dem Herangehen an die Geschichte »historisch, empirisch zu verfahren« sei (XII, 22). Es finden sich aber auch in der Einleitung viele Formulierungen, die – meist aus dem Zusammenhang gerissen – gegen Hegel gewendet wurden. So hat der Ausdruck »Volksgeist« nichts mit einer romantischen oder historisierenden, gar nationalsozialistischen Verklärung zu tun; Hegel verwendet diesen Ausdruck »in einem soziologischen Sinne, um damit die Einheit der Gesellschaft auszudrücken, in der die Menschen zusammenleben« (Kirn, S. 342). Weitere zentrale Begriffe in der Diskussion um die Geschichtsphilosophie drehen sich um den Komplex: individuelles und kollektives Glück/Bewußthaftigkeit des Geschichtsverlaufs/Sinnhaftigkeit des Geschichtsverlaufs (»welthistorische Individuen« XII, 45; »List der Vernunft« XII, 49; Geschichtsbetrachtung als »Theodizee« XII, 28 und 540).

Die Situation einer Geschichtsphilosophie nach Hegel in ihrem Bezug wie (vor allem) in ihrer Distanz wird gut dargestellt in der Studie von *Schnädelbach* »Geschichtsphilosophie nach Hegel«. Sie behandelt a) Ranke, Burckhart, Nietzsche; b) Droysen, Dilthey, Windelband u. Rickert. Die Verwendung anderer, inhaltlich weniger belasteter Begriffe wie »Leben« in der ersten Gruppe und das starke Bewußtsein der Vorläufigkeit des Vestehensprozesses bei den erkenntnistheoretischen Ansätzen der zweiten Gruppe zeigt die Distanz gegenüber dem ungebrochenen Vertrauen in den Fortschritt des Weltgeistes und seine Erkennbarkeit bei Hegel und spiegelt somit die grundlegend veränderte Situation »nach dem Zerfall der großen idealistischen Systeme« (S. 8).

Literatur

»Philosophie und Geschichte« waren das Thema des VII. Internationalen Hegel-Kongresses in Paris 1969. Die Referate sind wiedergegeben in HJB 1968/69.

Habermas, Jürgen: Hegels Kritik der französischen Revolution. In: *ders.:* Theorie und Praxis. FfM ⁴1971, S. 128–147.

Kirn, Michael: Der Begriff der Revolution in Hegels Philosophie der Weltgeschichte. In: HST Beih. 11 (1974), S. 339–363.

Maurer, Reinhart: Die Aktualität der Hegelschen Geschichtsphilosophie. In: Hegel-Bilanz. Hrsg. von Reinhard *Heede* und Joachim *Ritter*. FfM 1973, S. 155–174.

Riedel, Manfred: Fortschritt und Dialektik in Hegels Geschichtsphilosophie. In: *ders.:* System und Geschichte. FfM 1973, S. 40–64.

Schnädelbach, Herbert: Geschichtsphilosophie nach Hegel. Freiburg und München 1974.

e) Die Vorlesungen über Geschichte der Philosophie

Die knappe Definition aus der Vorrede der *Rechtsphilosophie:* »so ist auch die Philosophie *ihre Zeit in Gedanken erfaßt«* (VII, 26) ist zu Recht als eine der produktivsten Einsichten Hegels berühmt geworden. *Löwith* hat dieses Geschichtsbewußtsein als epochale, bleibende Leistung hervorgehoben:

»Hegels Aktualität besteht darin, daß er das geschichtliche Denken zum ersten Mal in die Philosophie *als solche* eingeführt hat [...]. Eine solche Einbeziehung der Geschichte in die Philosophie als solche, die dann nicht nur eine Geschichte *hat,* sondern geschichtlich *ist,* ist zwar für uns zur Selbstverständlichkeit geworden; für die klassische, griechische Philosophie, aber auch für die der Neuzeit, ist sie bis zu Kant undenkbar gewesen« (»Aktualität...«, S. 2 und 4).

Geradezu als Beleg dieser Aussage darf die Tatsache gelten, daß selbst der Terminus *Geschichtlichkeit* wahrscheinlich von Hegel geprägt wurde. Zu diesem Ergebnis kommen die beiden Arbeiten von Bauer und von Reuthe-Fink, die auf eine entsprechende Preisfrage der Göttinger Akademie der Wissenschaften hindurchgeführt wurden. Und selbst wenn die »Ergänzungen« von Scholtz das Ergebnis dahingehend relativieren, daß *Schleiermacher* das Wort gleichzeitig oder möglicherweise noch früher gebraucht hat (in der Christologie der »Glaubenslehre« Bd. 2, 1822, zu der ein Exzerpt Hegels vorliegt – vgl. »Berliner Schriften« S. 684–688) ist es faszinierend zu sehen, wie an derselben Universität gleichsam als Brennpunkt der gesamteuropäischen Entwicklung der Begriff zu einem neuen Bewußtsein geboren wird.

Wie tiefgehend diese Veränderung der Wahrnehmungsweise der Welt ist, versucht *Foucaults* Studie »Die Ordnung der Dinge« darzustellen. Während das klassische Denken bis zum Ende des 18. Jh.s, von einer »Theorie der Repräsentation« ausgehend, alles Wissen im Sinne einer klassifikatorischen Beschreibung anordnen zu können glaubt, schält sich zwischen 1775 und 1825, den Zusammenbruch dieses klassifikatorischen Systems darstellend, die *Geschichte* als grundlegende Seinsweise der Dinge und als grundlegendes Ordnungsprinzip des Wissens heraus.

In den Vorlesungen findet sich das Wort »Geschichtlichkeit« zweimal: zu Beginn des Abschnitts über die Griechen, wo Hegel von ihrer »freien, schönen Geschichtlichkeit« als dem »Keim der denkenden Freiheit« spricht (XVIII, 175), und in dem einleitenden Abschnitt über die scholastische Philosophie. Die orthodoxen Kirchenväter, betont Hegel, haben gegenüber den »gnostischen Spekulanten« die Wirklichkeit Christi auch »in der bestimmten Form der Geschichtlichkeit« festgehalten« (XIX, 530). *Von Renthe-Fink* vermag an weiteren frühen Beispielen (Heine, Rosenkranz, Haym) überzeugend zu belegen, »daß der Begriff ›Geschichtlichkeit‹ im Umkreis Hegels und in der Auseinandersetzung mit Hegels Geschichtsphilosophie entstanden ist« (S. 52 f.).

In Hegels Begriffsgebrauch zeigt sich aber auch – besonders im ersten Beleg – der *Abstand* zu der Verwendung des Begriffs, wie er als Schlüsselwort des Historismus und der Hermeneutik seine Bedeutung erlangt hat. *Pöggeler* weist auf diesen Unterschied hin, der auch gegenüber dem existentialistischen Wortgebrauch wichtig ist: »Die Zukunft scheint in der Weise der Geschichtlichkeit, wie Hegel sie denkt, gar nicht auf« (»Philosophie und Geschichte«, S. 311).

Aus der Kritik populärer Ansichten über die Geschichte der Philosophie als »Vorrat von Meinungen«, die sich durch ebendiese Geschichte der Philosophie selbst in ihrer Nichtigkeit wechselseitig bestätigt haben, entwickelt Hegel sein Programm einer Geschichte der Philosophie, das – ausgehend vom Begriff der *einen* Wahrheit – das gesamte Material der Philosophiegeschichte in seinem inneren Zusammenhang, als ungeheure (auch »träge«) Arbeit des Geistes in dem stufenweisen Prozeß seiner Bewußtwerdung aufarbeitet. Dieser Prozeß gliedert sich in die zwei Epochen der griechischen und der germanischen Philosophie: »Die griechische Welt hat den Gedanken bis zur Idee entwickelt, die christlich-germanische Welt hat dagegen den Gedanken als Geist gefaßt; Idee und Geist sind die Unterschiede« (XVIII, 123 f.). Die gesamte orientalische Philosophie scheidet hierbei aus, weil in ihr von ihren gesellschaftlichen wie bewußtseinsmäßigen Voraussetzungen her das objektiv-Substantielle dominant bleibt, demgegenüber das Subjekt noch nicht als Person, d. h. nur negativ-abhängig erscheint. Den eigentlichen Anfang der Philosophie verbindet Hegel mit der Freiheit des Denkens, die erst aus dem Bewußtsein der Persönlichkeit des Subjekts heraus entsteht. Dieses Bewußtsein setzt historisch bestimmte politische Bedingungen voraus: »In der Geschichte tritt daher die Philosophie nur da auf, wo und insofern freie Verfassungen sich bilden« (XVIII, 117). Hegel thematisiert in der Einleitung ausführlich das »Verhältnis der Philosophie zu anderen Gebieten«; sein umfassendes Totalitätsbewußtsein zeigt sich insbesondere in der Ablehnung von kausal verstandenen Kategorien wie »großer Einfluß von ... auf«, um diese Zusammenhänge zu erfassen (XVIII, 70). Die Geschichte der Philosophie bestimmt er als »das Innerste der Weltgeschichte« (XX, 456); das eine gesellschaftliche Totalität in all ihren Formen (Politik, Selbstbewußtsein, Religion etc.) prägende Prinzip nennt er »Geist der Zeit« (XVIII, 74).

Den größten Teil der Vorlesungen nimmt die griechische Philosophie ein, deren Entwicklung Hegel sehr ausführlich darstellt und in deren Verlauf er sich immer wieder polemisch auf Ansichten und Mißverständnisse der Neuzeit bezieht (z. B. bei der Gegenüberstellung des aristotelischen Tugend- mit dem neuzeitlichen Pflichtbegriff – XIX, 223 f. oder den »drei Einheiten« der klassischen französischen Dramentheorie – XIX, 134). *Aristoteles* ist ihm seiner spekulativen Tiefe wie seiner Universalität wegen »der würdigste unter den Alten, studiert zu werden« (XIX, 246). Ausführlich geht Hegel auch auf den Neuplatonismus ein, mit dem er sich intensiv seit der Heidelberger Zeit beschäftigte.

In einer Sammlung von vier Aufsätzen unter dem Titel »Platonismus und Idealismus« untersucht *Beierwaltes* das Spektrum der vielfältigen Beziehungen zwischen Neuplatonismus und Idealismus, der ja auch auf Schelling einen bedeutenden Einfluß hatte. »Neuplatonismus« umgreift in diesen philologisch genauen und dabei ins Grundsätzliche gehenden Aufsätzen die Epochen von Philon bis Meister Ekkart.

Die Scholastik fertigt Hegel sehr kurz ab; aufgrund der Vermischung von Spekulation und abstrakten Verstandesbestimmungen herrsche hier »die gräßlichste Gestalt der Barbarei und Verkehrung« (XIX, 587). Erst mit der Neuzeit (Bacon) gewinnt die Philosophie sich als solche wieder, und zwar durch das (mit dem Christentum an sich schon erreichte) Prinzip der Subjektivität auf einer höheren Ebene, als es der Antike möglich war. – Für Hegel faßt die spekulative Philosophie die Differenzierungen der *einen* Philosophie, die diese im Verlauf ihrer Geschichte als verschiedene Philosophien entwickelt hat, in sich zusammen und beschließt die möglichen Gestaltungen der Philosophie überhaupt, und zwar in einem systematischen, nicht nur historischen Sinne. In dieser Vollendung der Philosophie sieht *Löwith* – neben dem Geschichtsbewußtsein – den zweiten Aspekt der Aktualität Hegels: »Wenn Hegel noch immer aktuell ist, dann ist er es gerade deshalb, weil er die gesamte Tradition der nachchristlichen Metaphysik beendet hat, so daß die Frage entstehen konnte und mußte: Wie soll es nach Hegel überhaupt noch Metaphysik oder Philosophie geben können?« (S. 24).

Hegel las insgesamt neunmal über Geschichte der Philosophie: im WS 1805/06 in Jena; im WS 1816/17 und 1817/18 in Heidelberg; in Berlin sechsmal zwischen dem SS 1819 und dem WS 1829/30. Bezeichnend für die Faszination, die diese Vorlesungen ausgeübt haben müssen, ist die Äußerung eines – gegenüber der Hegelschen Philosophie im übrigen sehr distanzierten – Hörers: »Die historischen Fakta waren mir zur Genüge bekannt, und ich konnte mit umso mehr Ruhe und Aufmerksamkeit auf die Verbindung achten, in welche sie hier gebracht wurden. Da ging mir eine neue Welt auf« (HBZ Nr. 436; 1831). Neben den Primärquellen stützte sich Hegel auf verschiedene Philosophiegeschichten, zu denen er natürlich ein sehr gebrochenes Verhältnis hatte (vgl. XVIII, S. 132–136). Die Stellung Hegels innerhalb der dann im 19. Jh. große Bedeutung erlangenden Philosophiegeschichte untersucht Geldsetzers Studie »Die Philosophie der Philosophiegeschichte im 19. Jahrhundert«.

Die Vorlesungen wurden innerhalb der Freundesvereinsausgabe von *Michelet* herausgegeben (3 Bände, 1833–36), der sich dabei auf ein Jenaer Heft, einen Abriß aus Heidelberg und drei Vorlesungsnachschriften (inclusive der eigenen) stützte. Er fertigte aus den verschiedenen Vorlagen einen dann mit keinem einzelnen Jahrgang identischen Text »als ob das Ganze, wie mit *einem* Gusse, aus dem Geist des Verfassers hervorgegangen sei« (so die Vorrede). Trotzdem ist der Gestus des gesprochenen Wortes in Michelets Ausgabe stärker erhalten als in anderen Bearbeitungen innerhalb der »Werke« und bewahrt so dem Text auch von daher einen gewissen Reiz. Hoffmeister lagen für seine Neuausgabe erheblich mehr Vorlesungsnachschriften vor, so daß er schließlich auf einen »Ganztext« im Sinne Michelets verzichtete und durch die Methode des »Neben- und Nacheinanderstellens« die komplizierte Quellenlage zum Ausdruck bringen wollte. Es erschien jedoch nur die Einleitung mit dem Abschnitt über die orientalische Philosophie unter dem Titel *System und Geschichte der Philosophie* (1940; dritte, gekürzte Auflage 1959, hrsg. von Friedhelm Nicolin). Als Primärquelle haben sich lediglich zwei Einleitungen Hegels aus den Jahren 1816 (Heidelberg) und 1820 (zweite Vorlesung in Berlin) erhalten.

»Wer heute Hegels Vorlesungen liest, tut dies sicher nicht in erster Linie, um etwas über Philosophiegeschichte zu erfahren, sondern um zu erfahren, wie *Hegel* die Geschichte der Philosophie sah und deutete« (XX, 526). Diese scheinbar banale Feststellung der Herausgeber Michel und Moldenhauer verweist auf ein zentrales Problem *aller* Beschäftigung mit Hegel: die spekulative Philosophie lebt vom kritischen Bezug auf das ihr vorgegebene Denk- und Sprachmaterial; dieses erscheint jedoch immer aus der Sicht- und Darstellungsweise Hegels. So ist z. B. der Bezug zwischen dem Nous des Anaxagoras und der französischen Revolution (→ S. 85 f.) sehr aufschlußreich für Hegels Vernunftbegriff, hat aber mit der tatsächlichen Entwicklung des bürgerlichen Vernunftbegriffes und der französischen Revolution wenig zu tun. Schwieriger ist die Sachlage bei einem Philosophen wie etwa Karl Leonhard *Reinhold,* dessen Kenntnis meist auf Hegels Polemik in der *Differenzschrift* (→ S. 31) beschränkt ist, die aber »zu einem ungerechten Bild der Reinholdschen Leistung« geführt hat, wie Bubner bemerkt hat (vgl. »Problemgeschichte...«, S. 17 f. Anm.). Dieses Faktum der *aufbereiteten* Philosophiegeschichte schwebt beständig als Damoklesschwert über dem Haupt des Hegelforschers: sei es, daß er sein Unvermögen, die gesamte Philosophiegeschichte selbst aufzuarbeiten, offen eingesteht und sich von vornherein ausdrücklich innerhalb der Hegelschen Voraussetzungen bewegt (so z. B. Rohs in der Einleitung zu »Form und Grund« [→ S. 57], da ja auch in der *Logik* die gesamte Philosophiegeschichte verarbeitet wird); sei es, daß ihm der Rezensent später vorwirft, daß »die Hegelschen Begriffe unbefragt den Bezugsrahmen des Verständnisses der Tradition« abgeben und die Autoren so doppelt vergewaltigt würden: von Hegel und vom Hegelforscher (so z. B. Baum in der Besprechung von Riedels Arbeit »Bürgerliche Gesellschaft und Staat bei Hegel«, in: HST 9 [1974], S. 257). Ein (unbefriedigender) Ausweg aus dem Dilemma ist die Flucht ins *Und,* die in der Geschichte der Hegelforschung zu einer schlechten Unendlichkeit beliebiger Detailuntersuchungen ohne relevanten theoretischen Rückbezug geführt hat (*Hegel und* Thales, Sokrates, Thomas von Aquin, Teilhard de Chardin, etc., etc.).

Zur Erschließung des Themenkomplexes »Geschichte der Philosophie« ist die Aufsatzsammlung »Hegel and the History of Philosophy« geeignet. Sie gliedert sich in die drei Bereiche: grundsätzliche Beziehung von Philosophie und (Philosophie)Geschichte; Bezug zu Philosophen vor Hegel (Platon, Descartes, Leibniz, Kant); Bezug zu Philosophen nach Hegel (Solowjow, Peirce). Der erste Aufsatz von *Caponigri* »The Pilgrimage of Truth through Time: The Conception of the History of Philosophy in G. W. F. Hegel« beleuchtet die Spannung zwischen der totalen Geschichtlichkeit der Philosophie und dem Anspruch der *einen* Wahrheit in den Vorlesungen. Eine ausführliche, auch nach einzelnen Philosophen spezifizierte Bibliographie erschließt die Literatur bis 1973; sie wird hier vorausgesetzt.

Literatur

Hegel and the History of Philosophy. Ed. by Joseph J. *O'Malley*, Keith W. *Algozin* and Frederick G. *Weiss*. Den Haag 1974.

Bauer, Gerhard: Geschichtlichkeit. Wege und Irrwege eines Begriffs. Berlin 1963.
Bubner, Rüdiger: Problemgeschichte und systematischer Sinn der »Phänomenologie« Hegels. In: *ders.:* Dialektik und Wissenschaft. FfM ²1974, S. 9–43. (= ed. s. 597)
Beierwaltes, Werner: Platonismus und Idealismus. FfM 1972.
D'Hondt, Jaques (Hrsg.): Hegel et la Pensée Grecque. Paris 1974.
Foucault, Michel: Die Ordnung der Dinge. FfM 1974.
Gadamer, Hans-Georg: Hegel und die antike Dialektik. In: *ders.*, Hegels Dialektik. Tübingen 1971, S. 7–30; auch in: HST I (1961), S. 173–199.
Geldsetzer, Lutz: Die Philosophie der Philosophiegeschichte im 19. Jahrhundert. Zur Wissenschaftstheorie der Philosophiegeschichtsschreibung und -betrachtung. Meisenheim/Glan 1968.
Kern, Walter: Viermal Hegel-Aristoteles im Jahre 1969. In: HST 7 (1972), S. 346–367. [Sammelrezension]
Löwith, Karl: Aktualität und Inaktualität Hegels. In: Hegel-Bilanz. Hrsg. von Reinhard *Heede* und Joachim *Ritter*. FfM 1973, S. 1–24.
Pöggeler, Otto: Philosophie und Geschichte. In: *ders.*, Hegels Idee einer Phänomenologie des Geistes. Freiburg/München 1973, S. 299–368.
Renthe-Fink, Leonhard von: Geschichtlichkeit. Ihr terminologischer und geschichtlicher Ursprung bei Hegel, Haym, Dilthey und Yorck. Göttingen 1964.
Scholtz, Gunter: Ergänzungen zur Herkunft des Wortes ›Geschichtlichkeit‹. In: Archiv für Begriffsgeschichte 14 (1970), S. 112–118.

III. HEGELS WIRKUNG IM 19. JAHRHUNDERT

1. Die Spaltung der Hegelschule in den dreißiger Jahren

In seiner Biographie bemerkt *Rosenkranz* bei der Darstellung der Wirksamkeit Hegels in Berlin, daß seine Philosophie »mehr als andere Philosophien« die Anlage hatte, »eine Schule zu beschäftigen« (Ros., S. 381). Im Besitz einer ausgearbeiteten *Logik* war sie umfassend fundiert und anderen Ansätzen vom Reflexionsniveau her weitaus überlegen; diese Überlegenheit zeigte sich eindrücklich in ihrer *Geschichte der Philosophie*, die die eigene als »das *letzte* Resultat der gesamten Geschichte der Philosophie« zeigte und die anderen Ansätze als – notwendige – Vorstufen zu integrieren erlaubte. Zugleich ermöglichte die »enzyklopädische Allseitigkeit« ein intensives Weitertreiben auf den verschiedenen Wissensgebieten durch die Schüler. Der Standpunkt dieser Philosophie »schien daher unangreifbar« (Ros., S. 381). Gerade wegen Hegels Überlegenheit brachte jedoch sein unerwarteter Tod die Schule in nicht geringe Verlegenheit, wie *Gans* am Schluß seines Nekrologs in der ›Preußischen Staatszeitung‹ zu erkennen gibt:

»Hegel hinterläßt eine Menge geistreicher Schüler, aber keinen Nachfolger. Denn die Philosophie hat fürs Erste ihren Kreislauf vollendet; ihr Weiterschreiten ist nur als gedankenvolle Bearbeitung des Stoffes nach der Art und Methode anzunehmen, die der unersetzlich Verblichene ebenso scharf als klar bezeichnet und angegeben hat« (HBZ Nr. 738; Dez. 1831). – Interessanterweise war die Frage, welche Philosophie auf die Hegelsche folgen solle, schon 1818 in Heidelberg diskutiert worden. Der Theologe Daub, ein Anhänger Hegels, meinte damals, »es könne keine mehr folgen« (HBZ, Nr. 273).

So ist es nur als Ausdruck von Verlegenheit zu betrachten, daß das Ministerium mit Gabler sich auf einen Kandidaten einigte, der, von »außerhalb« kommend, von vornherein als Neutralisationsfaktor gedacht war.

Georg Andreas *Gabler*, einer der ältesten Schüler aus Hegels Jenaer Zeit, war zuletzt Rektor des Bayreuther Gymnasiums und hatte 1827 eine Propädeutik der Philosophie herausgegeben, die sich sehr stark an der *Phänomenologie* orientiert. Er trat 1835 als Nachfolger Hegels in Berlin an und erweckte zunächst großes Interesse, das aber sehr bald einschlief. Zu Hegels – positivem – Urteil über Gabler vgl. Br. Nr. 609.

Seit Hegels Tod waren nämlich die Auseinandersetzungen um seine Philosophie heftiger geworden. Kristallisationspunkt waren die Diskussionen um das Verhältnis von Theologie und Philosophie, die mit heute kaum mehr nachvollziehbarer Intensität geführt wurden, die ihren sachlichen Grund aber in Unklarheiten bzw. Zweideutigkeiten der Hegelschen Ausdeutung des Christentums hatten, die bei einem *anders* gerichteten Erkenntnis- und politischen Interesse zum Konflikt führen mußten. In seiner Rezension von Göschels »Aphorismen« (→ S. 69 f.) hatte Hegel ja nachdrücklich die Übereinstimmung von Christentum und spekulativer Philosophie unterstrichen, was aber nur neue Vorwürfe des Pantheismus und Atheismus nach sich zog. 1830 veröffentlichte *Feuerbach* anonym die – sofort beschlagnahmte – Schrift »Todesgedanken«, in der er von einem spekulativen Pantheismus aus die Unsterblichkeitslehre und Personalität Gottes scharf kritisierte. Dabei berief er sich in der Einleitung auf den »neuen Geist« der Weltgeschichte. Endgültig verhärteten sich die Gegensätze durch die umfangreiche Untersuchung des Tübinger Theologen David Friedrich *Strauss* »Das Leben Jesu« (1835). Strauss analysiert historisch-kritisch, »ob und wieweit wir überhaupt in den Evangelien auf historischem Grund und Boden stehen« (Vorrede). Das Ergebnis ist negativ, doch glaubt Strauss, ganz im Hegelschen Sinne den »inneren Kern des christlichen Glaubens« spekulativ bewahren zu können, wobei er sich auf die *Phänomenologie,* Marheineke und Rosenkranz beruft (Bd. 2, § 146). Das Werk schließt jedoch voller Skepsis, wie denn die spekulative Deutung mit dem Bewußtsein der Gemeinde redlicherweise zu vermitteln sei und schließt in dieser Frage auch den Rückzug des Geistlichen aus seinem Amt als mögliche Konsequenz nicht aus. »Das Leben Jesu« löste heftige Kritik aus, auf die Strauss mit den »Streitschriften zur Verteidigung meiner Schrift über das Leben Jesu« (1837) antwortete. Hier traf er nun – und zwar lediglich bezüglich der möglichen Ansichten innerhalb der Hegelschule über die Christologie – die historisch gewordene Einteilung in rechte Hegelianer, Zentrum und linker Seite, wobei die rechten Hegelianer mit der Idee der Einheit von göttlicher und menschlicher Natur in Christus an der tradierten Faktizität der Evangelien festhielten, während die Linke diese Berichte radikal kritisierte; das Zentrum anerkenne nur einen Teil der Evangelien. *Michelet* griff in seiner »Geschichte der letzten Systeme der Philosophie in Deutschland von Kant bis Hegel« (1837/38) diese Unterscheidung auf, die damit geläufig wurde.

Die Bezeichnung *Rechtshegelianer* und *Linkshegelianer* nahm sehr schnell eine umfassendere Bedeutung an, als die religionsphilosophische Kontroverse vermuten ließ. Ihre Einbürgerung in der Rezeptionsgeschichte und damit die Rede von der »Spaltung« der Hegelschule ist verführerisch, weil sie einmal das Bild einer geschlossenen »Schule« evoziert, das der Korrektur bedarf, denn schon zu Lebzeiten Hegels gab es über seine Philosophie unterschiedliche Auffassungen auch unter den Schülern. So formulierte etwa Christian Hermann *Weiße*, der sich damals durchaus noch als Hegelschüler verstand, in seinem wichtigen Brief an Hegel bereits 1829 zentrale Einwände bezüglich des Übergangs der Idee in Raum und Zeit sowie der Frage der Weiterentwicklung des Systems überhaupt (Br. Nr. 603). Zum anderen setzt das Bild zwei feste Lager voraus, die sich nicht unbedingt in dieser Starrheit gegenüberstanden, wie *Riedel* am Beispiel des Juristen Gans nachgewiesen hat (→ S. 102). Doch ist das Phänomen der Spaltung und mit ihm die Beschäftigung mit der Geschichte des Hegelianismus im neunzehnten Jahrhundert wichtig, da sie auf grundsätzliche Deutungsmöglichkeiten und damit auch innere Spannungen, mögliche Bruchstellen des Systems selbst hinweist. Die Spaltung selbst wurde ja, wie *Löwith* im Anschluß an Engels formuliert, »sachlich ermöglicht durch die grundsätzliche Zweideutigkeit von Hegels dialektischen ›Aufhebungen‹, die ebensogut konservativ wie reaktionär ausgelegt werden konnten« (»Von Hegel zu Nietzsche«, S. 83). Es genügt, an die beiden Hegelgesellschaften in der Bundesrepublik zu erinnern, um zu zeigen, daß wesentliche Motive der Hegeldeutung und -Kritik auf die beiden Jahrzehnte nach Hegels Tod zurückgehen (um dann oft zu Topoi zu erstarren). Sie wurden entwickelt unter den bleibenden Bedingungen des 19. Jh.s: der umfassenden historischen Relativierung des Denkens, dem Aufstieg der empirischen (Natur-)Wissenschaften, dem Aufbrechen von Klassengegensätzen im sich endgültig etablierenden Kapitalismus.

So muß die Entwicklung der Hegelschule auch gesehen werden im Kontext der politischen Spannungen nach der Julirevolution, die durch die repressiven Beschlüsse der Wiener Ministerkonferenz (Juni 1834) verschärft wurden (vor allem umfassende Zensur, Verbot politischer Vereinigungen und systematische Überwachung der Universitäten). Der »Hessische Landbote«, Büchners Flucht 1834 und das Berufsverbot für die sieben Göttinger Professoren im Jahre 1837 seien hier nur erwähnt. Eine entscheidende Wendung wurde dann nach dem Tod von

Friedrich Wilhelm III. durch seinen Nachfolger *Friedrich Wilhelm IV.* (1840–61) eingeleitet, dessen Feindschaft gegenüber dem Hegelianismus zu folgenschweren wissenschaftspolitischen Entscheidungen führte. 1837 hatte Adolf *Trendelenburg* eine ordentliche Professur in Berlin erhalten; seine sehr einflußreichen »Logischen Untersuchungen« (1940) stellen einen Generalangriff auf die spekulative Logik auf der Basis eines erneuerten Aristotelismus dar. Als Nachfolger von Gans, dessen literarischer Nachlaß aus politischen Gründen nicht veröffentlicht wurde (!), wurde Friedrich Julius *Stahl* berufen (1840). Stahl war entschiedener Antihegelianer; seine konservative »Philosophie des Rechts« (1. Auflage 1830) basiert auf der Vorstellung einer göttlich gesetzten Weltordnung (vgl. den Auszug in »Materialien zu Hegels Rechtsphilosophie«, S. 220–241, in dem die Hegelkritik zusammengefaßt ist). Schließlich wurde 1841 *Schelling* von München nach Berlin berufen, um die »Drachensaat des Hegelschen Pantheismus« »auszureuthen«.

Schelling hatte zunächst sehr großen Zulauf; Kierkegaard, Bakunin, Engels, Burckhardt waren unter seinen Zuhörern. Schellings »positive« Spätphilosophie wurde auch deshalb besonders einflußreich – Löwith zählt allein für das Jahr 1843 fünf öffentliche Publikationen zur Kontroverse Schelling/Hegel auf –, weil er seine Kritik der Hegelschen Logik auf dem entsprechenden Reflexionsniveau zu entfalten in der Lage war. Zentrale Angriffspunkte waren dabei der Seinsbegriff am Anfang der *Logik,* die Methode des dialektischen Fortschreitens und der Übergang von der Idee in die Natur am Ende der *Logik.* – Die Studie von Frank analysiert detailliert argumentierend die Schellingsche Hegelkritik und zeigt ihre Bedeutung für Feuerbach und die Philosophie des jungen Marx auf.

Literatur

Frank, Manfred: Der unendliche Mangel an Sein. Schellings Hegelkritik und die Anfänge der Marxschen Dialektik. FfM 1975.
Löwith, Karl: Von Hegel zu Nietzsche. Der revolutionäre Bruch im Denken des neunzehnten Jahrhunderts. 1. Auflage Zürich 1941; hier zitiert nach der Ausgabe des S. Fischer-Verlages, FfM 1969.

Die noch immer sehr lesenswerte Studie von Löwith wurde zum »Klassiker« für die Philosophiegeschichte des 19. Jh.s. Sie untersucht den »revolutionären Bruch im Denken des 19. Jahrhunderts«, dessen Pole Goethe und Hegel einerseits (im Sinne einer noch möglichen Gesamtsynthese), Marx, Kierkegaard und vor allem Nietzsche andererseits darstellen. Die Erkenntnishaltung ist primär geistesgeschichtlich, doch vermag Löwith aufgrund seiner originären

Fragestellung gerade auch in Teil II des Buches »Studien zur Geschichte der bürgerlich-christlichen Welt« (Das Problem der bürgerlichen Gesellschaft, der Arbeit, der Bildung, der Humanität, der Christlichkeit) wichtige Erkenntnisse zu vermitteln.

Ottmann, Henning: Individuum und Gemeinschaft bei Hegel. Bd. I Hegel im Spiegel der Interpretationen. Berlin/New York 1977.

Mit dieser Studie liegt der meines Wissens umfangreichste Versuch einer Aufarbeitung der gesamten Geschichte der Rezeption von Hegels politischer Philosophie vor. Es handelt sich um einen »Literaturbericht in systematischer Absicht«, der von der Kernfrage der Rolle des Individuums in Hegels ethischer, ökonomischer und politischer Philosophie her drei systematische Interpretationsstränge herausschält, die als »relativ homogene [...] Sammelbecken der Hegelauslegung« (23) dienen:

a) »Linkshegelianische Kritik am antiindividualistischen System (von A. Ruge bis Th. W. Adorno)

b) »Die rechtshegelianische Akklamation des Universalismus und die korrespondierende ›liberale‹ Kritik« (von J. E. Erdmann bis H. Kiesewetter)

c) »Die Apologie des modernen freiheitlichen Rechtsstaates durch die Hegelsche Mitte (von K. Rosenkranz bis M. Theunissen)

Obwohl manches für diese Dreiteilung sprechen mag, wird im folgenden die traditionelle Unterscheidung zwischen Rechts- und Linkshegelianern beibehalten, da sie meines Erachtens den *Kern* der differierenden Interpretationsansätze schärfer umreißt. – Ottmann betont eingangs zu Recht, daß von der Geschichte der Hegeldeutungen nicht mehr abstrahiert werden kann; durch eine »Reflexion auf die Wirkungsgeschichte« (11) will er die direkte Deutung der politischen Philosophie Hegels vorbereiten (Bd. II, »Die Entwicklungsgeschichte der politischen Philosophie«, noch nicht erschienen). Ob allerdings Ottmanns »Vertrauen in das wirkungsgeschichtliche Bewußtsein« den »ganzen Hegel« finden wird, sei hier dahingestellt (vgl. → S. 195).

2. Die Rechtshegelianer: modifizierende Bewahrung der Hegelschen Philosophie

Unter dem Begriff *Rechtshegelianer* (auch: »Althegelianer«) versteht man einmal den größten Teil des meist aus unmittelbaren Schülern bestehenden Personenkreis, der nach Hegels Tod die »*Werke*« herausgab (→ S. 218 f.). Weiterhin umfaßte er alle diejenigen, die sich als Angehörige der »Schule« verstanden und in diesem Sinne versuchten, in einer »Mannigfaltigkeit der Differenzen [...] alle Seiten des Hegelschen Systems zur Entwicklung zu bringen«, wie *Rosenkranz* 1840 den Begriff

»Schule« definierte (»Kritische Erläuterungen des Hegelschen Systems«, S. XXXV). Im wissenschaftlichen und gesellschaftlichen Leben des 19. Jh.s waren sie bis ins letzte Drittel des Jahrhunderts hinein ein gewichtiger Faktor. Es ist das Verdienst *Lübbes*, das »grobe philosophiehistorische Schema« vom »Zusammenbruch« und »Zerfall« des Idealismus nach Hegels Tod korrigiert und auf das »fortdauernde öffentliche Dasein Hegelschen Denkens« im 19. Jh. hingewiesen zu haben (»Die Hegelschen Rechte«, S. 8).

Eine befriedigende Darstellung der Hegelschule, die ihre philosophischen Leistungen auf der Ebene der verschiedenen Disziplinen detailliert und zugleich in ihren gemeinsamen Zügen rekonstruiert und vor dem Hintergrund der gesellschaftlichen und wissenschaftsgeschichtlichen Entwicklung des 19. Jh.s beleuchtet, existiert meines Wissens nicht. Am besten erforscht und dokumentiert ist die politische Philosophie des Rechtshegelianismus durch die Darstellung von *Lübbe*, »Politische Philosophie in Deutschland« sowie die von ihm herausgegebene Textsammlung »Die Hegelsche Rechte« (in Zukunft: HR), deren Auswahl sich ebenfalls auf politische Texte konzentriert und viele verschollene Texte zutage gefördert hat. Der rechte Hegelianismus repräsentiert ein breites Spektrum politisch-liberalen Denkens, ist dabei aber »eher Ausdruck als bewegende politische Kraft«, wie Lübbe zusammenfassend formuliert (HR, S. 10): Ausdruck eines selbstbewußten Bürgertums, das mit zunehmendem wirtschaftlichen Einfluß auf verstärkte politische Beteiligung drängt im Zuge der Entwicklung, die – zusammen mit Bewegungen des »Volkes« – zur Revolution von 1848 geführt hat. Ein liberaler Konstitutionalismus, eine »constitutionelle Monarchie, umgeben von demokratischen Institutionen« (Michelet, HR S. 191) ist die grundlegende politische Zielvorstellung. So findet sich in Carovés »Rückblick auf die Ursachen der französischen Revolution und Andeutung ihrer welthistorischen Bestimmung« (1834) die zur politischen Topologie gewordene Verbindung der Augsburgischen Confession, die »gegen Wiederanerkennung einer Hierarchie protestirt hatte«, mit der Julirevolution, die »wie die Reformation, gegen das *Prinzip* der alten Herrschaft sich gekehrt und aus einem von der immensen Mehrheit der Thatkräftigen gefühlten Bedürfnis *staatsbürgerlicher Emanzipation* hervorgegangen war« (HR, S. 54). Hier liegen, bei derselben Terminologie, sehr verschiedene Einschätzungen gegenüber Hegels Sicht der Entwicklung vor, die noch zu seinen Lebzeiten zu Spannungen mit

Gans geführt hatten. *Riedel* hat anhand des Vergleichs einer Nachschrift einer Naturrechtsvorlesung von Gans aus den Jahren 1832/33 mit dem Text der Hegelschen *Rechtsphilosophie* solche inhaltliche Differenzpunkte herausgearbeitet.

So begreift Gans den Staat stärker als historische Kategorie; die eigentliche begriffsgemäße Verfassungsform des modernen Staates ist für ihn die republikanische nach nordamerikanischem Vorbild. In die Ausführungen über »gesetzgebende Gewalt« fügt Gans einen Abschnitt ein über »Die Lehre von der Opposition« als notwendigem Prinzip im Staat, und der Pöbel ist, stärker als in Hegels Darstellung, problematisch geworden: »Er ist ein Faktum, aber kein Recht. Man muß zu den Gründen des Faktums kommen können und sie aufheben« (»Hegel und Gans«, S. 267).

Riedel zeigt konkret, daß Gans – innerhalb des Horizonts der Hegelschen *Rechtsphilosophie* stehend – charakteristische Eingriffe und Modifikationen vornimmt, »die es fragwürdig erscheinen lassen, ob er, wie das in der bisherigen Geschichtsschreibung der Philosophie und Rechtswissenschaft der Fall ist, zur ›rechten‹ Hegelschule zu rechnen sei« (ebenda, S. 269). Zumal die erstmals mit dem Gedanken der *Entwicklung* ernst machende Kritik von Gans »dieselben Punkte betrifft, an denen ein knappes Jahrzehnt später die linkshegelianische Destruktion der *Rechtsphilosophie* ansetzt« (ebenda). Die fixe Zurechnung zu den Lagern ist also problematisch, wie auch z. B. *Rosenkranz* sich zeitlebens dagegen gewehrt hat, »auf der rechten oder linken Seite oder im Zentrum angenagelt zu werden« (»Kritische Erläuterungen«, S. XXXVI).

Ein wichtiger Bestandteil der politischen Auseinandersetzungen war die »soziale Frage«, die in Deutschland etwa seit Beginn der dreißiger Jahre als solche entdeckt und diskutiert wurde. *Hinrichs'* »Politische Vorlesungen« von 1843 – »das klassische Dokument des freien politischen Sinns im Hegelianismus des Vormärz« (Lübbe, »Politische Philosophie«, S. 63) – sind hier repräsentativ für die Art des Engagements: Anerkennung der Problematik und Streben nach ihrer Überwindung im Sinne einer Integration des werdenden Proletariats (»Man sinne auf Mittel, die Noth der arbeitenden Klassen zu mildern, und der Communismus wird sich nicht auferbauen können« – HR, S. 136). Konkrete Reformvorschläge gegenüber der »blinden Herrschaft von *Concurrenz*, *Angebot* und *Nachfrage*« werden so etwa in der »Philosophie des Rechts und der Gesellschaft« (1850) von Heinrich *Oppenheim* unterbreitet (vgl. HR, S. 197–203).

Das zentrale politische Ereignis für die politischen Auffassungen der rechten Hegelschule ist indessen, wie für das deutsche Bürgertum überhaupt, das Erlebnis des Scheiterns der Revolution von 1848. War für die Zeit vor und während der Revolution ein starkes politisches Engagement bis hin etwa zu *Michelets* Denkschrift für die Verfassungsgebende Versammlung in Frankfurt kennzeichnend (vgl. HR, S. 180–193), so verbreitete sich nach der gescheiterten Revolution Resignation und Skepsis. Andererseits blieb doch die grundsätzliche innere Bindung an Deutschland und an Preußen, so daß es auch Bezüge gibt zum Nationalliberalismus, die Lübbe an der Person Constantin Rösslers deutlich macht (»Politische Philosophie«, S. 80–82). Die liberal-kämpferische Tradition wird verdrängt, das nationale Element tritt in den Vordergrund und akkomodiert sich mit der Realität des werdenden Bismarckreiches, seiner Kriege und seinem expansiven Kapitalismus. »Hegel selbst wird im Verlauf dieses Prozesses fast unerkennbar« (HR, S. 17).

Die philosophische Leistung der Hegelschule läßt sich wohl am ehesten als modifizierende Bewahrung des von Hegel Erreichten charakterisieren, wobei die Schule als Gesamtheit den enzyklopädischen Charakter repräsentiert (»Nur alle Schüler zusammen sind wieder Hegel gleich; jeder für sich ist eine seiner Einseitigkeiten« – Rosenkranz, »Kritische Erläuterungen«, S. XXXV). Dabei wird jedoch, wie *Lübbe* formuliert, der »Wille zum System« allmählich schwächer: »Der Sache nach steckt philosophisch die unausgesprochene und gelegentlich auch verleugnete Einsicht dahinter, daß die Philosophie, was immer sie leisten möge, spekulativ der positiven Wissenschaft nichts vorwegnehmen kann« (HR, S. 12). Im Gegenteil wird die Verbindung zu den Einzelwissenschaften und zum »Leben« überhaupt gesucht, was sich vor allem in den Zeitschriften der Schule deutlich zeigt.

1843–48 erschienen die von dem Philosophiehistoriker *Schwegler* herausgegebenen »Jahrbücher der Gegenwart«, deren Haltung von Moog beschrieben wird als »charakteristische geistige Strömung, die durch Hegels Philosophie beeinflußt ist, aber nicht mehr so sehr spekulativen Charakter trägt, als vielmehr die Beziehungen der Philosophie zu den Einzelwissenschaften und zur Empirie zur Geltung bringt« (»Hegel und die Hegelsche Schule«, S. 457). Die »Jahrbücher für spekulative Philosophie und spekulative Bearbeitung der empirischen Wissenschaften« (1846–48), ab 1849 »Jahrbücher für Wissenschaft und Leben«, bringen dieses Programm bereits im Titel zum

Ausdruck. Hier veröffentlichte die 1843 in Berlin gegründete »Philosophische Gesellschaft« ihre Arbeiten; geistiger Mittelpunkt der Gesellschaft war *Michelet*. Nach einer durch die Revolution von 1848 bedingten Unterbrechung konstituierte sich die »Philosophische Gesellschaft« im Jahre 1854 aufs neue. Als Vereinsorgan erschien die Zeitschrift »Der Gedanke« (1860–1884) unter Michelets Schriftführung. Mit ihren Aufsätzen, Rezensionen, Standpunktbestimmungen und zahlreiche Polemiken vermag sie ein authentisches Bild des späten Hegelianismus und seines Selbstverständnisses zu geben. (Exemplarisch etwa in der programmatischen Erklärung des ersten Heftes und in dem Aufsatz von Michelet: »Wo stehen wir jetzt in der Philosophie?« in Band 7, 1867, S. 1–23).

Einer der produktivsten und zugleich unabhängigsten Vertreter des liberalen Hegelianismus war Karl *Rosenkranz* (1805–1879), der von 1833 bis zu seinem Tod in Königsberg lehrte. Sein Werk hat den enzyklopädischen Charakter Hegels bewahrt: Rosenkranz arbeitete über Religionsphilosophie, Pädagogik, Ästhetik und Logik. In der Philosophiegeschichte tat er sich u. a. als Kantforscher hervor; außerdem veröffentlichte er zahlreiche Arbeiten zur Literaturgeschichte und Politik. Sehr einflußreich wurde die als Supplement zu Hegels »Werken« herausgegebene Biographie »G. W. F. Hegels Leben«, deren Veröffentlichung im Jahre 1844 mitten in die Auseinandersetzungen um die Hegelsche Philosophie fiel (vgl. HBZ Nr. 761). In der Vorrede analysiert Rosenkranz eindrucksvoll die Situation seiner Zeit:

»Denn scheint es nicht, als seien wir Heutigen nur die Todtengräber und Denkmalsetzer für die Philosophen, welche die zweite Hälfte des vorigen Jahrhunderts gebar, um in der ersten des jetzigen zu sterben? [...] Seltsam genug scheinen in unseren Tagen gerade die Talente nicht recht aushalten zu können« (S. XVIII f.).

Anschließend diagnostiziert er den Zerfall des Hegelschen Totalitätsbewußtseins in abstrakte Ontologie (Braniss), abstrakte Empirie (Trendelenburg), abstrakte Theorie (Schelling) und abstrakte Praxis (Feuerbach). Die Gesamttendenz der Biographie ist jedoch versöhnlich; Rosenkranz glaubt (wie nach ihm viele: vgl. K. Fischer, → S. 107; W. Dilthey, → S. 151 f.), daß Hegels Philosophie nach der Epoche der Polemik »nunmehr in eine zweite, nachhaltigere, sachlichere, vom *Schulegoismus* freie Epoche eintritt« (S. XXIX).

Die Ergebnisse der neueren biographisch/entwicklungsgeschichtlichen Forschung wird die angekündigte Studie von F. *Nicolin*, »Karl

Rosenkranz als Herausgeber und Biograph Hegels«, enthalten. Damit wird zugleich auch die Eigenart von Rosenkranz' Hegelbiographie schärfer zu erfassen sein.

Welch interessante Funde origineller Denker in der Menge der (z. T. vergessenen oder verschollenen) Hegelianer des 19. Jh.s möglich sind, hat Hans-Martin *Sass* am Beispiel der Philosophischen Erdkunde des Hegelianers Ernst *Kapp* aus dem Jahre 1845 deutlich machen können. Kapp durchdringt seine Einzelwissenschaft vom Hegelschen Totalitätsbewußtsein her und erhebt sie so als Schauplatz der Selbstverwirklichung des Menschen in den Rang einer philosophischen Wissenschaft, die sich in drei Schritten entfaltet: »physische Geographie«, »politische Geographie«, »Culturgeographie«. In der letzten, dem »großen Befreiungsprozeß der Erziehung des Menschen«, liegt der – vom Fortschrittspathos einer humanen Technik getragene – »Endzweck der Weltgeschichte« (Einleitung zur Zweitauflage 1868, S. 29 f.). Kapps Erdkunde stand in ihrer Zeit einmalig da; sie entspringt, wie Sass an vielfältigen Bezügen aufzeigen kann, »dem *Hegelschen Interesse an bürgerlicher Personalität* urbaner Humanität und deren Emanzipation« und trägt so bei zu »nachhegelschen Gesprächen über Natur und Geschichte, Technik-, Industrie-, Organisations- und Kommunikationsphilosophie« (S. 178).

Eine – hier vorweggenommene – Bilanz der Leistungen der Hegelschule würde wohl zu dem Ergebnis kommen, daß die Masse der Arbeiten zu Recht vergessen worden sind, handelt es sich doch zumeist um ausgesprochen epigonale Werke, die weit unter dem Reflexionsniveau Hegels liegen, wenn sie ihn nicht geradezu nur umschreibend wiederholen. So sind zwischen 1826 (Hinrichs, »Grundlinien der Philosophie der Logik«) und 1876 (Michelet, »Das System der Philosophie«) zahlreiche spekulative Logiken erschienen, die sich – mit Ausnahme der originelleren »Wissenschaft der logischen Idee« von *Rosenkranz* (1858/59) – stark an der Hegelschen Vorlage orientieren und diese nach dem Urteil von Düsing (»Das Problem der Subjektivität«, S. 26) lediglich »in Einzelheiten zu verbessern und manche Argumentationen stringenter durchzuführen« versuchten, wozu eine Auseinandersetzung mit kritischen Einwänden (vor allem Trendelenburg) und eine geschichtliche Erweiterung des Materials kommt. *Lübbe* weist darauf hin, wie sehr es im Zuge der Zeit liegt, daß Rosenkranz aus seiner *Logik* gerade die Kategorien entfernt, »die sie der Gefahr der Konkurrenz mit der positiven Wissenschaft ausgesetzt hätten« (HR, S. 12). Die Darstellung etwa der bürgerlichen Gesellschaft in *Michelets* Geistphilosophie (1878) innerhalb seines großangelegten Werkes »System der Philosophie als exakter Wissenschaft« (1876–79) zeigt eindrücklich, wie Hegels logische Fundierung zu einem ganz platten Raster logischer Schlüsse herabgekommen ist, das z. B. das Verhältnis von Gemeindeversammlung, Gemeinderat und Dorfschulze darstellt (vgl. S. 321 f.). Die Widersprüche, um deren präzise Formulierung wie schließliche Versöhnung die Hegelsche *Rechtsphilosophie* gerungen hatte, kommen hier gar nicht erst zu Bewußtsein und bedürfen daher auch weiter keiner Versöhnung (»Die *Vaterlandsliebe* ist das geistige Band, welches alle Glieder der Nation zu diesem allgemeinen Willen [!], zu Brüdern, wie in Einer Familie, macht« – S. 329).

Die säkulare Verschiebung zwischen Hegel und seiner Schule zeigt sich als deren Rückzug auf das Faktische, vor allem nach der Revolution von 1848: »Die Bewahrung der Hegelschen Philosophie geschieht [...] auf dem Weg einer Historisierung der Philosophie überhaupt zur Philosophiegeschichte« (Löwith, S. 75). Protagonist dieser Tendenz ist Johann Eduard *Erdmann* (1805–92), der von 1834–53 einen sechsbändigen »Versuch einer wissenschaftlichen Darstellung der Geschichte der neueren Philosophie« herausbrachte, der die Epoche von Descartes bis Hegel umfaßt. 1866 erschien sein sehr erfolgreicher »Grundriß der Geschichte der Philosophie«, dem er als Anhang eine Geschichte der deutschen Philosophie seit Hegels Tod beigab, welche deren »Auflösung« (Teil I) wie die »rekonstruktiven Versuche« (Teil II) präzise erfaßt. Das letzte Kapitel dieses Anhangs enthält eine treffende Reflexion der eigenen Situation: wie »an die Stelle der Dichter die Literaturhistoriker« getreten sind, so erscheinen die zeitgenössischen Philosophen dem Publikum nur mehr als Historiker der Philosophie wirklich interessant. Erdmann fragt, ob dies ein »Symptom philosophischer Abgelebtheit« sei; wenn aber das Interesse an Philosophiegeschichte tatsächlich das dominierende Interesse der Zeit ist, so glaubt Erdmann, Philosophie dadurch retten zu können, »dass die Philosophiehistoriker selbst zu philosophieren pflegen« (S. 916).

Der zweite große Philosophiehistoriker der Epoche ist Kuno *Fischer* (1825–1907), dessen erfolgreiche Lehrtätigkeit in Heidelberg eine Brücke zum Neuhegelianismus darstellt. 1852–1877 erschien seine sechsbändige »Geschichte der neueren Philosophie«; ihre z. T. in Lübbes Textsammlung wiedergegebene Einleitung enthält ebenfalls eine Begründung der eigenen Tätigkeit als Rekonstruktion des »Entwicklungsgangs« der Menschheit im Sinne einer fortschreitenden Problemlösung, damit auch Selbstbefreiung der Gattung (vgl. HR, S. 27). Sehr wichtig für die Bewahrung des Wissens um Hegel wurde Fischers umfangreiche, zweibändige Monographie »Hegels Leben, Werke und Lehre« (1901). Fischer versteht Hegel als »Philosoph des 19. Jahrhunderts«, das, gegenüber dem 18. als dem Jahrhundert der Kritik, als das Jahrhundert der »Evolution« betrachtet werden müsse, und dem Hegel als »Philosoph der Evolutionslehre« den Weg gewiesen habe (vgl. S. 1179). Hegel selbst gegenüber versteht sich Fischer grundsätzlich »erläuternd«:

»Die Zeit der Hegelschen Scholastik [...] ist für immer vorüber; ich habe mich wohl gehütet, sie zu erneuern, aber in der Hegelschen Philosophie liegt eine hohe Weisheit und Bildung; diese soll in [...] dem *Gedächtnisse* der Welt fortbestehen, darum müssen wir ihr im *Verständnisse* der Welt eine bleibende Stätte bereiten« (S. 1195).

Literatur

Einige Autoren aus dem hier behandelten Zeitraum wurden durch reprographische Nachdrucke der Wissenschaftlichen Buchgesellschaft Darmstadt leicht zugänglich gemacht (Feuerbach, Fischer, Haym, Stahl, Rosenkranz).

Kapp, Ernst: Vergleichende Allgemeine Erdkunde in wissenschaftlicher Darstellung. Braunschweig 1868.

Lübbe, Hermann (Hrsg.): Die Hegelsche Rechte. Stuttgart-Bad Cannstatt 1962.
Dieser Band enthält neben einer informativen Einleitung des Herausgebers Texte aus den Werken von Carové, J. E. Erdmann, K. Fischer, E. Gans, Hinrichs, Michelet, Oppenheim, Rosenkranz und Rössler. Eine Biographie und Bibliographie zu den Autoren erschließt die wichtigste Primär- und Sekundärliteratur; sie wird hier vorausgesetzt.

ders. (Hrsg.): Johann Eduard *Erdmann*, Die Deutsche Philosophie seit Hegels Tod. Faksimile-Neudruck der Berliner Ausgabe 1896. Stuttgart-Bad Cannstatt 1964.

Lübbe, Hermann: Politische Philosophie in Deutschland. Studien zu ihrer Geschichte. Basel 1963. ²München 1974.

Moog, Willy: Hegel und die Hegelsche Schule. München 1930.

Nicolin, Friedhelm: Karl Rosenkranz als Herausgeber und Biograph Hegels. Erscheint Bonn 1979 als HST Beih. 7.

Riedel, Manfred: Hegel und Gans. In: Natur und Geschichte. Festschrift für Karl *Löwith*, Stuttgart 1967, S. 257–273.

Sass, Hans-Martin: Die philosophische Erdkunde des Hegelianers

3. Die Junghegelianische Kritik

Die heutige Beschäftigung mit der Hegelkritik der *Junghegelianer* (diese Bezeichnung wird hier verwendet, da sie sich in der Rezeptionsgeschichte gegenüber dem Ausdruck »Linkshegelianer« durchgesetzt hat) steht vor einem ähnlichen Problem wie bei dem Gesamtkomplex »Hegelsche Rechte«. Denn wie im allgemeinen Bewußtsein der »Nachwelt« die Rechtshegelianer insgesamt von den Junghegelianern verdrängt wurden, so hat sich der Stellenwert der Junghegelianer vorwiegend bestimmt als — je nach Betrachtungsweise mehr oder weniger wichtiges – Bindeglied zwischen Hegel und Marx. In der neueren Forschung hat sich hier eine differenziertere Einschätzung durchgesetzt. So betont *Cesa* im Vorwort zu einer sehr materialreichen Aufsatzsammlung »Studi sulla sinistra hegeliana«, »daß die theoretischen Erfahrungen der Hegelschule [...] die Entstehung des historischen Materialismus befruchteten, aber daß sie sich nicht darin erschöpften« (S. 13). Begünstigt wurde die »Bindeglied-Betrachtungsweie« dadurch, daß sich die Entfaltung der junghegelianischen Kritik selbst als Prozeß wechselseitiger Polemiken, auch wechselseitigen Übertrumpfens vollzog, der in der Kritik von *Marx* und *Engels* abgeschlossen schien, da dieser Kritik ja in der Tat nichts Gleichwertiges entgegengesetzt wurde. Aber auch hier ist es »sehr viel einfacher, die Polemiken der Hegelianer untereinander oder mit Denkern außerhalb der ›Schule‹ darzulegen, als zu einem eindeutigen und klaren Bild der wirklichen Ergebnisse ihres Denkens zu gelangen« (Cesa, S. 7).

Einen leichten Zugang zu Texten der Junghegelianer ermöglicht die im Frommann-Verlag parallel zu dem Band »Die Hegelsche Rechte« erschienene Textsammlung »Die Hegelsche Linke«, die von *Löwith* herausgegeben wurde (in Zukunft: HL). Sie enthält Texte von Heine, Ruge, Hess, Stirner, Bauer, Feuerbach, Marx und Kierkegaard. Leider fällt Löwiths Edition gegenüber der von Lübbe ab. Sie enthält keine biographischen Angaben und keine Bibliographie, der Text der Einleitung ist zum Teil identisch mit »Von Hegel zu Nietzsche« (→ S. 99 f.), ohne jedoch als identisch ausgewiesen zu sein, und das bei Lübbe so gut als Problem reflektierte Prinzip der Auswahl wird nicht klar – so besteht der Auszug von Feuerbach-Texten aus gerade vier Seiten; der für die junghegelianische Theorie so wichtige Cieszkowski fehlt ganz und wird dem Leser auch nirgendwo als bedeutsam erwähnt. Außerdem wäre es sinnvoll gewesen, wenn sich Löwith in der Einleitung zu einem Sammelband mit dem Titel »Hegelsche *Linke*« mit der oft geäußerten Kritik an seiner Parallelisierung von Marx und Kierkegaard auseinandergesetzt hätte, soll die *politische* Bedeutung des Wortes »links« nicht gänzlich verblassen.

In den dreißiger Jahren des 19. Jh.s haben sich, auf ein – sicherlich vereinfachendes – Schema gebracht, drei Haltungen zur Hegelschen Philosophie herauskristallisiert: *Bewahrung* (der Weg der Rechtshegelianer), *Gegnerschaft* (etwa K. F. Bachmanns »Anti-Hegel«, 1835, oder die unter Führung von I. H. Fichte ab 1837 um die »Zeitschrift für Philosophie und spekulative Theologie« versammelten Vertreter eines spekulativen Theismus); schließlich die unter dem schillernden Programm einer *Verwirklichung* der Hegelschen Philosophie antretenden Junghegelianer. Bei aller Verschiedenheit untereinander teilen die Junghegelianer eine Reihe gemeinsamer Grundüberzeugungen, die sich aus dem »Bewußtsein der paradoxen Lage aller Philosophie nach Hegel« (Bubner, »Theorie und Praxis«, S. 8) herleiten lassen. Denn mit Hegel ist, wie *Heine* 1835 exemplarisch formuliert, »unsere philosophische Revolution [...] beendigt. Hegel hat ihren großen Kreis beschlossen« (HL, S. 39).

Die Junghegelianer akzeptieren so zunächst die Abgeschlossenheit des alle Totalität enzyklopädisch umgreifenden absoluten Standpunktes: »Sie bestreiten nicht die vollendete Vernünftigkeit und damit den absoluten Anspruch des philosophischen Systems.« Aber um die eigenen, neuen und anderen Erfahrungen philosophisch formulieren zu können, schränken sie »beides auf das Gedankenreich der Theorie ein, das sie der *aktuellen Zeit* und der *faktischen Geschichte* gegenüberstellen – wobei sie die Möglichkeit neuer Philosophie gerade in der einschränkenden Bestimmung und Gegenüberstellung festmachen« (Bubner, S. 9). So bewegt sich ihr Denken, wie *Löwith* einleitend feststellt, »im Grunde um eine einzige Frage, die erstmals durch Hegel gestellt wurde und nach wie vor aktuell ist: wie verhält sich die *Philosophie* zur *Geschichte* der Welt?« (HL, S. 7).

Unter der Überschrift »Gegenwärtige Krisis der deutschen Philosophie« findet sich diese Fragestellung und die junghegelianische Lösung geradezu klassisch formuliert in einem kurzen Artikel von Moses *Hess* aus dem Jahre 1841. Hess betont gegenüber Angriffen von verschiedenen Seiten, daß die »neuere Richtung« »keine andere *Grundlage,* als die *ideale* der Hegelschen Philosophie hat« (S. 8). (Diese Feststellung, daß man sich auf dem Boden der Hegelschen Philosophie, der »letzten aller Philosophien überhaupt« – so Ruge, HL, S. 30 – befinde, wird immer wieder getroffen.) Die Junghegelianer behaupten jedoch von sich, die *echten* Nachfolger Hegels zu sein, indem sie lediglich »die strengere[n] Konsequenzen aus dem Mittelpunkte dieser Philosophie heraus, als Hegel selbst zu ziehen wagte«, aufzeigen (Hess, ebenda). Denn die Philosophie insgesamt befinde sich nach Hegel in einer »veränderten Stellung [...] zum Leben« (S. 10). Hegel als Berufsphilosoph hatte »genug zu kämpfen und zu ringen, um den Geist sich selbst adäquat zu machen; das weitere, das Leben dem Geiste adäquat zu gestalten, mußte er anderen überlassen« (ebenda).

Entsprechend lautet das Programm der Junghegelianer »Praxis«, »Verwirklichung« der als beschränkt erkannten Philosophie; »positive Gestaltung der *Zukunft*« (Hess, S. 10) aus der »Kritik« des Alten heraus. Zur Legitimation dieses Programms entwickeln die Junghegelianer eine bestimmte Interpretation von Hegels Philosophie, die jetzt »Philosophie der Revolution« (Ruge, HL, S. 30) wird. Es entsteht das Theorem der »zwei Seiten« Hegels, der sich akkomodierenden und der revolutionären, wobei die Junghegelianer als *Kern* der Hegelschen Philosophie das »Negative« der Dialektik, das »Werden«, das Vermittelt- und Produziertsein alles Bestehenden aus der »Arbeit des Geistes« bzw. dem »Selbstbewußtsein« heraus akzentuieren (z. B. Hess, S. 9). Die *Phänomenologie* erlangt jetzt eine neue, revolutionär gewendete Bedeutung. Damit stellt sich die Frage nach dem philosophierenden Subjekt, denn bei Hegel selbst bleibt, wie *Lukács* richtig bemerkt, »die Identität zwischen dem absoluten Wissen und dem Philosophen, der dieses Wissen hat, in einem Helldunkel. Der Objektivismus Hegels sträubt sich dagegen, aus dieser Identität einfach eine Personalunion zu machen« (»Der junge Hegel«, S. 858). Dieser Schritt wird bis hin zu dem extremen Subjektivismus des »kritischen Philosophen« (B. Bauer) vollzogen. Als anderes Extrem steht die »Verwirklichung« bzw. bei *Marx* die »Aufhebung« der Philosophie, die Entdeckung der »Massen« als Träger des welthistorischen (philosophischen) Prinzips. *Ruge* formuliert in diesem Sinne: »Das Ende der *theoretischen* Befreiung ist die *praktische*. Die Praxis aber ist nichts anderes als die Bewegung der Massen im Sinne der Theorie« (HL, S. 28). Dieser Gedanke drückt sich auch in dem immer wieder zu findenden geschichtsphilosophischen Schema aus, daß auf die französische Revolution der Politik die deutsche Revolution des Geistes gefolgt sei, die jetzt ebenfalls politisch werde. Häufig findet auch ein Rückgriff auf Fichte als Exponent eines philosophisch begründeten politischen Aktivismus statt.

Es wäre sicher verkürzt, wollte man das junghegelianische Denken allein aus den Problemen einer bestimmten philosophiehistorischen Konstellation begreifen. Es steht im engsten Zusammenhang mit der ökonomisch-politischen Entwicklung Deutschlands vor 1848 und ist durch die Problematik einer Avantgarde in einer vorrevolutionären Situation bestimmt. Von größter Bedeutung ist auch der Einfluß des französischen und englischen Frühsozialismus und Kommunismus (Fourier, Saint-Simon, Owen), der beginnenden Organisationsbestrebungen der Handwerker und Arbeitervereine, vor allem aber der weit verbreitete Pauperismus im Deutschland des Vormärz, der nach einer umfassenden Lösung verlangte.

Einen Versuch, die gemeinsamen politischen Erfahrungen wie die theoretischen Lösungsansätze der literarischen und philosophischen Avantgarde dieser Zeit darzustellen, hat *Köster* in seiner Studie »Literarischer Radikalismus« vorgelegt, die »Zeitbewußtsein und Geschichtsphilosophie in der Entwicklung vom jungen Deutschland zur Hegelschen Linken« untersucht (dort auch ausführliches Verzeichnis zur Primär- und Sekundärliteratur der Epoche).

Die wohl folgenreichste Hegelkritik vor Marx wurde von Ludwig *Feuerbach* (1804–72) entwickelt: »Die progressive Intelligenz der 40er und 50er Jahre ist durch Feuerbachs religionskritische und anthropologische Gedanken geprägt« (Thies im Nachwort zur Suhrkamp-Werkausgabe [= SW] Bd. V, S. 431). Wie viele Junghegelianer hatte auch Feuerbach Theologie studiert und war in Heidelberg (1823–24) durch den Theologen *Daub* mit Hegelschem Gedankengut in Berührung gekommen. In Berlin (1824–26) wechselte er ganz zur Philosophie über und wurde zu einem begeisterten Anhänger Hegels. Doch sehr bald stößt Feuerbachs Rezeption der spekulativen Philosophie, die Thies in seiner Einführung in die Erlanger Vorlesungen sehr knapp und übersichtlich dargestellt hat, auf Widerstände. Ein Fragment aus den Jahren 1827–28 formuliert bereits die zentrale Frage:

»Wie verhält sich das Denken zum Sein, wie die ›Logik‹ zur Natur? Ist der Übergang von jener zu dieser begründet? Wo ist die Notwendigkeit, das Prinzip dieses Übergangs? [...] die ›Logik‹ geht nur deswegen in die Natur über, weil das denkende Subjekt außer der ›Logik‹ ein unmittelbares Dasein, eine Natur vorfindet und vermöge seines unmittelbaren, d. i. natürlichen Standpunktes dieselbe anzuerkennen gezwungen ist. Gäbe es keine Natur, nimmermehr brächte die unbefleckte Jungfer ›Logik‹ eine aus sich hervor« (zit. nach A. Schmidt, »Emanzipatorische Sinnlichkeit«, S. 100).

In seinem sehr wichtigen Begleitbrief an Hegel anläßlich der Übersendung seiner Dissertation (Br. Nr. 592; Nov. 1828) spricht Feuerbach von der »freien Aneignung« der Hegelschen Philosophie durch den Schüler und entwickelt seinem Lehrer gegenüber die Notwendigkeit der »Verwirklichung« und »Verweltlichung der Idee«, die Feuerbach aber noch als »Alleinherrschaft der Vernunft« begreift. Ihr gegenüber kann auch das Christentum wegen seiner Beschränktheit und Naturfeindlichkeit »nicht als die vollkommne und absolute Religion gefaßt werden«.

Zehn Jahre später tritt Feuerbach mit dem Aufsatz »Zur Kritik der Hegelschen Philosophie« als Hegelkritiker öffentlich in Erscheinung. Auch hier findet sich das Motiv der historischen Relativierung des Hegelschen Denkens als »eine bestimmte, spezielle Philosophie«, »hervorgegangen zu einer bestimmten Zeit, [...] auf einem bestimmten Standpunkt« (SW Bd. 3, S. 13). Zentraler Gegenstand der Kritik ist der Begriff des *Seins* bei Hegel; diese Kritik expliziert Feuerbach am Anfang der *Logik* und anhand der Analyse der »sinnlichen Gewißheit« am Anfang der *Phänomenologie*. Die »*natürlichen* Gründe und Ursachen«, faßt Feuerbach seine Hegelkritik zusammen, »die Fundamente der genetisch-kritischen Philosophie«, habe Hegel »auf die Seite gesetzt« und sei so an der Natur und dem *Wesen* des Menschen – »das Höchste der Philosophie« – vorbeigegangen (SW Bd. III, S. 51).

Ein Beispiel der eigenen »genetisch-kritischen« Methode legte Feuerbach 1841 mit seinem Hauptwerk »Das Wesen des Christentums« vor, einem sehr einflußreichen Buch, das bereits nach zwei Jahren eine Neuauflage erreichte. »Das Wesen des Christentums« wurde nicht zuletzt wegen seiner stark von Hegel geprägten Terminologie von vielen Zeitgenossen noch als »letzte Konsequenz« der Hegelschen Religionsphilosophie verstanden. Feuerbach kritisiert die christliche Religion von seinem anthropologischen Ansatz her als Produkt der *Entzweiung* des Menschen mit seinem Wesen, die sich im religiösen Projektionsmechanismus objektiviert, wie es an zentraler Stelle heißt:

»*Das göttliche Wesen ist nichts andres* als das menschliche Wesen oder besser: *das Wesen des Menschen,* gereinigt, befreit von den Schranken des individuellen Menschen, verobjektiviert, d. h. *angeschaut* und *verehrt als ein andres, von ihm unterschiednes, eignes*

Wesen – alle *Bestimmungen* des göttlichen Wesens sind darum menschliche Bestimmungen« (SW Bd. V, S. 32).

Feuerbach, der in den »Grundsätzen der Philosophie der Zukunft« (1843) die spekulative Philosophie mit der Theologie kritisch identifizierte, erlangte neben seiner fortwährenden Rezeption in der Theologie vor allem über den Marxismus eine bedeutende Wirkung (vgl. Engels' Beschreibung seines »Feuerbach-Erlebnisses« in MEW Bd. 21, S. 272).

Für seine durch das Urteil von *Marx* und *Engels* geprägte Rezeption im sogenannten ›Histomat‹ vgl. das Sonderheft der »Deutschen Zeitschrift für Philosophie«, das 1972 anläßlich des hundertsten Todesjahres von Feuerbach erschien. Den meines Erachtens wichtigsten neueren Versuch, Feuerbachs Stellenwert innerhalb der linken Theoriegeschichte neu zu bestimmen, legte Alfred *Schmidt* – ebenfalls zum Todesjubiläum – mit seiner Studie »Emanzipatorische Sinnlichkeit« vor. Es geht Schmidt dabei im Anschluß an Marcuse um eine Fruchtbarmachung des Feuerbachschen Naturbegriffs über dessen Limitierungen bei Marx hinaus. Im Zusammenhang der Hegelrezeption vgl. bes. S. 91–106: »Motive der Feuerbachschen Hegelkritik« sowie das Kapitel VI: »Ludwig Feuerbach – Vom Primat des Unmittelbaren« in der Arbeit von *Frank* (→ S. 99). Eine sehr informative Diskussion der Hegelkritik Feuerbachs, die auch den Gründen für das Scheitern seines eigenen erkenntnistheoretischen Ansatzes nachgeht, bietet der Feuerbach-Herausgeber *Thies* in dem Aufsatz »Philosophie und Wirklichkeit. Die Hegelkritik Ludwig Feuerbachs« in einem Sammelband mit Aufsätzen zu Feuerbach. Einen guten Überblick über die gegenwärtige Forschung zu Feuerbach mit dem Schwerpunkt Feuerbach/Hegel vermittelt die Sammelrezension von *Jaeschke*.

Den publizistischen Sammelpunkt der kritischen Intelligenz bildeten ab 1838 die von A. *Ruge* und Th. *Echtermeyer* herausgegebenen »Hallischen Jahrbücher für deutsche Wissenschaft und Kunst«, in denen auch Feuerbachs Aufsatz »Zur Kritik der Hegelschen Philosophie« erschien (die Bezeichnung »Jahrbücher« ist heute insofern irreführend, als es sich um ein täglich erscheinendes Aufsatz- und Rezensionsorgan von jeweils vier Seiten handelt). Es ist nicht übertrieben, wenn *Löwith* schreibt, daß die deutsche Philosophie »bis zur Gegenwart dieser Zeitschrift nichts an die Seite zu stellen [hat], was ihr an kritischer Eindringlichkeit, Schlagkräftigkeit und geistespolitischer Wirksamkeit gleichkäme« (»Von Hegel zu Nietzsche«, S. 99); die bedeutendsten kritischen Gelehrten der Zeit wie F. Th. Vischer, Strauss, die Brüder Grimm zählten zu ihren Mitarbeitern. Zunächst veröffentlichten hier auch gemäßigtere Hegelianer wie Rosenkranz, zogen sich dann aber wegen der zunehmenden Radikalisierung der »Hallischen Jahrbücher« zurück. Einen entscheidenden Einschnitt stellte nach dem Verbot durch die preußische Regierung die erzwungene Emigration der Zeitschrift von Leipzig nach Dresden im Jahre 1841 dar; im Gefolge der Emigration nennt sie sich ab 1841 »Deutsche Jahrbücher für Wissenschaft und Kunst«. Es lohnt sich, die durch den Auvermann-Verlag wieder zugänglich gemachten Jahrbücher einmal vorzunehmen, um die Entwicklung der – insbesondere von A. Ruge propagierten – geschichtsphilosophischen Konzeption dieser radikaldemokratischen Avantgarde zu verfolgen, die in einer spezifischen Überhöhung des »Geistes« begründet ist. So schreibt Ruge in der Einleitung für das Jahr 1841:

»Die Theorie ist nicht mehr isoliert, und wird es in Zukunft noch weniger sein [...]. Das Orakel unserer Zeit ist die Revolution der europäischen Menschheit [...]. Dagegen ist die Wirkung der Jahrbücher einzig und allein ihr Verhältnis zur Bildung, die Bildung dann aber weiter das Element, in dem die Politiker sich zu bewegen, und das Terrain, auf dem sie den Zeitgeist zu bestehen haben. Der letzte Sieg ist der Sieg im Geiste.«

Diese Konzeption, »daß der Proceß der Geschichte von dem Proceß des Selbstbewußtseins überhaupt nicht verschieden sein könne« (Ruge im Vorwort zu den »Deutschen Jahrbüchern«, 2. Juni 1841), hielt sich auch nach der Emigration nach Dresden. Die Jahrbücher mußten Anfang 1843 ihr Erscheinen einstellen; erst die »Deutsch-Französischen Jahrbücher«, die Ruge 1844 zusammen mit *Marx* in Paris herausgab, stellen dann einen neuen Schritt in der Theoriegeschichte der Junghegelianer dar.

Das Modell einer radikalen, der »kritischen Kritik« wurde von Bruno *Bauer* entwickelt. »Das Bewußtsein der Nichtidentität von Idee und Geschichte ist für Bauer, wie für viele Schüler Hegels, die Bedingung der Möglichkeit einer Geschichtsphilosophie, die der literarischen Praxis den Rahmen und der politischen Praxis das Ziel setzt« (H.-M. Sass im Nachwort zu Bauers »Feldzügen der reinen Kritik«, S. 226). Bauer war als Theologe zunächst orthodoxer Hegelianer und war an der zweiten Auflage der *Vorlesungen über die Philosophie der Religion* maßgeblich beteiligt. Seine zunehmende Radikalisierung Anfang der vierziger Jahre führte bald zur Entfremdung gegenüber den ehemaligen Freunden (Ruge, Marx), die die Verabsolutierung der »reinen Kritik« gegenüber allen Vermittlungen der (tages)politischen Praxis und ihren Adressaten nicht mitvollziehen wollten. In seiner radikalen Phase legte Bauer alle Aktivität in den Emanzipationsprozeß des Selbstbewußtseins; diesem politischen Interesse entspricht auch seine Hegelinterpretation, wie sie etwa in der »Posaune des jüngsten Gerichts über Hegel den Atheisten und Antichristen« (1841) zum Ausdruck kommt. Bauer nimmt in der mit Bibelzitaten über und über gespickten »Posaune« (in: HL, S. 123–225) mit überlegener Ironie die Position eines orthodoxen Theologen ein, um im Gewand dieser Kritik gerade die zersetzenden Elemente von Hegels Religionsphilosophie bewußt zu machen und um zu beweisen, daß diese nicht erst als Produkte der Hegelschule, sondern als die wesentlichen Auffassungen Hegels selbst zu betrachten sind (vgl. daher auch die positive Rezension in den »Deutschen Jahrbüchern« 1841, S. 594 ff.). Hauptpunkte der »Anklage« sind: »Zerstörung der Religion«, »Pantheismus« und vor allem als »der entsetzliche, schaudererregende, alle Frömmigkeit und Religiosität ertödtende Kern des Systems« die Auffassung der Religion, »nach welcher das religiöse Verhältnis Nichts als ein inneres Verhältnis des *Selbstbewußtseyns* zu sich selbst ist« (HL, S. 151). Hegels Angriff auf die Religion, will Bauers Pseudokritik suggerieren, zielt auf »Zerstörung des Weltzustandes« selbst:

»Seine *Theorie* war in ihr selbst und darum die gefährlichste, umfassendste und zerstörendste Praxis. Sie war die Revolution selbst [...]. Es muß heraus und offen gesagt werden: Hegel war ein größerer Revolutionär als alle seine Schüler zusammengenommen« (HL, S. 171).

Wenn auch Bauers »reine Kritik« durch ihre Radikalität sich politisch »letztlich außerhalb des Kreises [stellt], der mit Hegel, sich auf ihn berufend, einen prozessualen Fortschritt in der Emanzipation der Freiheit pragmatisch erarbeiten will« (Sass, S. 261), so ist der theoretische Bezug auf Hegel dennoch ständig vorhanden. Eine nochmalige, extreme Steigerung junghegelianischer Theorieansätze wurde durch Max *Stirner* vollzogen, der – in polemischer Absetzung vor allem gegen Feuerbach und Bauer – den gesamten Inhalt der Welt und der Geschichte im »Einzigen« zusammenfassen will (»Der Einzige und sein Eigentum«, 1844). Stirner identifiziert Hegel dabei in einer recht oberflächlichen Weise mit der europäisch-christlichen Tradition, in der – unter verschiedenen Titeln – immer ein *Begriff* (»Geist«, »absolute Idee«, »Humanität«) das Individuum beherrschte; diese Begriffswelt sprengt der »Einzige« auf, der, wie das Motto lautet, »seine Sach' auf Nichts gestellt« hat.

Schneidet Stirners extremer Subjektivismus alle geschichtlichen und gedanklichen Vermittlungen des Ich zu seiner Umwelt ab, ist also rein durch polemische Negation auf Hegel bezogen, so läßt sich als *Philosophie der Tat* ein anderer Theoriestrang der Hegelschule verfolgen, der bei Moses *Hess* u. a. zum Sozialismus hinführt. »Philosophie der Tat«, schreibt Stuke in seiner ausgezeichneten Studie unter dem Titel, »ist einerseits zeitkritische Beschreibung und geschichtsphilosophische Begründung der Krise, andererseits der konsequente Versuch, die Krise theoretisch zu bewältigen und praktisch zu überwinden, um die Einheit der Welt und das Beisichselbstsein des Menschen wiederzugewinnen oder allererst zu ermöglichen« (S. 39). Als erste explizite Formulierung einer Philosophie der Tat können die »Prolegomena zur Historiosophie« des polnischen Grafen August *Cieszkowski* gelten, die 1838 in Berlin erschienen. Cieszkowski, der 1832–35 bei den Berliner Hegelianern (vor allm Michelet) studierte, entwirft in den »Prolegomena« ein umfassendes geschichtsphilosophisches Programm einer Verwirklichung der Philosophie, die – auf den Fichteschen Aktivismus zurückgreifend – Geschichte als Totalität insofern begreift, als sie die *Zukunft* miteinbezieht. (»Dann wird das Bewußtsein rückwärts und vorwärts schauen und die Totalität der Weltgeschichte durchdenken: und das ist Historiosophie« – »Prolegomena«, S. 20). Hegel gilt, und darin liegt seine Bedeutung für Cieszkowski, als Vollender der Philosophie; Ansatzpunkt der Kritik ist seine Beschränkung auf das reine Denken. Cieszkowski hingegen will in der Zukunft – der Weltepoche des »Guten« – Philosophie in sozialer Praxis aufgehen lassen. Aber obwohl er in immer neuen Anläufen das Wesen des »Willens« beschreibt, steht der Übergang der Theorie in die Praxis, wie *Stuke* zu recht hervorhebt, »nicht auf dem Boden einer dialektischen Betrachtung« und bleibt im Bereich dessen, was Hegel »abstraktes Sollen« genannt hätte (vgl. Stuke, S. 120 ff.).

Im Umkreis jüdisch-messianischen Traditionsguts wurzelt der ethische Sozialismus von Moses *Hess*. Stuke unterscheidet drei Etappen in der Entwicklung von Hess: Die in seinem Hauptwerk »Die europäische Triarchie« (1841) formulierte Philosophie der Tat, die eng an Cieszkowski anknüpft; eine Subjektivierung durch das Prinzip des Selbstbewußtseins unter dem Einfluß der Berliner Junghegelianer, vor allem B. Bauers

(1842–43); schließlich die durch die Feuerbach-Rezption eingeleitete Philosophie des »wahren Sozialismus«, die das Programm eines in ethischen Prinzipien begründeten Humanismus entwickelt. Aus dieser Periode stammt auch die in Löwiths Dokumentation wiedergegebene Arbeit über »Die letzten Philosophen« (1845; gemeint sind Bauer und Stirner). Kennzeichnend für die – jetzt bereits über Vermittler wie Feuerbach, Bauer, Stirner vollzogene – Auseinandersetzung mit Hegel ist die Mischung aus sozialistischen, humanistischen und anthropologischen Denkansätzen bei Hess, aus der heraus sich die Hegelkritik begründet:

»Solange das ›geistige‹ Eigentum nicht wirklich ist, sind die Menschen wohl ›an sich‹, aber nicht ›für sich‹ die Besitzer ihres geistigen Eigentums. Daß sie dann noch weniger *soziale Eigentümer,* Menschen *füreinander,* [...] *schöpferische, liebende* Wesen sind, versteht sich selbst, läßt sich aber philosophisch nicht ausdrücken. Die Philosophie, die so viele ›Kategorien‹ hat, kennt nicht die Kategorie *Für-einandersein.* Sie hat es nicht über die Kategorie des ›An- und Fürsichseins‹ gebracht« (HL, S. 58).

Der junghegelianischen Kritik insgesamt wurde immer wieder eine »Unterschreitung« des Hegelschen Reflexionsniveaus und damit »Rückfall« in Argumentationsmuster und Gegensätze des »Verstandes« vorgeworfen, die bei Hegel längst in ihrer Beschränktheit erkannt und auf höherer Ebene vermittelt worden seien. In seinem Vortrag zu »Aktualität und Inaktualität Hegels« setzt sich *Löwith* mit diesen Vorwürfen grundsätzlich auseinander, indem er die – nicht nur philosophiehistorische – *Notwendigkeit* der junghegelianischen Kritik verteidigt:

»Gewiß hat die gesamte aufständische Schülerschaft Hegels dessen begriffliches Reflexionsniveau unterboten, aber sollte man es etwa überbieten können [...]? Es kann doch nicht bloß ein Mißverständnis oberflächlicher Leser oder mangelnde Intelligenz gewesen sein, wenn diese durch Hegel geschulten Schüler das absolute Wissen des Absoluten diskreditierten und vom ›Verwesungsprozeß des absoluten Geistes‹ sprachen, weil ihnen die Rede vom Göttlichen, Ewigen, Unendlichen und Absoluten nicht mehr einleuchtend und glaubwürdig war« (S. 15).

Sicher versteht sich, wie *Simon* in einem Diskussionsbeitrag zu dieser Frage gegen Löwith zu bedenken gibt, die Hegelsche Philosophie als Auseinandersetzung mit einer bestimmten, ihr vorgegebenen philosophiehistorischen Situation, die durch Kant geprägt ist und in deren Kontext Begriffe wie »Geist«, absoluter Geist« etc. »eine ganz konkrete und präzise Bedeutung« bekommen (vgl. »Hegel-Bilanz«, S. 35 f.). Andererseits steckt in diesen Begriffen jedoch *auch* das »befremdlich Weltanschauliche«, das sie – meines Erachtens nicht nur für die Junghegelianer – gehabt haben, und es wäre ein museales Verhältnis zur Philosophie, wollte man die junghegelianischen Problematisierung des grundsätzlichen Verhältnisses von Philosophie und Geschichte insgesamt übergehen.

Literatur

Bauer, Bruno: Feldzüge der reinen Kritik. Hrsg. von Hans Martin *Sass*, FfM 1968.
Feuerbach, Ludwig: Werke in sechs Bänden. Hrsg. von Erich *Thies*, FfM 1975 (= Suhrkamp Theorie-Werkausgabe).
ders.: Vorlesungen über die Geschichte der neueren Philosophie. Bearbeitet von Carlo *Ascheri* und Erich *Thies*, Darmstadt 1974.
Hallische und Deutsche Jahrbücher 1838–1843. Reprographischer Nachdruck Glashütten/Ts 1971. 8 Bde., mit einer Einführung von Ingrid *Pepperle* und einer Einleitung zur Neuherausgabe von Heinz-Joachim *Heydorn*.
Hess, Moses: Sozialistische Aufsätze 1841–47. Hrsg. von Theodor *Zlocisti*. Berlin 1921.
Löwith, Karl (Hrsg.): Die Hegelsche Linke. Stuttgart-Bad Cannstatt 1962.

Brazill, William J.: The Young Hegelians. New Haven/London 1970.
Bubner, Rüdiger: Theorie und Praxis – eine nachhegelsche Abstraktion. FfM 1971.
Cesa, Claudio: Studi sulla sinistra hegeliana. Urbino 1972.
DZfPh, Heft 9: Zum Hundertsten Todestag Ludwig Feuerbachs. 20. Jahrgang, Berlin 1972.
Jaeschke, Walter: Feuerbach redivivus. Eine Auseinandersetzung mit der gegenwärtigen Forschung im Blick auf Hegel. In: HST 13 (1978), S. 199–237. [Sammelrezension]
Koch, Lothar: Humanistischer Atheismus und gesellschaftliches Engagement. Bruno Bauers ›Kritische Kritik‹. Stuttgart 1971.
Köster, Udo: Literarischer Radikalismus. Zeitbewußtsein und Geschichtsphilosophie in der Entwicklung vom jungen Deutschland zur Hegelschen Linken. FfM 1972.
Löwith, Karl: Aktualität und Inaktualität Hegels. In: Hegel-Bilanz. Hrsg. von Reinhard *Heede* und Joachim *Ritter*, FfM 1973.
Schmidt, Alfred: Emanzipatorische Sinnlichkeit. Ludwig Feuerbachs anthropologischer Materialismus. München 1973.
Simon, Joseph: Zum Problem einer ›Philosophie der Tat‹. Texte und Literatur zur nachhegelschen Philosophie im 19. Jahrhundert. In: HST 3 (1965), S. 297–320 [Sammelrezension].
Stuke, Horst: Philosophie der Tat. Studien zur »Verwirklichung der Philosophie« bei den Junghegelianern und den wahren Sozialisten.

Stuttgart 1963. [Dort sehr reiche bibliographische Angaben zur Primär- und Sekundärliteratur der Epoche.]
Thies, Erich: Philosophie und Wirklichkeit. Die Hegelkritik Ludwig Feuerbachs. In: *ders.* (Hrsg.): Ludwig Feuerbach. Darmstadt 1976 (= Wege der Forschung Bd. 438), S. 431–482.

4. Hegel im Denken von Marx und Engels

In der philosophischen und politischen Diskussion gibt es wohl kaum ein »Verhältnis« zweier Denker, das so umstritten wäre wie das von *Hegel und Marx.* Die Spannweite der – von höchst unterschiedlichen Motiven ausgehenden – Interpretationen reicht von einer letztlichen *Identifikation* beider Denker über das häufig anzutreffende Aufspüren eines »geheimen Hegelianismus« bei Marx bis zur Diagnose eines radikalen »epistemologischen *Bruchs«* (so Althusser), der den reifen Marx von aller vorhergehenden Philosophie und damit auch der Hegelschen trenne. Dabei wird die Differenz der Interpretationen mitverursacht von drei wiederum oft zusammengehörenden Faktoren:
- Auf welche Epoche des Marxschen Denkens legt der Interpret das Hauptgewicht? Ist ihm der »junge Marx« oder die »Kritik der politischen Ökonomie« wichtiger, bzw. wie beurteilt er den Zusammenhang der gedanklichen Entwicklung von Marx? (So stellte die erste vollständige Publikation der »Pariser Manuskripte« im Jahre 1932 einen bedeutenden Einschnitt in der Diskussion um das Verhältnis Marx/Hegel dar.)
- Wie werden die Aussagen von Marx und Engels über ihr Verhältnis zu Hegel beurteilt? (Es liegen zahlreiche Selbsteinschätzungen vor – übernimmt der Interpret das Selbstverständnis unbefragt, oder mißt er es an den materialen Arbeiten?)
- Der gegenwärtige »reale Sozialismus« beansprucht, die Intentionen seiner Begründer – zumindest teilweise – verwirklicht zu haben und beansprucht dabei auch die gültige Interpretation ihres Denkens. In jede Diskussion zum Komplex Marx/Engels/Hegel gehen daher offen oder indirekt die Erfahrungen mit der Praxis der sozialistischen Länder ein.

Angesichts der Fülle der nur in diesen drei Punkten angegebenen Probleme wäre es vermessen, hier einen auch nur annähernd erschöpfenden Überblick über die Diskussion Marx/Engels/Hegel – letztlich eine Diskussion um den Begriff einer »materialistischen Dialektik« – geben zu wollen. Es sollen lediglich in einem knappen, an der gedanklichen Entwicklung von Marx ausgerichteten Aufriß Hinweise auf einige Grundmotive der Hegelkritik gegeben werden, die sich primär an den Aussagen von Marx orientieren. Ein ausführlicher Nachvollzug der Entwicklung von Marx und Engels bis 1845 liegt mit den beiden sehr materialreichen Bänden von A. *Cornu* vor.

a) Etappen der Marxschen Hegelkritik

Als Marx nach kurzem Studium in Bonn sich im Herbst 1836 an der juristischen Fakultät Berlin immatrikuliert, gerät er rasch in den Sog der Auseinandersetzungen um die Hegelsche Philosophie, deren profilierteste Exponenten er etwa in E. *Gans* (→ S. 102), bei dem er eine Vorlesung über Kriminalrecht hörte, persönlich kennenlernt (Cornu weist auf den Einfluß hin, den vermutlich die Anschauungen von Gans etwa bezüglich der Konstanz von Klassenverhältnissen in der Geschichte auf Marx ausgeübt haben werden.) Ein gutes Zeugnis seiner Entwicklung stellt der berühmte »Brief an den Vater« vom 10. Nov. 1837 dar, der nach einjährigem Aufenthalt eine Art Zwischenbilanz der Berliner Erfahrungen zieht (in: MEW Ergänzungsband I, S. 3–12). Bereits in diesem frühen Dokument zeigt sich eine starke Ambivalenz gegenüber Hegel: Der junge Marx, der sich zu dieser Zeit mit zahlreichen philosophischen und rechtsmetaphysischen Entwürfen herumschlägt, schreibt: »Ich hatte Fragmente der Hegelschen Philosophie gelesen, deren groteske Felsenmelodie mir nicht behagte« (S. 8). Während einer längeren Krankheit lernt er Hegel »von Anfang bis Ende, samt den meisten seiner Schüler« kennen und eignet sich die Hegelsche Philosophie als Mitglied des sog. »Doktorklubs«, einem Kreis junghegelianischer Intellektueller, intensiv an: »Hier im Streite offenbarte sich manche widerstrebende Ansicht, und immer fester kettete ich mich an die jetzige Weltphilosophie, der ich zu entrinnen gedachte« (S. 10).

Wie sehr der junge Marx akzeptiert hatte, die Hegelsche »Weltphilosophie« als bestimmenden Bezugspunkt anzuerkennen, zeigt eine Reflexion aus den »Heften zur epikureischen, stoischen und skeptischen Philosophie« (1838/39), die Marx für seine Doktorarbeit anlegte. Er parallelisiert hier nämlich die eigene historische Situation *nach* einer »in sich totalen Philosophie« mit den Systemen der griechischen Philosophie, die auf Aristoteles folgten. Beide Male »wendet sich die Philosophie, die zur Welt sich erweitert hat, sich gegen die erscheinende Welt«, und beide Male kehrt sich »ihre objektive Allgemeinheit [...] um in subjektive Formen des einzelnen Bewußtseins, in denen sie lebendig ist« (MEW Erg. Bd. I, S. 215). Der hier anklingende Einfluß von B. *Bauer* (→ S. 114 f.), dem führenden Kopf des »Doktorklubs«, mit dem Marx engen Kontakt hatte, zeigt sich noch deutlicher in der Dissertation über die »Differenz der demokritischen und epikureischen Naturphilosophie« (1840/41). Die antiken Spätsysteme werden hier explizit als »Philosophen des Selbstbewußtseins« bezeichnet (S. 309), die den »Schlüssel zur wahren Geschichte der griechischen Philosophie« bieten (262). Anläßlich der moralischen Reflexionen Plutarchs nimmt Marx zu einer zentralen Frage der Hegelschule Stellung. Er distanziert sich entschieden von der »bloßen Ignoranz« vieler Hegelschüler, die Teile seiner Philosophie »aus Akkommodation«, als bewußte Inkonsequenz erklären. Gegenüber dieser »unphilosophischen Wendung« müsse echte philosophische Kritik tiefer gehen und aufzeigen,

»daß die Möglichkeit dieser scheinbaren Akkommodation in einer Unzulänglichkeit oder unzulänglichen Fassung seines Prinzips selber ihre innerste Wurzel hat [...]. Es wird nicht das partikulare Gewissen des Philosophen verdächtigt, sondern seine wesentliche Bewußtseinsform konstruiert, in eine bestimmte Gestalt und Bedeutung erhoben und damit zugleich darüber hinausgegangen« (327).

Das in der Dissertation dauernd präsente Thema des *Verhältnisses der Philosophie zur Welt* faßt Marx an gleicher Stelle sehr differenziert und umfassend: Welt und Philosophie (als nach der theoretischen Vollendung freigewordener *Wille*) treten einander in der Weise gegenüber, daß das Philosophisch-Werden der Welt zugleich ein Weltlich-Werden der Philosophie, ihren tendenziellen Verlust in der Verwirklichung bedeutet. Von der Seite des philosophischen Selbstbewußtseins zeigt sich dieser Gegensatz als »zweischneidige Forderung« gegen die Welt einerseits, gegen die Fesseln der »plastischen Sich-selbst-Gleichheit des Systems« andererseits. Als letzte Konsequenz nach ihrer Vollendung ergibt sich ihr Zerfall in zwei sich extrem gegenüberstehende Philosophien, die Marx global als »liberale Partei« (Seite der Kritik) und »positive Philosophie« (Seite der Weltzugewandtheit) bezeichnet.

In der Doktorarbeit arbeitet Marx also seine eigene philosophiehistorische Situation vom Standpunkt eines atheistischen Junghegelianers auf, der sich in der Einschätzung bestimmter Philosophien von Hegel unterscheidet, da er – und auf diesen

Punkt weist Zelený nachdrücklich hin – das Prinzip der Spekulation nicht als obersten Bewertungsmaßstab anerkennt (»Die Wissenschaftslogik«, S. 274 f.; vgl. MEW Erg. Bd. I, S. 262).

Die zweite Phase des Verhältnisses von Marx zu Hegel steht stark unter dem Einfluß von *Feuerbach* (→ S. 111 ff.). Etwa im Juli 1841 hatte Marx »Das Wesen des Christentums« rezipiert; 1843 erschienen Feuerbachs »Vorläufige Thesen zur Reformation der Philosophie«, in denen gleich zu Beginn das zentrale Motiv der »Umkehrung« der Hegelschen Philosophie als »Methode der reformatorischen Kritik der *spekulativen Philosophie überhaupt*« auftaucht:

»Wir dürfen nur immer das *Prädikat* zum *Subjekt* und so als *Subjekt* zum *Objekt* und *Prinzip* machen – also die spekulative Philosophie nur *umkehren*, so haben wir die unverhüllte, die pure, blanke Wahrheit« (SW III, S. 224).

In seiner nur fragmentarisch erhaltenen »Kritik des Hegelschen Staatsrechts« (März–August 1843) wendet Marx diesen Ansatz auf die Hegelsche Rechtsphilosophie an, indem er die Paragraphen 261–313 (Das innere Staatsrecht) einer detaillierten Kritik unterzieht. Diese Arbeit ist sehr wichtig, da Marx hier mit ungeheurem Selbstbewußtsein grundlegende und zum Teil bleibende Einschätzungen Hegels zum ersten Mal entwickelt. Bereits im ersten Paragraphen des erhaltenen Manuskripts setzt er an der Frage des Verhältnisses von bürgerlicher Gesellschaft und Staat an, da Hegel den Staat hier zugleich als äußerliche Notwendigkeit *und* immanenten Zweck der bürgerlichen Gesellschaft bestimmt, was Marx – wohl bewußt kantisch – als »ungelösten Antinomie« bezeichnet (MEW Bd. I, S. 206). Die Analyse des »Übergangs« beider Sphären führt Marx sogleich zu einem Zentralmotiv seiner Idealismuskritik: Der Übergang gelingt Hegel, weil er ihn aus dem »*allgemeinen* Verhältnis von *Notwendigkeit* und *Freiheit* herleitet« (208), zum Ausgangspunkt des Erkennens also die *Logik* nimmt und diese äußerlich auf die je verschiedenen Bereiche der Wirklichkeit anwendet: »Nicht die Logik der Sache, sondern die Sache der Logik ist das philosophische Moment« (216). »*Begreifen*«, formuliert Marx als methodologische Gegenthese, »besteht aber nicht, wie Hegel meint, darin, die Bestimmungen des logischen Begriffs überall wiederzuerkennen, sondern die eigentümliche Logik des eigentümlichen Gegenstandes zu fassen« (296).

Von dieser Position aus kritisiert Marx das Hegelsche Denken grundsätzlich als »Mystifikation«, als Verkehrung, die die »Idee« zum Subjekt macht und die eigentlichen Subjekte zum Prädikat, zu Objekten der Logik. Daher nimmt Marx in seiner Analyse mit der »Betrachtungsweise« auch eine beständige Korrektur der »Sprechweise« vor (vgl. S. 206); er »übersetzt« sie »zu deutsch« und versucht den Inhalt der spekulativen Betrachtungsweise »rationell« wiederzugeben. Dabei stößt er – und dies stellt einen weiteren wichtigen Kritikpunkt dar – auf einen unkritischen »*Empirismus*« Hegels, da die Spekulation sich ja beständig auf die empirische Wirklichkeit bezieht, »wie sie ist« (207), ihr aber die »*Bedeutung* der verwirklichten Idee« beilegt und der Welt auf diese Weise ein »philosophisches Attest« ausstellt (241). Marx läßt sich also nicht auf die Hegelsche Argumentation ein, die in der Welt der »Erscheinung« durchaus »Zufälligkeit«, Unvernunft, »faule Existenz« konzediert (vgl. z. B. *Enzyklopädie,* § 6), sondern bezeichnet hier gerade als Hegels »Hauptfehler«, »daß er den *Widerspruch der Erscheinung* als *Einheit im Wesen, in der Idee* faßt, während er allerdings ein Tieferes zu seinem Wesen hat, nämlich einen *wesentlichen Widerspruch*« (295 f.).

In dem programmatischen Aufsatz »Zur Kritik der Hegelschen Rechtsphilosophie. Einleitung« (geschrieben Ende 1843–Anfang 1844), den Marx in den zusammen mit Ruge herausgegebenen »Deutsch-französischen Jahrbüchern« (1844) in Paris veröffentlichte, beschreibt er die deutsche, speziell die Hegelsche Philosophie als einzigen adäquaten Beitrag Deutschlands zur Moderne; ihre Kritik ist zugleich Kritik der Verhältnisse, die sie hervorbrachten. Nach seiner Hinwendung zum Kommunismus sieht er jetzt im Proletariat die Klasse, deren Aufhebung als besondere Klasse allein das Programm der »Verwirklichung der Philosophie« einlösen kann (MEW I, 391). Wie wichtig Marx die philosophische Kritik als Beitrag zu diesem Emanzipationsprozeß nimmt, zeigt die Vorrede der sog. »Ökonomisch-philosophischen Manuskripte«, die im Sommer 1844 in Paris entstanden. Marx beabsichtigte damals, die einzelnen Bereiche der Hegelschen Philosophie (Recht, Moral, Politik etc.) in verschiedenen selbständigen Broschüren abzuhandeln und den Zusammenhang der verschiedenen Bereiche in einer umfassenden »Kritik der spekulativen Bearbeitung jenes Materials zu geben« (MEW Erg. Bd. I, 467). Diese Absicht wurde nicht ausgeführt; dafür unterzieht Marx im Schlußkapitel die Hegelsche Dialektik einer generellen Kritik, die jedoch – immer noch von Feuerbach ausgehend – gegenüber der

»Kritik des Hegelschen Staatsrechts« viele Ansatzpunkte einer Neubewertung enthält. Der Ausgangspunkt der Kritik an der *Phänomenologie* – »der wahren Geburtstätte und dem Geheimnis der Hegelschen Philosophie« (571) – ist dabei die Reduktion des Menschen auf das (Selbst)Bewußtsein und die Reduktion der gegenständlichen Welt auf ebenso abstrakte, dem Bewußtsein nur scheinbar entgegengesetzte »Gedankenprodukte«. Marx begreift diese Reduktion als Mystifikation des philosophischen Bewußtseins, die in der Teilung von geistiger und körperlicher Arbeit wurzelt: »Der *Philosoph* legt sich – also selbst eine abstrakte Gestalt des entfremdeten Menschen – als den *Maßstab* der entfremdeten Welt an« (572).

Von der Entfremdungsproblematik der »Pariser Manuskripte« her schätzt Marx jedoch die Absicht der *Phänomenologie* sehr hoch ein, da er sie jetzt gleichsam als mystifizierendes Modell des Prozesses der menschlichen Entfremdung und ihrer Aufhebung liest:

»Das Große an der Hegelschen Phänomenologie und ihrem Endresultate – der Dialektik der Negativität als dem bewegenden und erzeugenden Prinzip – ist also [...], daß Hegel die Selbsterzeugung des Menschen als einen Prozeß faßt, [...] daß er also das Wesen der *Arbeit* faßt und den gegenständlichen Menschen, wahren, weil wirklichen Menschen, als Resultat seiner *eigenen Arbeit* begreift« (574).

»Die ›Phänomenologie‹ ist daher die verborgne, sich selbst noch unklare und mystifizierende Kritik; aber insofern sie die *Entfremdung* des Menschen – wenn auch der Mensch nur in der Gestalt des Geistes erscheint – festhält, liegen in ihr *alle* Elemente der Kritik verborgen und oft schon in einer weit den Hegelschen Standpunkt überragenden Weise *vorbereitet* und *ausgearbeitet*« (573).

In diesen beiden Zitaten zeigt sich als Grundbestimmung des Verhältnisses von Marx zu Hegel, daß Hegel – für Marx – *in falscher Form, von falschen Prämissen her zu richtigen und höchst wichtigen Einsichten gelangt ist*. Marx liest daher auch die *Logik* als Produkt der Entfremdung, dessen positive Leistung in der zusammenfassenden, »kreisenden« Darstellung der menschlichen Abstraktionsformen besteht und damit ebenso ihre zusammenfassende Kritik vorbereitet und ermöglicht (vgl. S. 585 f.). In einem weiteren Gedankenschritt parallelisiert Marx das Hegelsche Denken mit dem »Standpunkt der modernen Nationalökonomen. Er erfaßt die *Arbeit* als das *Wesen*, als das sich bewährende Wesen des Menschen; er sieht nur die positive Seite der Arbeit, nicht die negative« (574). Diese Betrachtungsweise liegt jedoch im Ansatz des philosophischen Bewußtseins, in der spezifischen Abstraktion des spekulativen Denkens und ist so *notwendig falsches Bewußtsein*. »Von einer Akkommodation Hegels gegen Religion, Staat etc.«, kommt Marx auf die Bemerkung der Doktordissertation zurück, »kann also keine Rede mehr sein, da diese Lüge die Lüge seines Prinzips ist« (581).

In der folgenden Phase der Entwicklung von Marx und Engels, die zur Konzeption des historischen Materialismus führt, steht die Auseinandersetzung mit *Feuerbach* und den *Junghegelianern* (vor allem Bauer und Stirner) im Vordergrund, da sie jetzt die Mystifikationen der »Philosophie des Selbstbewußtseins« als gefährlichsten Feind des »realen Humanismus« betrachten. In dieser Kritik ist jedoch ein ständiger Bezug auf Hegel vorhanden: »Was wir in der *Bauerschen* Kritik bekämpfen, ist eben die als *Karikatur* sich reproduzierende *Spekulation*« (Vorrede zur »Heiligen Familie«, MEW Bd. 2, S. 7). Bei allen Aussagen über Hegel in der »Heiligen Familie« (1844), der »Deutschen Ideologie« (1845/46) und dem »Elend der Philosophie« (1846/47) ist daher – und dieser Gesichtspunkt wurde häufig unterschlagen – der *polemische Kontext* zu beachten, in dem sie stehen und in dem die Hegelkritik meist sehr *pauschal* erscheint. Das durchgängige Band der Kritik zielt auf den »Hegelschen Wunderapparat«, der die Kategorien der *Logik* usurpatorisch auf die wirklichen Verhältnisse anwendet. *Proudhons* Methode der politischen Ökonomie etwa, in der die ökonomischen Kategorien »nach der Folge der Ideen«, nach ihrer »Gliederung in der Vernunft« angeordnet werden (MEW Bd. 4, S. 126), ist »angewandte Metaphysik«, ist »Hegelsches abgedroschenes Zeug«, wie es in dem Brief an Annenkow heißt (ebenda, S. 549).

Gegenüber den junghegelianischen Epigonen aber gibt Hegel »der spekulativen Erbsünde zum Trotz an vielen Punkten die Elemente einer wirklichen Charakteristik der menschlichen Verhältnisse« (MEW Bd. 2, S. 205; vgl. S. 63). Von einem anderen Aspekt her zeigt sich diese positive Wertung in dem berühmten Satz der ersten Feuerbachthese, die als Hauptmangel des bisherigen Materialismus sein kontemplatives Verhältnis zur Wirklichkeit kritisiert: »Daher die *tätige* Seite abstrakt im Gegensatz zu dem Materialismus von dem Idealismus – der natürlich die wirkliche, sinnliche Tätigkeit als solche nicht kennt – entwickelt« (MEW Bd. 3, S. 5).

Der *polemische* Kontext gegenüber dem Idealismus ist vor

allem auch in den positiven Aussagen der »Deutschen Ideologie« über den Historischen Materialismus präsent (z. B. zum Verhältnis von »Sein« und »Bewußtsein«, MEW Bd. 3, S. 26 f. u. ö.). So identifizieren Marx und Engels in einem gestrichenen Passus der Vorrede den deutschen Idealismus pauschal mit der »Ideologie aller anderen Völker«, die (z. B. in der religiösen Bewußtseinsform) die wirkliche Welt als von Ideen beherrscht betrachtet (S. 14). Diesem Idealismus gegenüber entwickelt die »Deutsche Ideologie« das Programm einer neuen »Wissenschaft der Geschichte«, die die Darstellung des »praktischen Entwicklungsprozesses der Menschen« in Angriff nimmt und alles bisherige Philosophieren gegenstandslos macht:

> »Die selbständige Philosophie verliert mit der Darstellung der Wirklichkeit ihr Existenzmedium. An ihre Stelle kann höchstens eine Zusammenfassung der allgemeinsten Resultate treten, die sich aus der Betrachtung der historischen Entwicklung des Menschen abstrahieren lassen. Diese Abstraktionen haben für sich, getrennt von der wirklichen Geschichte, durchaus keinen Wert« (MEW Bd. 3, S. 27).

Man kann mit *Krahl* die Hegelkritik des jungen Marx zusammenfassend als Phase einer »nominalistischen« Kritik der idealistischen Abstraktion bezeichnen, die sich vor allem auf die »usurpatorische Gewalt der absoluten Methode« konzentriert (»Zur Wesenslogik der Marxschen Warenanalyse«, S. 31). Bereits in der »Deutschen Ideologie« findet sich jedoch eine für die weitere Entwicklung von Marx bemerkenswerte Feststellung: »Die Schwierigkeit beginnt im Gegenteil erst da, wo man sich an die Betrachtung und Ordnung des wirklichen Materials, sei es einer vergangenen Epoche oder der Gegenwart, an die wirkliche Darstellung gibt« (S. 27).

Im Gefolge seiner intensiven Auseinandersetzung mit der politischen Ökonomie und dem Versuch, als *Kritik* dieser politischen Ökonomie die systematische Darstellung des Gesamtzusammenhangs der bürgerlichen Gesellschaft in Angriff zu nehmen, kommt es bei Marx zu einer sog. *zweiten Hegelrezeption,* die zu einer wesentlich differenzierteren Beurteilung der Hegelschen Abstraktionsleistungen gelangt. Marx schreibt im Januar 1858 an Engels:

> »Übrigens finde ich hübsche Entwicklungen. Z. B. die ganze Lehre vom Profit, wie sie bisher war, habe ich über den Haufen geworfen. In der *Methode* des Bearbeitens hat es mir großen Dienst geleistet, daß ich by mere accident [...] *Hegels* Logik wieder durchgeblättert hatte. Wenn je wieder Zeit für solche Arbeiten kommt, hätte ich gro-

ße Lust, das *Rationelle* an der Methode, die *Hegel* entdeckt, aber zugleich mystifiziert hat, dem gemeinen Menschenverstand zugänglich zu machen« (MEW Bd. 29, S. 260).

Da Marx zu dieser Arbeit nie gekommen ist, blieb die Beziehung zwischen der »Kritik der politischen Ökonomie« und dem Hegelschen Denken, sieht man von wenigen Ausnahmen (vor allem *Lukács* und *Lenin*) ab, sehr lange Zeit verschüttet. Ein grundlegend neues Bild ergab sich erst durch die systematische Erforschung der Entstehungsgeschichte des »Kapitals« in den sechziger Jahren (Wygodski, Tuchscheerer, Rosdolsky, Morf), die sich vor allem auf die sog. »Grundrisse der Kritik der politischen Ökonomie« konzentrierte. (Dieses umfangreiche Manuskript aus dem Jahre 1857/58 – auch »Rohentwurf« genannt – wurde erst 1939 in Moskau publiziert, konnte aber wiederum erst durch den Nachdruck Berlin 1953 einer breiteren Rezeption zugänglich gemacht werden.) In den mit Gedankenexperimenten beladenen »Grundrissen« nimmt Marx eine umfassende Aufarbeitung der politischen Ökonomie der bürgerlichen Gesellschaft vor und gelangt dabei – in ständiger Auseinandersetzung mit Hegel – zu einer grundlegenden Verständigung über die *Methode* der Kritik der politischen Ökonomie. Es ist das Verdienst von *Rosdolsky*, immer wieder auf den Einfluß Hegels in den »Grundrissen« aufmerksam gemacht zu haben – sie werden geradezu »als ein großer Hinweis auf *Hegel*, und insbesondere auf dessen *Logik*« bezeichnet (»Entstehungsgeschichte«, S. 10). Dieser Einfluß zeigt sich schon rein terminologisch in der ständigen Benutzung Hegelscher Begriffe, die Marx bis zur Grenze ihrer Belastbarkeit strapaziert, um die Bewegung des Wertes in den verschiedenen Phasen seiner Realisierung adäquat zu beschreiben.

Solche Termini sind z. B. »Rückgang« in den »Grund«; »Grenze«, »Setzen«; der Wert als »Substanz«; das Kapital als »prozessierender Widerspruch«; der Tauschwert als »Mitte«, dessen Bewegung oder »Verhältnis, das als vermittelnd zwischen den Extremen *ursprünglich* erscheint, dialektisch dazu notwendig fortführt, daß es als Vermittlung mit sich selbst erscheint, als das Subjekt, dessen Momente nur die Extreme sind, deren selbständige Voraussetzung es aufhebt, um sich durch ihre Aufhebung als das allein Selbständige zu setzen« (S. 237); vgl. auch die sehr zahlreichen Verweise der Herausgeber auf Hegel. Diese etwa hundert Verweise stehen in stärkstem Kontrast zu Marxens *explizitem* Bezug auf Hegel, der nur siebenmal direkt erwähnt wird.

Gleichzeitig nimmt Marx aber auch eine Auseinandersetzung mit Hegels Methode vor, indem er ihre Berechtigung gerade durch die präzise Eingrenzung ihrer Möglichkeiten und ihres Geltungsbereiches zu bestimmen versucht (in dem berühmten Methodenkapitel am Anfang der »Grundrisse«, S. 21–29, aber auch an zahlreichen anderen Stellen; vgl. das kritische Ausprobieren der Figur des logischen Schlusses als Möglichkeit für die Bestimmung des Verhältnisses von Produktion, Distribution und Austausch S. 11; zur Grenze der idealistischen Form der Darstellung vgl. S. 69 u. 945).

Eine gute Charakterisierung der Entwicklung von Marx, wie sie sich in den »Grundrissen« niederschlägt, gibt *Krahl* in seinem wichtigen Aufsatz »Zur Wesenslogik der Marxschen Warenanalyse«: Gegenüber der frühen Hegelkritik bringt Marx

»zehn Jahre später, 1857 – vermittelt durch eine differenziertere Rezeption der Hegelschen Logik –, ohne seine frühere Kritik zu revozieren, auf deren Boden eine immanente Korrektur an. Die begriffliche Abstraktion wird nicht mehr nominalistisch der Inhaltsleere bezichtigt, sondern als ein Mittel verstanden, sich der komplexen Gegenstandswelt allererst zu vergewissern und die in ihrer Unmittelbarkeit abstrakten Anschauungen für das Denken zu konkretisieren« (S. 31; vgl. auch z. B. den Ausdruck »Gedankenkonkretum« in den »Grundrissen«, S. 22).

Am Problem des Verhältnisses von »Logischem« zu »Historischem« hat *Morf* diese methodologische Auseinandersetzung gut nachvollzogen: Bei Marx ist »Die Geschichte [...] zur Grenze des Begriffs geworden, zum Grenzbegriff des Begriffs. Nicht aber so, daß sich der Begriff des Begriffs in den Begriff der Geschichte auflöste, sondern so, daß der Begriff nur im Spannungsfeld des Geschichtlichen konkreter Begriff und immerwährender Bezug des Subjekt-Objekt-Verhältnisses wird« (»Geschichte und Dialektik«, S. 221).

Begünstigt wurde die »stiefmütterliche« Behandlung (Rosdolsky) der Beziehung zu Hegel in der ökonomischen Theorie neben dem augenfälligen »terminologischen Abstand« zwischen »Grundrissen« und »Kapital« (Morf, S. 220) durch die Tatsache, daß Marx – worauf die neuere Forschung nachdrücklich hingewiesen hat – »keineswegs ein zureichendes Bewußtsein seiner eigenen Verfahrensweise besaß« (Reichelt, S. 75). So nennt A. *Schmidt* die Marxsche »Redeweise« in dessen Nachwort zur zweiten Auflage des »Kapital« schlicht »völlig irreführend« (»Zum Erkenntnisbegriff«, S. 32). Marx, der selbst beklagte, daß die im »Kapital« angewandte Methode »wenig verstanden worden« sei (MEW Bd. 23, S. 25), spricht an derselben Stelle davon, daß er im Kapitel über die Werttheorie »hier und da« mit der Hegelschen Ausdrucksweise »kokettiert« habe. Dem widerspricht bereits die Dialektik der wichtigsten Begriffe am Anfang des »Kapitals« selbst (vgl. hierzu die Arbeit von Reichelt, bezüglich Hegels bes. S. 73 ff.: »Allgemeine Aspekte des Kapitalbegriffs«); *Lenin* formulierte daher bei der Lektüre der Hegelschen *Logik* den berühmten Aphorismus:

»Man kann das ›Kapital‹ von Marx und besonders das I. Kapitel nicht vollständig begreifen, ohne die *ganze* Logik von Hegel durchstudiert und begriffen zu haben. Folglich hat nach einem halben Jahrhundert nicht ein Marxist Marx begriffen!!« (Werke Bd. 38, S. 170)

Diese Feststellung berührt das Problem einer möglichen »strukturellen Identität zwischen Kapital – und Geistbegriff« (Reichelt, S. 76; vgl. dazu die Aufsätze und Diskussion in »100 Jahre Kapital«), das wiederum zu der Frage führt, »inwieweit nicht die spezifische Beschaffenheit der bürgerlichen Gesellschaft, die real letztlich auch der Hegelschen Philosophie zugrundeliegt, zu Vorstellungen etwa von ›daseiender Abstraktion‹ nötigt« (Schmidt in »100 Jahre Kapital«, S. 26). So stellte *Krahl* die These auf: »Die Hegelsche Logik ist nach Marx die metaphysische Verkleidung der Selbstbewegung des Kapitals« (»Bemerkungen...«, S. 197). Einen Versuch, jetzt wiederum die Hegelsche *Logik* aus der Perspektive der »Grundrisse« und des »Kapitals« zu lesen, hat *De Giovanni* vorgelegt, indem er von Marx her Hegels *Logik* epistemologisch im Kontext der Realabstraktion der bürgerlichen Gesellschaft interpretiert.

Eine extrem entgegengesetzte Interpretation des Verhältnisses von Marx und Hegel haben *Althusser* und seine Schule ausgearbeitet. Althusser sieht in der Entwicklung des historischen Materialismus in der »Deutschen Ideologie« den entscheidenden »wissenschaftstheoretischen Einschnitt« und unterteilt von daher das Marxsche Werk in »zwei wesentliche große Perioden: die noch ›ideologische‹ Periode vor 1845, und die ›wissenschaftliche‹ Periode nach dem Einschnitt von 1845« (»Für Marx«, S. 33). Bestimmend für die These des »radikalen Bruchs« mit Hegel ist dabei natürlich Althussers Hegel-Bild: Hegels Begriff der Totalität z. B. ist nach Althusser eine Totalität »geistigen« Typs, in der keine wirklichen Unterschiede bestehen, »in der jedes Element *pars totalis* ist, und in der die sichtbaren Sphären nur die entfremdeten und wiederhergestellten Entfaltungen des besagten inneren Prinzips sind« (»Für Marx«, S. 150). Über diese – auch im heutigen Denken noch häufig zu findende – Totalitätskonzeption sei Marx in einer »theoretischen Revolution« hinausgegangen.

Dieser Ansatz, den Althusser u. a. in »Das Kapital lesen« ausführlich dargestellt haben, hat heftige Kritik hervorgerufen, in Deutschland formuliert etwa in dem wichtigen Aufsatz von A. *Schmidt*, »Der strukturalistische Angriff auf die Geschichte«. Schmidt kritisiert u. a. die »Tendenz des ›strukturalisierten Marxismus‹, jedes sachliche Fortwirken Hegels im »Kapital« zu leugnen, nur um ja dem Marxschen Unternehmen den Glanz radikalen Neubeginns verleihen zu können« (S. 205; vgl. auch die ausführliche Kritik in »Geschichte und Struktur«, bes. S. 76 ff.: »Recht und Unrecht der strukturalistischen Marx-Interpretation«). Auf die weitere Diskussion dieses Komplexes, die in zentrale Fragen der marxistischen Theoriebildung hineinreicht, kann hier nur hingewiesen werden (so hat Althusser seinen Ansatz inzwischen in einigen Punkten modifiziert). Grundsätzlich ist festzuhalten, daß die Rolle Hegels in der Kritik der politischen Ökonomie und von dieser aus wiederum die Interpretation der Hegelschen Philosophie von marxistischen Ansätzen her in keiner Weise als abgeschlossen betrachtet werden können. Jeder Versuch jedoch, das Verhältnis Marx-Hegel »philosophisch«, *ohne* Miteinbeziehung der Kritik der politischen Ökonomie zu diskutieren, muß meines Erachtens angesichts des heute erreichten Diskussionsstands von vornherein als gescheitert betrachtet werden.

b) Der späte Engels und die Dialektik

Da das Verhältnis Marx/Hegel und damit zusammenhängend der Begriff der »Dialektik« bei Marx wegen der unzureichenden expliziten Äußerungen nur auf dem Weg philosophischer Rekonstruktion geklärt werden kann, wurde die Art der Bezugnahme auf Hegel, wie sie bei dem späten Engels vorliegt, für die marxistische Tradition bis heute besonders folgenreich. Engels, der sich schon während seiner kaufmännischen Ausbildung in Bremen (1838/41) mit der Hegelschen Philosophie befaßt hatte, wurde im Laufe seines Berliner Aufenthaltes (1841/42) zu einem entschiedenen Anhänger der junghegelianischen Bewegung. Dies zeigt sich deutlich etwa in der polemischen Streitschrift »Schelling und die Offenbarung« (1842), in der er – typisch junghegelianisch – zwischen progressiven Prinzipien und »illiberalen« Folgerungen bei Hegel unterscheidet und die Hegelsche Dialektik von der Bauerschen Philosophie des Selbstbewußtseins her als »Bewußtsein der Menschheit im reinen Denken« auffaßt (MEW Erg. Bd. II, bes. S. 217–21).

Mit der Hinwendung zum Kommunismus unter dem Einfluß von Moses Hess und dem Beginn der lebenslangen Freundschaft mit Marx (1845) entwickeln beide in einer Periode engster Zusammenarbeit die Grundzüge des historischen Materialismus (zu Engels' Anteil vgl. seine Anmerkung in MEW Bd. 21, S. 291 f.). Parallel dazu steht bei beiden ein großes Interesse an den Naturwissenschaften als »notwendige Konsequenz aus der Erkenntnis, daß Menschheits- und Naturgeschichte eine Einheit in ihrer Verschiedenheit bilden, die sich in der praktischen Auseinandersetzung der Menschen mit der Natur vollzieht« (Dudek, S. 134). Während Marx dann in den folgenden Jahren die systematische Aufarbeitung der politischen Ökonomie angeht, liegt – im Sinne einer gewissen »Arbeitsteilung« – bei Engels der Schwerpunkt des Interesses auf den Naturwissenschaften. A. *Schmidt* hat darauf hingewiesen, daß Engels sich »schon seit dem Jahre 1858 mit dem Versuch einer dialektischen Durchdringung der Naturwissenschaften beschäftigt« (»Der Begriff der Natur«, S. 46). Dieser Versuch wird – interessanterweise im gleichen Jahre wie bei Marx – ebenfalls von einer »zweiten Hegelaneignung« (Schmidt) begleitet (vgl. den Brief an Marx vom 14. Juli 1858, in dem Engels um die Übersendung der Hegelschen Naturphilosophie bittet – MEW Bd. 29, S. 337). In Abgrenzung gegenüber den vulgärmaterialistischen und philosophiefeindlich-empiristischen Strömungen seiner Zeit geht es Engels um eine materialistische Konzeption der Naturwissenschaften, die sich auf der Höhe des idealistischen Reflexionsniveaus bewegt und sich zugleich in ihrem Zusammenhang mit den Geschichts- und Gesellschaftswissenschaften begreift. Das Problem bei der Einlösung dieses hohen Anspruchs besteht allerdings – wie kritisch gegen Engels eingewandt wurde – in der Tatsache, daß er – ganz im Unterschied zu Marx – »Dialektik« im Sinne positiv formulierbarer »Gesetze« versteht, die, durch *Abstraktion* aus den Bereichen der Natur, der Gesellschaft des Denkens gewonnen, für diese Bereiche Gültigkeit im Sinne allgemeinster »Entwicklungsgesetze« besitzen sollen. So formuliert Engels im Vorwort zur zweiten Auflage des »Anti-Dühring« (1876/78) als gemeinsame Grundüberzeugung,

»daß in der Natur dieselben dialektischen Bewegungsgesetze im

Gewirr der zahllosen Veränderungen sich durchsetzen, die auch in der Geschichte die scheinbare Zufälligkeit der Ereignisse beherrschen; dieselben Gesetze, die, ebenfalls in der Entwicklungsgeschichte des menschlichen Denkens den durchlaufenden Faden bildend, allmählich den denkenden Menschen zum Bewußtsein kommen; die zuerst von Hegel in umfassender Weise, aber in mystifizierter Form entwickelt worden, und die aus dieser mystischen Form herauszuschälen und in ihrer ganzen Einfachheit und Allgemeingültigkeit klar zur Bewußtheit zu bringen, eine unserer Bestrebungen war« (MEW Bd. 20, S. 11).

Als die drei wichtigsten dialektischen »Gesetze« nennt Engels in der unvollendet gebliebenen »Dialektik der Natur« (1873/83) »das Gesetz des Umschlagens von Quantität in Qualität und umgekehrt; das Gesetz von der Durchdringung der Gegensätze; das Gesetz von der Negation der Negation« (MEW Bd. 20, S. 348).

Wenn Engels auch »kein Handbuch der Dialektik« schreiben wollte, geht es ihm um den positiven Nachweis, »daß die dialektischen Gesetze wirkliche Entwicklungsgesetze der Natur [...] sind« (349). Als Beispiele für ihr Auftreten werden Mechanik, Physik, Geologie, Chemie, Biologie – das berühmte Gerstenkorn –, Mathematik und die Geschichte der menschlichen Gesellschaft angeführt (S. 350–53; vgl. auch S. 126–133).

Zu Recht kritisiert Schmidt, daß »die Engelssche Naturdialektik notwendig eine der Sache äußerliche Betrachtungsweise« bleibt (»Der Begriff der Natur«, S. 48). Dialektik, als »Wissenschaft von den allgemeinen Bewegungs- und Entwicklungsgesetzen der Natur, der Menschengesellschaft und des Denkens«, wird hier zu einem allgemeinen Schema, das auf je besonderen Gegenstand angewendet wird.

Angesichts der schwerwiegenden Folgerungen im Sinne einer allgemeinen Dogmatisierung, die in den sozialistischen Ländern besonders in der Stalin-Ära aus der Engelsschen Naturdialektik gezogen wurden (→ S. 173 f.; 177 f.), ist es wichtig, den historisch-politischen Hintergrund dieser Schriften zu berücksichtigen (vgl. hierzu den ersten Band der »Debatte um Engels« sowie den sehr informativen Aufsatz von Dudek, besonders S. 133–137): Der »Anti-Dühring« ist eine Polemik mit direkter politischer Stoßrichtung innerhalb der Richtungskämpfe in der deutschen Arbeiterbewegung; die »Dialektik der Natur« (der Titel der ersten Veröffentlichung 1925 lautete interessanterweise Dialektik *und* Natur – Dudek, S. 132) ist Fragment geblieben, mit vielen inneren Unausgegorenheiten. So finden sich in den Notizen und Fragmenten zur »Dialektik der Natur« erkenntnistheoretische Ansätze, die die

Bedeutung der menschlichen *Praxis* wesentlich stärker berücksichtigen (z. B. S. 489); im »Anti-Dühring« wird sich Engels am Beispiel der »Negation der Negation« der problematischen Abstraktheit von Entwicklungsgesetzen bewußt, die den *besonderen* Prozeß gar nicht mehr fassen können (S. 131 ff.). – Durch den allzu direkten und doch wieder »umgestülpten« Rückgriff auf Hegel gerät Engels in zahlreiche Schwierigkeiten, die sich in einem zwischen ontologischen Grundaussagen und einer wissenschaftstheoretischen Metatheorie schillernden Dialektikbegriff niederschlagen, dem wiederum »das beziehungslose Nebeneinander eines gesellschaftlich vermittelten und eines dogmatisch-metaphysichen Naturbegriffs« entspricht (Schmidt, S. 46).

Neben der Assimilation Hegelschen Gedankenguts in der Naturdialektik wurden vor allem die Äußerungen in der Arbeit »Ludwig Feuerbach und der Ausgang der klassischen deutschen Philosophie« (1886) wichtig, die Engels explizit als »kurze zusammenhängende Darlegung unseres Verhältnisses zur Hegelschen Philosophie« beschreibt (Vorwort zur Ausgabe 1888; MEW Bd. 21, S. 264). In dieser Schrift erscheinen in gedrängter Form die wesentlichen Züge des Hegelbildes, das für die marxistische Tradition prägend wurde:

1. Die Betonung des »revolutionären Charakters« der Hegelschen Philosophie, die den (statischen) Begriff der »Wahrheit« in den *Prozess* des Erkennens auflöst.

2. Die Erklärung widersprüchlicher politischer Deutungsmöglichkeiten und der persönlich eher konservativen Haltung Hegels durch die *Unterscheidung von »System« und »Methode«*. Nach Engels überwuchert bei Hegel das »System«, das inhaltlich wie geschichtlich auf einen Abschluß angelegt ist und sich dogmatisch als absolute Wahrheit versteht, die dialektische Methode und führt im Widerspruch zu dieser zu »gewaltsamen Konstruktionen«. Insgesamt jedoch muß der revolutionäre Charakter der dialektischen Methode – »das einzig Absolute, was sie gelten läßt« (268) – den Konservativismus des Systems sprengen.

3. Marx und Engels haben die »revolutionäre Seite der Hegelschen Philosophie« weitergeführt, indem sie diese materialistisch *»umkehrten«*:

»Wir faßten die Begriffe unseres Kopfs materialistisch als die Abbilder der wirklichen Dinge, statt die wirklichen Dinge als Abbilder dieser oder jener Stufe des absoluten Begriffs. [...] Damit aber wurde die Begriffsdialektik selbst nur der bewußte Reflex der dialektischen Bewegung der wirklichen Welt, und damit wurde die Hegelsche Dialektik auf den Kopf, oder vielmehr vom Kopf, auf dem sie stand, wieder auf die Füße gestellt« (292).

Dieser für die marxistische Theoriegeschichte äußerst wichtige Begriff der »Umkehrung« wird hier von Engels in einer Weise beschrieben, die die Vermitteltheit von Erkenntnisprozessen außer acht läßt. Dudek betont zu Recht, daß hier bereits die spätere »Abbildtheorie« angelegt ist (S. 146).

4. Die Bewahrung und richtige Anwendung der dialektischen Methode hat für den Emanzipationsprozeß des Proletariats eine eminent wichtige politisch-weltanschauliche Funktion. In diesem Sinne lautet der letzte Satz der Feuerbach-Schrift: »Die deutsche Arbeiterbewegung ist die Erbin der klassischen deutschen Philosophie.«

Literatur

Karl *Marx*/Friedrich *Engels*, Werke. Hrsg. vom Institut für Marxismus-Leninismus beim ZK der SED. 39 Bde. und ein Ergänzungsband in 2 Teilen. (Berlin/DDR) 1956–1968.
Bei der Benutzung der MEW ist zu beachten, daß der vollständig vorhandene Textbestand in der ›Marx-Engels-Gesamtausgabe‹ herausgegeben wird. So wurden z. B. interessante Exzerpte des jungen Marx zur Hegelschen Naturphilosophie und zur *Phänomenologie*, die den Aneignungsprozeß dokumentieren, in die Ausgabe der MEW nicht augenommen (vgl. MEW Erg. Bd. I, S. 662 u. S. 673).
Zur früheren Diskussion des Verhältnisses Hegel/Marx vgl. den umfangreichen Bericht von Jürgen *Habermas*, Literaturbericht zur philosophischen Diskussion um Marx und den Marxismus (1957). In: Theorie und Praxis. 4., erw. Auflage FfM 1971, S. 387–463. Weitere Literaturangaben finden sich in: Hegel and the History of Philosophy. Hrsg. von Joseph J. *O'Malley*, Keith W. *Algozin*, Frederick G. *Weiss*. Den Haag 1974, S. 222–229.
In die neuere Diskussion vermag einzuführen der Aufsatz von Ernst Michael *Lange*, Wertformanalyse, Geldkritik und die Konstruktion des Fetischismus bei Marx. In: Marx' Methodologie. = neue hefte für philosophie (hrsg. von R. *Bubner* u. a.) Heft 13 (1978), S. 1–46.

Althusser, Louis: Für Marx. FfM 1968.
ders. und *Balibar*, Etienne: Das Kapital lesen. 2 Bd., Reinbek 1972 (= rde 336 und 337).
Becker, Werner: Idealistische und materialistische Dialektik. Das Verhältnis von »Herrschaft und Knechtschaft« bei Hegel und Marx. Stuttgart 1970.
Cornu, Auguste: Karl Marx und Friedrich Engels. Leben und Werk. Bd. 1 Berlin 1954; Bd. 2 Berlin 1962.
De Giovanni, Biagio: Hegel e il tempo storico della societa borghese.

Bari 1970. [Vgl. die Rez. von Giacomo *Marramao* in: HST 10, 1975, S. 357–370.]

Dudek, Peter: Engels und das Problem der Naturdialektik. Versuch einer kritischen Reflexion. In: Probleme des Klassenkampfs. Heft 24 (1976), S. 131–169.

Euchner, Walter und *Schmidt,* Alfred (Hrsg.): Kritik der politischen Ökonomie heute. 100 Jahre ›Kapital‹. Referate und Diskussionen vom Frankfurter Colloquium im Sept. 1967. FfM 1968.

Krahl, Hans Jürgen: Bemerkungen zum Verhältnis von Kapital und Hegelscher Wesenslogik. In: Aktualität und Folgen der Philosophie Hegels. Hrsg. von Oskar Negt, FfM 1970, S. 131–150 (= ed. s. 441).

ders.: Zur Wesenslogik der Marxschen Warenanalyse. In: Konstitution und Klassenkampf. FfM 1971, S. 31–81.

Mehringer, Hartmut und *Mergner,* Gottfried: Debatte um Engels. Bd. 1: Weltanschauung, Naturerkenntnis, Erkenntnistheorie. Bd. 2: Philosophie der Tat, Emanzipation, Utopie. Reinbek 1973.

Morf, Otto: Geschichte und Dialektik in der politischen Ökonomie. Zum Verhältnis von Wirtschaftstheorie und Wirtschaftsgeschichte bei Karl Marx. 2., bearb. und erw. Auflage FfM 1970.

Reichelt, Helmut: Zur logischen Struktur des Kapitalbegriffs bei Karl Marx. FfM 1970.

Rosdolsky, Roman: Zur Entstehungsgeschichte des Marxschen »Kapital«. Der Rohentwurf des Kapital 1857–1858. 2 Bde., 2., überarbeitete Auflage Ffm 1969.

Schmidt, Alfred: Der Begriff der Natur in der Lehre von Karl Marx. Überarbeitete und ergänzte Neuausgabe FfM 1971.

ders.: Zum Erkenntnisbegriff der Kritik der politischen Ökonomie. In: 100 Jahre Kapital, Hrsg. von Walter Euchner und Alfred Schmidt, FfM 1968, S. 30–43.

ders.: Der strukturalistische Angriff auf die Geschichte. In: Beiträge zur marxistischen Erkenntnistheorie. Hrsg. von A. *Schmidt,* FfM ²1970, S. 194–265 (= ed. s. 394; dort auch weitere Beiträge zur Thematik Hegel/Marx).

ders.: Geschichte und Struktur. München 1971.

Tuchscheerer, Walter: Bevor »Das Kapital« entstand. Herausbildung und Entwicklung der ökonomischen Theorie und Karl Marx in der Zeit von 1843 bis 1853. Berlin 1968.

Wygodski, Witali Solomonowitsch: Die Geschichte einer großen Entdeckung. Über die Entstehung des Werkes »Das Kapital« von Karl Marx. Berlin 1967.

Zelený, Jindřich: Die Wissenschaftslogik bei Marx und ›Das Kapital‹. FfM 1970.

5. Kierkegaards Polemik gegen das »System«

So problematisch viele der antithetisch aufeinander bezogenen Parallelisierungen zwischen Marx und Kierkegaard im einzelnen sind, die *Löwith* in »Von Hegel zu Nietzsche« vorgenommen hat, so bleibt doch sein Verdienst, die grundsätzliche Bedeutung von *Kierkegaards Hegelkritik* innerhalb des Auflösungsprozesses der »bürgerlich-christlichen Welt« pointiert zu Bewußtsein gebracht zu haben. Doch auch über diese philosophiehistorische Relevanz hinaus entwickelt Kierkegaards Denken, das ganz um das Problem des »Einzelnen« in seiner persönlichen Existenz kreist, von diesem Ansatz her das Prinzip einer Hegelkritik, das im 20. Jh. (in der dialektischen Theologie, im Existenzialismus, aber auch z. B. bei Adorno) äußerst aktuell geworden ist.

In seiner gründlichen, historisch-analytischen Untersuchung des Verhältnisses von Kierkegaard zu Hegel zitiert *Thulstrup* eine frühe Aufzeichnung, aus der hervorgeht, daß Kierkegaard bereits 1835 zwei unterschiedliche Konzeptionen philosophischer »Wahrheit« einander gegenüberstellte:

»[...] es gilt, eine Wahrheit zu finden, die Wahrheit für mich ist, die Idee zu finden, für die ich leben und sterben will. Und was nützte es mir hierzu, wenn ich eine sogenannte objektive Wahrheit ausfindig machte, wenn ich [...] aus den von allen Orten herbeigeholten Einzelheiten eine Ganzheit kombinieren, eine Welt konstruieren [könnte], in der ich dann wiederum nicht lebte und die ich nur den anderen zur Schau vorstellte.« (S. 51)

Diese Äußerung ist noch nicht speziell auf Hegel bezogen. Thulstrup weist nach, daß von einer näheren Beschäftigung mit Hegel erst in Kierkegaards Dissertation »Über den Begriff der Ironie« (1841) gesprochen werden kann. Hier hat er sich gleichsam noch »in einem Experiment in der Rolle eines hegelianischen Philosophiehistorikers versuchen wollen« (S. 217). Durch einen längeren Aufenthalt in Berlin nach Abschluß der Dissertation (Oktober 1841–März 1842) lernte Kierkegaard den deutschen (Rechts)Hegelianismus persönlich kennen. Die dort von Schelling erhoffte Aufklärung über das Verhältnis von Philosophie und Wirklichkeit wurde jedoch enttäuscht und führte in der darauf folgenden Periode mit fortschreitender Selbstverständigung über die eigene Position (»Entweder-Oder«) [1843]; »Philosophische Brocken« [1844] zu einer entschiedenen Kritik der spekulativen Denkweise überhaupt.

Diese im Gesamtwerk immer wiederkehrende Kritik wurde zusammenhängend vorgetragen in der »Abschließenden Unwissenschaftlichen Nachschrift zu den Philosophischen Brocken« (1846). Gegenüber der »in Leidenschaft für ihre ewige Seligkeit unendlich besorgten Subjektivität« fasse die spekulative Betrachtungsweise das Christentum »objektiv«, als historisches Phänomen auf: »die Frage nach seiner Wahrheit bedeutet daher, es so mit dem Gedanken zu durchdringen, daß das Christentum zuletzt selbst der ewige Gedanke ist« (46). In aller Schärfe arbeitet Kierkegaard den Gegensatz heraus zwischen dem Gottesbegriff Hegels und dem Glaubenden, der im Wagnis des »Sprungs« der Existenz des persönlichen Gottes gewiß wird:

»Aber für den Spekulierenden kann die Frage nach seiner persönlichen ewigen Seligkeit überhaupt nicht auftauchen, eben weil seine Aufgabe darin besteht, immer mehr von sich selbst wegzukommen und objektiv zu werden, indem er so vor sich selbst verschwindet und das Schauvermögen der Spekulation wird.« (52)

Als Fazit stellt Kierkegaard fest, »daß das Subjekt in der Spekulation unmöglich das finden kann, was es sucht« (54). In dem Abschnitt »ein logisches System kann es geben; aber ein System des Daseins kann es nicht geben« expliziert er die Kritik am Anfang der Hegelschen *Logik*. In einem Rekurs auf *Trendelenburgs* »Logische Untersuchungen« (→ S. 99) greift Kierkegaard Hegels Begriff der »Bewegung« in der Logik an und versucht den Nachweis zu führen, daß der Anfang des Systems, das »Unmittelbare« der Logik, selbst ein Produkt der Reflexion ist (vgl. bes. S. 104). Demgegenüber beharrt Kierkegaard auf der »Dialektik des Daseins«, die nicht in ein System gebracht werden könne: »Die systematische Idee ist das Subjekt-Objekt, die Einheit von Denken und Sein; Existenz dagegen ist gerade die Trennung« (116). In mancher Hinsicht dem Junghegelianismus vergleichbar, fragt Kierkegaard so nach dem *Subjekt* des Philosophierens, das sein Menschsein (d. h. für ihn wesentlich die Tatsache, daß es existiert) in der philosophischen Abstraktion vergessen kann oder aber seine ganze Aufmerksamkeit auf seine individuelle Existenz richten muß, um sich nicht zu verlieren. Damit hängt der Vorwurf zusammen, daß Hegel zwar »das fertige absolute System«, aber keine Ethik erreicht habe.

Einen umfassenden Überblick über die Forschungsgeschichte zum Verhältnis Kierkegaard/Hegel hat *Thulstrup* vorgelegt. Die – hier für viele ähnlich verfahrende Forscher angedeutete – Problematik von Thulstrups Vorgehensweise, die ihren Gegenstand zwar minutiös nachzeichnet, ohne ihn aber durch relevante Fragestellungen fruchtbar machen zu können, zeigt sich an seiner Bemerkung zu *Schweppenhäusers* Arbeit »Kierkegaards Angriff auf die Spekulation«. Für Thulstrup ist sie »ein beklagenswertes Zeugnis, wie weit man sich von echter Wissenschaft und sauberer Philosophie entfernen kann«; der hier sich ausdrückende »Scharfsinn des Wahnsinnigen« mache die nähere Erörterung der Arbeit »zwecklos« (»Forschungsgeschichte«, S. 175). – Demgegenüber sei hier auf diese Arbeit nachdrücklich verwiesen, da es Schweppenhäuser gelingt, von der übergreifenden Frage der Dialektik ausgehend durch *wechselseitige* Kritik *und* Verteidigung beider Denker die jeweilige Stärke wie auch die Schwächen der konträren Positionen herauszuarbeiten. Wichtig ist dabei auch das Bemühen Schweppenhäusers, Hegel nicht grundsätzlich in der Rolle des von Kierkegaard Angeklagten auftreten zu lassen (worin sich viele Forscher Kierkegaard umstandslos angeschlossen haben), sowie seine Einsicht in die Schwächen von Kierkegaards Argumentation (so hat er Hegel in vielen Punkten einfach nicht zureichend verstanden). Über die Extreme »Spekulation« und »Existenz« hinausgehend versucht Schweppenhäuser, einen Dialektikbegriff zu entfalten, der sowohl »Vermittlung« als auch reale geschichtliche Unversöhntheit in sich aufnehmen kann.

Literatur

Die Gesamtausgabe der Werke *Kierkegaards* ist im Eugen Diderichs Verlag (Düsseldorf/Köln) erschienen. Die »Abschließende Unwissenschaftliche Nachschrift« stellt Teil 16 der Ausgabe dar (2 Bde., 1957).

Schweppenhäuser, Hermann: Kierkegaards Angriff auf die Spekulation. Eine Verteidigung. FfM 1967.
Thulstrup, Niels: Kierkegaards Verhältnis zu Hegel. Forschungsgeschichte. Stuttgart ²1971.
ders.: Kierkegaards Verhältnis zu Hegel und zum spekulativen Idealismus. Historisch-analytische Untersuchung. Stuttgart 1972.
Schmidt, Klaus J.: Hegelauffassungen – dargestellt von Kierkegaardinterpreten. [Sammelrezension] In: HST 7 (1972), S. 378–390.

Weitere Literaturangaben in: »Hegel and the History of Philosophy«. [→ S. 95], S. 220–222.

6. Die Neutralisierung des »Klassikers«

Prägend für das Bild Hegels in der zweiten Hälfte des 19. Jh.s bis weit in die Gegenwart hinein wurde das aus Vorlesungen hervorgegangene Buch des hallischen Philosophieprofessors und ehemaligen Anhänger Hegels Rudolf *Haym*, »Hegel und seine Zeit« (1857). Hayms Vorlesungen »über Entstehung und Entwicklung, Wesen und Werth der Hegel'schen Philosophie« bringen eindrucksvoll die geistig-politische Situation der deutschen Intelligenz nach der gescheiterten Revolution von 1848 zum Ausdruck: Die Erfahrung der »triumphierenden Misere der Reaction« (6), aber auch das Fortschrittspathos technisch-materieller Entwicklung sowie das neue historische Bewußtsein, das jetzt aus der Perspektive eines politisch enttäuschten Liberalen auf Hegel angewendet wird.

In der Einleitung bereits konstatiert Haym eine generelle »Ermattung der Philosophie überhaupt«, einen »fast allgemeinen Schiffbruch des Geistes und des Glaubens an den Geist« (5). Der schnelle »Verfall« des Hegelschen System ist nur Indiz dafür, daß die Gegenwart »keine Zeit mehr der Systeme, keine Zeit mehr der Dichtung oder der Philosophie« ist (5). Gerade deshalb ist jetzt »die ›geschichtliche Erkenntnis‹ dieses Systems« (8) möglich, die freilich – und das ist die zweite große Tendenz der Zeit neben der Kritik – zur Mumifizierung eines Denkers führt, der nun zum »Klassiker« geworden ist:

»Beisetzen wollen wir ihn in einem größeren, unvergänglicheren Grabmal; conserviren wollen wir ihn in dem Bau der ewigen Geschichte, einen Platz, und wahrlich einen Ehrenplatz, ihm anweisen *in der Entwicklungsgeschichte des deutschen Geistes.« (8)*

Hauptangriffspunkt der Vorlesungen ist die politische Philosophie Hegels als eine konservative Philosophie, die Haym in engste Beziehung (»Wahlverwandtschaft«, 357) mit Hegels Wirken im preußischen Staat setzt. In Heidelberg habe der ehemalige Anhänger Napoleons eine politische Wendung vollzogen (344), die ihn für die Bedürfnisse des preußischen Staates in der »Periode der Restauration« optimal geeignet machten: »Er wurde zur *Zeitphilosophie* und zur *preußischen* Philosophie« (375). »Das Hegel'sche System wurde zur wissenschaftlichen Behausung des *Geistes der preußischen Restauration«* (359). Haym analysiert die Vorrede zur *Rechtsphilosophie* als »wissenschaftlich formulierte Rechtfertigung des Karlsbader Polizeisystems und der Demagogenverfolgung« (364); in dem Satz von der Vernünftigkeit des Wirklichen (→ S. 73) liest er »*die absolute Formel des politischen Conservativismus, Quietismus und Optimismus«* (365). Insgesamt erfahre das Individuelle in der *Rechtsphilosophie* »Mißachtung« (375), wobei Haym in Hegels Religions- und Geschichtsphilosophie ähnliche Züge der Anpassung an das Faktische kritisiert. Auf dem Prinzip der Vermittlung basierend, sei Hegels Philosophie, »um Alles zu sagen, der mit List und Geschick zum Frieden formulierte Krieg von Allem wider Alles« (461). Als Zukunft der Philosophie sagte Haym sehr klarblickend den Historismus und die Hinwendung zur Transzendentalphilosophie voraus.

Für die Hegelforschung im engeren Sinne wurde Haym durch seinen Zugang zu Hegels Nachlaß wichtig, den ihm Hegels Familie ermöglichte. So überliefert er in zahlreichen Zitaten Material, das später verschollen ging und auch in der Biographie von Rosenkranz nicht enthalten ist. Außerdem korrigierte er bereits eine Reihe von Irrtümern, denen Rosenkranz bei der Datierung von Hegelschriften unterlegen war (vgl. dazu die Miszelle von Kimmerle).

Obwohl *Rosenkranz* 1858 eine »Apologie Hegels gegen Dr. Rudolf Haym« erscheinen ließ, in der er dessen Hegeldeutung kritisierte, wurden Hayms Buch und insbesondere seine Aussagen über Hegel als konservativen Philosophen des preußischen Staates sehr rasch und unwidersprochen aufgenommen und bürgerten sich als Topos ein.

Ganz im Zuge der Zeit nach 1848 lag die durchschlagende Spätwirkung der pessimistischen und politisch abstinenten Philosophie *Schopenhauers* in der zweiten Hälfte des 19. Jh.s (»Die Welt als Wille und Vorstellung« war bereits 1819 erschienen; 2. Auflage 1844, 3. Auflage 1859). Da Schopenhauer die ganze *Problemstellung* der nachkantischen spekulativen Ansätze im Grunde fremd blieb (er spricht von »Schein-Philosophie« und »unredlicher Methode« bei Fichte, Schelling und insbesondere bei Hegel), bewegte sich seine Auseinandersetzung mit Hegel auf einer *nur* polemischen Ebene, die die realen Schwierigkeiten mit der spekulativen Denk- und Sprechweise zu handlich-abfälligen Vorurteilen verdichtete und für das hegelfeindliche Publikum lange Zeit philosophisch sanktionierte.

Die Vorrede zur 2. Auflage der »Welt als Wille und Vorstellung« etwa stellt die *»Reflexion«* als Standpunkt »der vernünftigen Besinnung und redlichen Mittheilung« der *»Inspiration«* (intellektuelle Anschauung, absolutes Denken) als »Windbeutelei und Scharlatanerei« gegenüber. Insbesondere der Aufsatz »Über die Universitäts-Philosophie« in den populären »Parerga und Paralipomena« (1851) strotzt von bissigen Angriffen auf den »Unsinnschmierer und Kopfverderber Hegel«, wobei Schopenhauer die Hegelsche Staatsphilosophie als auf ihren eigenen Vorteil bedachte »rechte Apotheose der Philisterei« lächerlich macht.

Das Verhältnis Hegel-*Nietzsche* stellt sich als eine Beziehung extremer *Gegensätzlichkeit* dar, die Löwith in der Gegenüberstellung von »Spekulation« und Nietzsches »Hammer« sinnfällig machte (vgl. »Von Hegel zu Nietzsche«, S. 194). Mit seinen meist polemischen Äußerungen über Hegel übernahm Nietzsche zum Teil das Schopenhauersche Hegelbild, doch setzte er sich mit Hegel ernsthafter auseinander, gerade weil er ihn als spezifisch *deutschen* Philosophen begriff. Aufschlußreich für die ideologiekritische Art der Auseinandersetzung Nietzsches mit Hegel ist eine Reflexion in Aphorismus 357 der »Fröhlichen Wissenschaft« zum Problem des »Deutschtums«:

»Umgekehrt wäre gerade den Deutschen zuzurechnen [...], diesen [gesamteuropäischen] Sieg des Atheismus am längsten und gefährlichsten *verzögert* zu haben; Hegel namentlich war sein Verzögerer *par excellence*, gemäß dem grandiosen Versuche, den er machte, uns zur Göttlichkeit des Daseins zu allerletzt noch mit Hilfe unsres sechsten Sinnes, des ›historischen Sinnes‹, zu überreden.«

Nietzsche anerkennt generell die Leistung von Hegels historischem Bewußtsein und sieht darin dessen Überlegenheit gegenüber Schopenhauer. Andererseits ist Hegels Historismus ein Hauptangriffspunkt, da er Nietzsche zufolge der Rechtfertigung des realen Geschichtsverlaufs diene.

Wenn Haym die »Wahlverwandtschaft« Hegels mit dem preußischen Staat zum Gegenstand der *Kritik* machte, so sah doch die Mehrzahl des deutschen Bildungsbürgertums in der preußischen Geschichte und der Einigung Deutschlands unter Preußens Führung eine positive Entwicklung. Ihr Korrelat bestand in der Integration der – sektoral wahrgenommenen und kanonisierten – deutschen »Geistesgeschichte« zu einem Pantheon von »Klassikern«, die jetzt – ihres kritischen Inhalts beraubt – die ideologischen Bedürfnisse des neuen Nationalstaats durch den augenfälligen Nachweis der Überlegenheit deutscher Kultur befriedigten. Dieser breite Prozeß der »Neutralisation« (Lüdke) bürgerlicher Kunst und Philosophie durch Kanonisierung, dem so mancher »Dichter und Denker« zum Opfer fiel, ist von entscheidender Bedeutung für die Rezeptionsgeschichte auch der Hegelschen Philosophie und läßt sich zeitlich an der Säkularfeier von Hegels Geburtstag 1870 und der Errichtung eines Hegeldenkmals in Berlin 1871 festmachen. Schon zu Hegels Berliner Zeit ging die Feier seines Geburtstags über in den Goethes (27. bzw. 28. August; der Ausdruck »Goethohegelianer« kam in Umlauf). Frühe Popularisierungsversuche drücken sich z. B. in dem »Brief an eine Dame über die

Hegelsche Philosophie« (1837) von Mager aus. Bei der Jahrhundertfeier der philosophischen Gesellschaft Berlin ging *Michelet* als Vorsitzender in seiner Festrede auf das »Walten und Wirken« des »echt deutschen Mannes« ein, das »aufs Innigste« mit dem Kampf um die »höchsten Güter« Deutschlands, die staatliche Einigung und geistiges Leben, zusammenhänge. Michelets Trinkspruch galt dem »Deutschen Heer« als Verwirklicher der hegelschen Ideen (»Der Gedanke« Bd. 8, 1871, S. 127 u. 141). Ähnliche Sprüche über den »Geisteshelden« wurden bei der feierlichen Enthüllung des Hegeldenkmals, einer »bronzenen Kolossalbüste«, und seiner Übergabe an die Stadt Berlin im Juni 1871 – nach gewonnenem Krieg – gemacht (mit Kapelle und vierstimmigem Männerchor).

Die zahlreichen Veröffentlichungen zu Hegels hundertstem Geburtstag spiegeln den Vereinnahmungsprozeß deutlich wider. Von Michelet erschien das gänzlich affirmative Werk »Hegel, der unwiderlegte Weltphilosoph«, und auch das sachlichere Buch von Rosenkranz zeigt schon vom Titel her »Hegel als deutscher Nationalphilosoph« die veränderte Wahrnehmungsperspektive. Entsprechend der beliebten Praxis von Auszügen aus den Werken der Genien (›Geistesworte‹, ›Lichtstrahlen‹, ›Gedankenharmonie aus Schiller und Goethe‹ etc.) stellte der zweite Vorsitzende der philosophischen Gesellschaft, Schasler, zu Hegels Geburtstag ›Populäre Gedanken aus seinen Werken‹ »für die Gebildeten aller Nationen« zusammen.

Das Vorwort des erfolgreichen Buches (2. Auflage bereits 1873!) unterstreicht nach einer Klage über die systematische Verdummung des deutschen Volkes die Absicht, dem Nichtwissenden *»reinen Wein* einzuschenken über Das, was Hegel *wirklich sei*« (XI). »Was die Auswahl der Stellen betrifft, so mußten – im Gegensatz zu der Tendenz der sonstigen ›Lichtstrahlen‹ – gerade solche gewählt werden, in denen vielmehr das Licht nicht allzuscharf die Augen des daran nicht Gewöhnten träfe [...]: es waren nicht die tiefsten, sondern die populärsten Geistesworte – und andere als Geistesworte findet man eben im Hegel nicht – vorzugsweise herauszunehmen« (XIV).

Neben der alles überragenden Entwicklung der Naturwissenschaften und dem schopenhauerschen Pessimismus wurden in Deutschland der Rückgriff auf Kant im *Neukantianismus* (etwa ab 1860) und die spätere *Lebensphilosophie* bestimmend. Beide Strömungen, Wissenschaftstheorie und Lebensphilosophie sind, wie Lübbe in seinem informativen Überblick formuliert, »primär unpolitisch«, und in beiden Strömungen findet keine wirkliche Auseinandersetzung mit Hegel mehr statt:

»Der sogenannte ›Zusammenbruch‹ seiner Philosophie [...] bedeutet zunächst nichts anderes als dieses Faktum, daß das Bild Hegels in den Jahren nach 1870 weithin vage geworden, von fixierten Vorurteilen bestimmt und aus der lebendigen Erinnerung der Zeitgenossen verschwunden war« (»Politische Philosophie in Deutschland«, S. 84).

Literatur

Zur Rolle Hegels innerhalb der nationalen »Ideen« von 1871–1914–1933 vgl. den Überblick bei Manfred *Riedel*, Materialien zu Hegels Rechtsphilosophie, Bd. I, FfM 1975, S. 29–32 (mit zahlreichen Literaturhinweisen).

Haym, Rudolf: Hegel und seine Zeit. Vorlesungen über Entstehung und Entwicklung, Wesen und Werth der Hegel'schen Philosophie. Berlin 1857. (Fotomech. Nachdruck Darmstadt ²1962).
Kimmerle, Heinz: Zum Hegel-Buch von Rudolf Haym. In: HST 5 (1969), S. 259–264.
Lüdke, W. Martin: Bedingungen der Kanonbildung und ihrer Revision. In: Der alte Kanon neu. Zur Revision des literarischen Kanons in Wissenschaft und Unterricht. Hrsg. von Walter *Raitz* und Erhard *Schütz*, Opladen 1976, S. 13–31.
Mager, Karl W. E.: Brief an eine Dame über die Hegelsche Philosophie. Berlin 1837.
Michelet, Carl Ludwig: Hegel, der unwiderlegte Weltphilosoph. Berlin 1870.
Nietzsche, Friedrich: Die Fröhliche Wissenschaft. Nach dem Text der Ausgabe 1887, München o. J. (Goldmann).
Rosenkranz, Karl: Apologie Hegels gegen Dr. Rudolf Haym. Berlin 1858.
ders.: Hegel als deutscher Nationalphilosoph. Leipzig 1870 (reprographischer Nachdruck Darmstadt 1973).
Schasler, Max: Hegel. Populäre Gedanken aus seinen Werken. Berlin 1870 u. ö.
Schopenhauer, Arthur: Die Welt als Wille und Vorstellung. Parerga und Paralipomena. Zitiert nach der zehnbändigen Zürcher Ausgabe, Zürich 1977 (Diogenes-Verlag).

7. Europäische Wirkung

Jede Darstellung des Schicksals der Hegelschen Philosophie im 19. Jh. wäre unzureichend, vernachlässigte sie die ungeheure Wirkung, die Hegel in Europa und z. T. auch in Amerika noch in einem Zeitraum hatte, als sein Einfluß in Deutschland bereits im Schwinden begriffen war. Außerdem gab – wie das Beispiel Cieszkowskis (→ S. 116) eindrucksvoll zu belegen vermag – die Rezeption im Ausland wiederum entscheidende Impulse für die Weiterentwicklung in Deutschland zurück. Generell ist für das Verständnis dieser europäischen Wirkung zu berücksichtigen, daß im 19. Jh. im Zusammenhang mit den Revolutionen von 1830 und 1848/49 viele Nationen erst zu ihrer politisch-nationalen Identität fanden. Je nach dem Stand dieser historischen Situation eines Volkes erfuhr die Rezeption Hegels unterschiedliche Akzentuierungen, was sich u. a. auch in der unterschiedlichen Aufnahme bestimmter Teile seines Gesamtwerks niederschlug.

Wohl am folgenreichsten war der Einfluß Hegels bei den *slawischen Völkern*. Grundlegend und einen Gesamtüberblick bietend ist hierzu immer noch der von *Tschizewskij* herausgegebene Sammelband »Hegel bei den Slawen«, in dem auch sehr viel anschauliches Material zitiert wird. Bereits zu Hegels Lebzeiten kam es zu einem wahren Exodus vor allem polnischer und russischer Studenten nach Berlin, das in Rußland als »das neue Athen«, als »Aufbewahrerin der Eleusinischen Mysterien und des heiligen Feuers des neuesten Wissens« gefeiert wurde (so ein Moskauer Zeitungsartikel 1838, zit. nach Tschizewskij, S. 175). Nach der Rückkehr bildeten sich in Rußland zahlreiche Zirkel, die meist die linkshegelianische Richtung vertraten (Bakunin, Belinskij, Tschernyschevskij, Turgenjev; für den Schriftsteller und Philosophen Alexander Herzen war die Dialektik die »Algebra der Revolution«). Bestimmend für die intellektuelle Situation Rußlands zwischen 1840–1860 war die Auseinandersetzung zwischen »Westlern« und »Slavophilen«. In diesen Polemiken ging es, wie zuletzt durch *Walicki* und *Planty-Bonjour* ausführlich dargestellt wurde, um zentrale Fragen wie die Rolle des Individuums in der Gesellschaft, die Beurteilung der geschichtlichen Entwicklung, von Religion und Tradition, wobei die »Westler« im Sinne einer liberal-demokratischen Utopie sich auf Hegel, die »Slavophilen« sich auf Schelling und die deutsch-französische Romantik beriefen. Im letzten Drittel des 19. Jh.s dominierten nichthegelianische Strömungen von einem utopischen Messianismus bis zum Nihilismus, bis die Hegelrezeption – vermittelt durch Marx – einen neuen Aufschwung erlebte (Plechanov, Lenin).

Auch in *Polen* hatte der Einfluß Hegels eine überragende Bedeutung. Er war jedoch, wie *Krónska* betont, »nie eine passende Rezeption oder Mode, vielmehr versuchte man, Hegel zu korrigieren, zu revidieren, über ihn hinauszugehen, um zu einer historiosophischen Synthese zu gelangen, aus der man ein nationales sozial-politisches Programm ableiten oder rechtfertigen könnte« (in: HST 4, S. 319). Die aus diesen Intentionen hervorgegangene »Philosophie der Tat« konnte entweder in einem radikaldemokratisch-revolutionären oder in einem konservativen Sinne entwickelt werden, wie es bei Cieszkowski der Fall ist. Ähnlich wie bei *Tschechen* (Smetana) und *Slowaken* (Štúr) gibt es hier viele Parallelen zur Spaltung der Hegelschule in Deutschland bis hin jeweils zur Existenz einer »antihegelschen« Partei, doch darf die Entwicklung keinesfalls als identisch gesehen werden, da die besondere nationale Situation die Rezeption modifiziert hat.

Im Italien des »Risorgimento« waren günstige Voraussetzungen vorhanden für eine intensive Hegelrezeption, die in diesem Land zur bleibenden Tradition werden sollte. So schrieb Lombardi 1970:

»Seit fast eineinhalb Jahrhunderten hat das als Nation entstehende oder widererstehende Italien Hegels Denken förmlich eingesogen, jedoch in einer der allgemeinen italienischen Geisteshaltung stark angepaßten Weise, und außerdem zu dem Zwecke umgestaltet, mit seiner Hilfe auch die auf der Bühne europäischen Geistes entstandenen Probleme zu erfassen« (»Philosophie nach Hegel«, S. 362).

Das Zentrum dieser ersten, politisch-enthusiastischen Aufnahme war Neapel, wo neben den orthodoxen Vertretern Tari und Vera vor allem B. *Spaventa* (1817–82) und *De Sanctis* (1817–83) die befreiende Wirkung der Hegelschen Philosophie feierten (Spaventa: »es war ein Kult, eine Religion, ein Ideal« – zit. nach Garin, S. 127). Der radikaldemokratische Impetus rückte zunächst die *Philosophie der Weltgeschichte* und die *Rechtsphilosophie* in den Vordergrund, die bereits 1841 bzw. 1848 übersetzt wurden. Erst in einem zweiten Schritt eröffneten De Sanctis und Spaventa eine Phase intensiver Aneignung der *Logik* und der *Phänomenologie*. Mit der »Philosophischen Gesellschaft« in Berlin bestand ein enger Kontakt; so wurden in den sechziger Jahren Brandis und nach ihm Michelet zu auswärtigen Mitgliedern der Abteilung für philosophische Wissenschaften der Universität Neapel ernannt.

Nach der Einigung Italiens 1861 veränderte auch der italienische Hegelianismus im letzten Drittel des 19. Jh.s seinen Charakter. Insgesamt begann der Positivismus zu dominieren, und es kam zu zahlreichen eklektizistischen Synthetisierungsversuchen. Antonio *Labriola* (1843–1904), der erste große marxistische Philosoph Italiens, knüpfte kritisch an den neapolitanischen Hegelianismus an, der dann nach der Jahrhundertwende mit G. *Gentile* und B. *Croce* seine entscheidende Erneuerung erlebte.

Einen guten Überblick über die Italienische Hegelrezeption bietet der umfangreiche Sammelband »Incidenza di Hegel«, der anläßlich des 200. Geburtstags Hegels erschien. Er enthält als Anhang eine chronologisch geordnete Bibliographie der Übersetzungen, Monographien, Aufsätze und wichtiger Rezensionen zu dem Gesamtkomplex sowie eine – leider allzu knapp gefaßte – Untergliederung der wichtigsten Epochen der Hegelrezeption in Italien (»Hegel in Italia e in italiano«, »Incidenza«, S. 1057–1129).

Einen ganz anderen Verlauf nahm die Hegelrezeption in *England,* wo man sich bis zur Übersetzung eines Teils der *Logik* im Jahre 1855 generell mit philosophiegeschichtlichen Erwähnungen der äußerst befremdlichen Entwicklung der deutschen Philosophie begnügte: »Up to the middle of the fifties it may be said that no intelligible word had been spoken by British writers as to the place and the significance of Hegel's work« (Muirhead, S. 154). Gründe für diese äußerste Reserviertheit sieht Muirhead neben der schon von Hegels Zeitgenossen konstatierten »Insularität« (positiv gewendet: »Eigenständigkeit«) in den traditionellen Barrieren der englischen Universitätsphilosophie, die einem eher orthodoxen Theismus verpflichtet war, sowie in dem positivistischen Grundzug der außeruniversitären Philosophie der dreißiger und vierziger Jahre des 19. Jh.s. Dennoch gab es in England über die seit Ende des 18. Jh.s kontinuierliche Beschäftigung mit Kant eine gewisse Vertrautheit mit den Ausgangspositionen des deutschen Idealismus sowie das immer stärker empfundene Bedürfnis der Notwendigkeit, über Kant hinauszugehen. So ist es kein Zufall, daß das Werk, das Hegel in England einführte, diesen als End- und Gipfelpunkt der von Kant eröffneten Entwicklung begreiflich zu machen versucht. Dieser Durchbruch gelang 1865 mit der umfangreichen, zweibändigen Studie »The Secret of Hegel« von J. *Stirling.* Das »Geheimnis« Hegels sieht Stirling im »konkreten Begriff« (»concrete notion«), dessen erkenntnistheoretische Überlegenheit gegenüber den traditionellen Aporien, aber auch dessen gesellschaftstheoretische Überlegenheit über den Atomismus des Manchester-Liberalismus hervorzuheben Stirling nicht müde wird. So wirbt er denn auch um Verständnis für Hegels Terminologie, indem er gegenüber dem Vorurteil des scholastischen Spekulanten immer wieder den starken Wirklichkeitssinn Hegels demonstriert.

Stirlings Werk wurde in England sehr rasch aufgenommen

und eröffnete für die nächsten Jahrzehnte eine Periode intensiver Übersetzungs- und Kommentartätigkeit. Der englische Neuidealismus brachte eine Reihe sehr produktiver Denker hervor, die Hegel gegenüber immer eine große Selbständigkeit bewahrten (bes. Th. Green im Bereich der Sozialphilosophie, F. Bradley auf erkenntnistheoretischem Gebiet, wichtig auch McTaggarts »Commentary on Hegel's Logic«, 1910). Der Streit und die Spaltung innerhalb der deutschen Hegelschule nach Hegels Tod scheint für den englischen Hegelianismus keine besondere Bedeutung mehr gehabt zu haben.

Einen eigenständigen Weg schlug die in Europa lange Zeit wenige beachtete Verbreitung Hegelschen Denkens in *Amerika* ein, die jetzt durch die Arbeiten von Easton, Goetzmann und Riedl gut erforscht ist. Seine Philosophie wurde aufgenommen als »Botschaft, die fähig war, die Kultur in einer Phase sich überstürzender Entwicklung von moralischer und geistiger Enge zu befreien und sie einer Bestimmung wahren Fortschritts und der Freiheit zuzuführen« (Verra, S. 170). Außer Ohio lag das Zentrum des amerikanischen Hegelianismus in St. Louis, wo der preußische Einwanderer *Brockmeyer* in Zusammenarbeit mit dem ebenso enthusiastischen *Harris* eine Übersetzung der *Großen Logik* und der *Phänomenologie* anfertigte, die in zahlreichen Abschriften kursierte. Ebenfalls in St. Louis erschien ab 1867 das »Journal of Speculative Philosophy«, das von Harris herausgegeben wurde und u. a. zahlreiche Übersetzungen aus dem Umkreis des deutschen Idealismus vermittelte. Die im Vergleich zu England stark *praktische* Ausrichtung des amerikanischen Hegelianismus zeigt sich besonders im Werk von J. Royce (1855–1916), dem bedeutendsten amerikanischen Idealisten, in dessen Philosophie dem Willensmoment eine ganz entscheidende Bedeutung zukommt.

Für eine weitere Beschäftigung mit dem Thema »Hegel in Amerika« vgl. die bibliographischen Hinweise im Anhang des Aufsatzes von Riedl (in: »The Legacy of Hegel«, S. 283–287). Zu Hegel im englischen Sprachraum insgesamt vgl. die chronologische Bibliographie von Übersetzungen und Sekundärliteratur zu Hegel, die Weiss zusammengestellt hat. – Einen sehr interessanten Einblick in die höchst diffizilen Schwierigkeiten, die sich bei der Übersetzung Hegels ins Englische ergeben (allein z. B. der Titel »Phänomenologie des *Geistes*«), bietet die »Round Table Discussion on Problems of Translating Hegel« in demselben Sammelband.

In *Frankreich*, wo seit Me. de Staëls »De l'Allemagne« (1810) ein großes Interesse an der deutschen Kultur bestand, wurde Hegel schon relativ früh durch Victor *Cousin* (1792–1867) eingeführt. Cousin hatte Hegel bereits 1817 in Heidelberg persönlich kennengelernt. Seine Vorlesungen an der Sorbonne »Introduction à l'histoire de la philosophie« (1828/29), in denen er die Ergebnisse der Spekulation mittels einer psychologisch-empirischen Methode neu zu begründen versuchte, wurden begeistert aufgenommen und erlangten eine große Verbreitung. Von Cousin wurde, wie Rosenkranz 1844 schrieb, »zuerst der Grund zu einer innigeren Wechselwirkung zwischen Französischer und Deutscher Philosophie gelegt« (»Hegels Leben«, S. XXXI). So wurde Hegels *Ästhetik* bereits 1840 ausführlich erläutert und 1851 für sich übersetzt; wichtig wurden dann die Übersetzungen des Italieners Vera, der zwischen 1859 und 1878 die *Logik, Natur-* und *Geistphilosophie* sowie einen Teil der *Religionsphilosophie* ins Französische übertrug. Bedeutsamer vielleicht als die Debatten, die auf dem Höhepunkt des Interesses an Hegel um 1860 um die Hegelsche Religionsphilosophie geführt wurden (Vertreter des Katholizismus und Spiritualismus erhoben den Vorwurf des Pantheismus und Atheismus, den die Anhänger Hegels zurückwiesen), ist der große Einfluß, den Hegel auf Denker wie den Historiker und Geschichtsphilosophen *Taine* und den Religionswissenschaftler und Orientalisten *Renan* ausübte. Eine sehr differenzierte Untersuchung von »Strukturbeziehungen zwischen den Gesellschaftslehren Comtes und Hegels« hat Oskar Negt – von Fragestellungen der Frankfurter Schule ausgehend – vorgelegt.

Entsprechend der positiven Vereinnahmung auf deutscher Seite (→ S. 141 f.) wurde Hegel in Frankreich durch den Krieg 1870/71 in weiten Kreisen als gedanklicher Vorbereiter der preußisch-deutschen Machtpolitik angesehen. So z. B. E. Beaussure, 1871:

»In dieser Hinsicht sind die Staatsmänner und Generale, welche solche Auffassungen zu verwirklichen trachten, Hegelianer auf ihre Weise, und das Ergebnis ihrer Bemühungen wird das Gegenstück zur Lehre ihres Meisters sein« (zit. nach Knoop, S. 41).

Entscheidend neue Impulse erhielt das Hegelstudium in Frankreich dann erst wieder im Gefolge der Bemühungen von Dilthey und Nohl (→ S. 151 f.).

Auch in den *nordischen Ländern* gab es einen vielseitigen Einfluß Hegelschen Denkens im 19. Jh., wobei Länder mit einer kontinuierlichen Tradition von einem eher auf einzelne

Persönlichkeiten beschränkten Hegelianismus zu unterscheiden sind. So nahm der Hegelianismus an der Osloer Universität Kristina über viele Jahrzehnte hinweg eine geradezu dominierende Stellung ein; sein Hauptvertreter war hier M. *Monrad* (1816–97), der sich vor allem mit Hegels Ästhetik auseinandersetzte. Der starke Einfluß Hegels auf das theologische Denken in *Dänemark* sowie seine lebhafte Verbreitung durch den Dichter und Ästhetiker J. *Heiberg* (1791–1860) bilden den Hintergrund, vor dem Kierkegaards Polemiken erst voll verständlich werden. In *Schweden* trat J. *Borelius* (1823–1908) zunächst als entschiedener Anhänger Hegels auf. Der finnische Politiker und Philosoph J. *Snellman* (1806–91) entwickelte in seinen Vorlesungen wie in seinem Hauptwerk, dem »Versuch einer spekulativen Entwicklung der Persönlichkeit« (1841)·eine stark an die *Enzyklopädie* angelehnte Psychologie. – Insgesamt blieb dieser nordische Hegelianismus in den Bahnen der deutschen Rechtshegelianer, wie auch zahlreiche persönliche Kontakte und Mitgliedschaften in der Berliner »Philosophischen Gesellschaft« bestanden.

Literatur

A) *Allgemein*

Beyer, Wilhelm Raimund: Hegel-Bilder. Kritik der Hegel-Deutungen. Dritte, überarbeitete und ergänzte Aufl. Berlin 1970.

Moog, Willy: Hegel und die Hegelsche Schule. München 1930.

Verra, Valerio: La ›fortuna‹ in Europa e in America. In: *Calabrò*, Gaetano, u. a. (Hrsg.): L'opera e l'eredità di Hegel. Bari 1972, S. 155–172 [mit Literaturangaben].

Weitere Literatur in: Hegel and the History of Philosophy [→ S. 95], S. 198–201.

B) *Speziell*

Beyer, Wilhelm Raimund: Hegel in Österreich. In: HJB 1961, S. 85–115.

Cornelius, Victor: Die Geschichtslehre Victor Cousins unter besonderer Berücksichtigung des Hegelschen Einflusses. Paris/Genf 1951.

Easton, Loyd D.: Hegel's first American followers. The Ohio Hegelians. J. B. Stallo Peter Kaufmann, Moncure Conway, August Willich. Athens (Ohio) 1966.

Fieandt, Kai von: Die Psychologie von Snellman – ein nordisches Erbe der hegelschen Methodik. In: HJB 1975, S. 605–609.

Garin, Eugenio: La ›fortuna‹ nella filosofia italiana. In: *Calabrò*, Gaetano, u. a. (Hrsg.): L'opera e l'eredità di Hegel. Bari 1972, S. 121–138.

Goetzmann, William H. (Hrsg.): The American Hegelians. An Intel-

lectual Episode in the History of Western America. New York 1973.
Gysens, Guy: Der Einfluß Hegels auf Bakunin. In: HJB 1972, S. 96–104.
Höhne, Horst: Der Hegelianismus in der englischen Philosophie. Eine problemgeschichtliche Studie. Halle 1936.
Jowtschuk, M. T.: Die Interpretation der Hegelschen Philosophie in Rußland (bis Lenin). In: HJB 1970, S. 99–111.
Knoop, Bernhard: Hegel und die Franzosen. Stuttgart/Berlin 1941.
Krońska, Irena: Neure polnische Hegel-Literatur. In: HST 4 (1967), S. 317–321 [Sammelrezension].
Lombardi, Franco: Philosophie nach Hegel. In: Hegel und die Folgen. Hrsg. von Gerd-Klaus *Kaltenbrunner*, Freiburg 1970, S. 361–409.
Muirhead, John H.: The Platonic Tradition In Anglo-Saxon Philosophy. London/New York ²1965.
Negt, Oskar: Die Konstituierung der Soziologie zur Ordnungswissenschaft. Strukturbeziehungen zwischen den Gesellschaftslehren Comtes und Hegels. Frankfurt/Köln ²1974.
O'Malley, Joseph J., u. a. (Hrsg.): The Legacy of Hegel. Proceedings of the Marquette Symposion 1970. Den Haag 1973.
Planty-Bonjour, Guy: Hegel et la pensée philosophique en Russie 1830–1917. Den Haag 1974.
Riedl, John O.: The Hegelians of Saint Louis, Missouri and their Influence in the United States. In: *O'Malley*, Joseph J., u. a. (Hrsg.): The Legacy of Hegel. Den Haag 1973, S. 268–287.
Sandor, Paul: Der Einfluß Hegels auf die ungarische Philosophie. In: HJB 1961/II, S. 34–38.
Tessitore, Fulvio (Hrsg.): Incidenza di Hegel. Studi raccolti in occasione del secondo centenario della nascita del filosofo. Napoli 1970 (mit auführlichen Literaturangaben).
Tschižewskij, Dimitrij (Hrsg.): Hegel bei den Slawen, 2., verbesserte Auflage Darmstadt 1961.
Van Dooren, Wim: Eine frühe Hegel-Diskussion in Holland. In: HST 11 (1976), S. 211–217.
Walicki, Andrzej: The Slavophile Controversy. History of a Conservative Utopia in Nineteenth Century Russian Thought. Transl. by Hilda Andrews-Rusiecka. Oxford 1975.
Weiss, Frederick G.: Hegel: A Bibliography of Books in English, arranged chronologically. In: *O'Malley*, Joseph J., u. a. (Hrsg.): The Legacy of Hegel. Den Haag 1973, S. 298–308.
Wolff, Michael: Hegel im vorrevolutionären Rußland. Zur Vorgeschichte des dialektischen Materialismus als agrarsozialistische Ideologie. In: Aktualität und Folgen der Philosophie Hegels. Hrsg. von Oskar *Negt*. FfM 1970, S. 151–182 (= ed. s. 441).
Zumr, Josef: Hegel und die Slawen. Bericht über eine Warschauer Tagung. In: HST 3 (1965), S. 287–294.

IV. Grundlinien der Hegelrezeption im 20. Jahrhundert

1. Der Neuhegelianismus als »Hegelrenaissance«

Oft genug wurde die Hegelsche Philosophie in der zweiten Hälfte des 19. Jh.s totgesagt. So konstatierte *Windelband* in seiner »Geschichte der neuern Philosophie« bezüglich der *Phänomenologie*: »das Geschlecht, welches den Reichthum dieses Werks verstehen kann, stirbt aus [...] Schon jetzt jedenfalls dürften diejenigen, die es auch nur von Anfang bis zu Ende gelesen haben, zu zählen sein« (Bd. II, 1880, S. 311).

Umso überraschender ist die bald als »Renaissance« sich begreifende erneute Hinwendung zu Hegels Philosophie im Neuhegelianismus, die zu Beginn dieses Jahrhunderts ungefähr gleichzeitig und unabhängig voneinander in Holland, Italien und Deutschland einsetzte und ihren Höhepunkt in der Gründung eines ›Internationalen Hegel-Bundes‹ im Jahre 1930 fand. Die Termini »Neuhegelianismus« und »Hegelrenaissance« selbst sind angesichts der Vielfalt der in ihnen sich ausdrückenden Strömungen schillernd, doch kann insgesamt von einer sich aus einheitlichen Impulsen speisenden Gesamtbewegung gesprochen werden (faßt man wie Beyers »Hegel-Bilder«, S. 75 ff. den Begriff »Neuhegelianismus« so weit, daß schließlich jede Beschäftigung mit Hegel nach dessen Tod darunter fällt, wird er allerdings unbrauchbar). Denkhaltung wie Ausdrucksweise dieser Gesamtbewegung erscheinen heute sehr fern gerückt; sie sind eher nur mehr als Hintergrund präsent, auf den sich Arbeiten wie die von Löwith, Lukács, Ritter oder Bloch polemisch beziehen. Doch ist dabei zu bedenken, daß ohne das z. T. schwülstige Pathos des Neuhegelianismus seine bleibenden Leistungen im Bereich der systematischen Erforschung von Hegels Entwicklung und der Neupublikation seiner Werke wohl kaum möglich gewesen wären.

Ausgangspunkt der Bewegung in *Deutschland* war die Entdeckung des »jungen Hegel« in Wilhelm *Diltheys* »Die Jugendgeschichte Hegels«, die 1906 erschien und deren Bedeutung für die Zeit wohl kaum überschätzt werden kann (»seitdem gibt es einen Neuhegelianismus«, schrieb Glockner 1924). Bereits 1888 hatte Dilthey in einer Anzeige der »Briefe von und an Hegel« formuliert: »Die Zeit des Kampfes mit Hegel ist vorüber, die Zeit seiner historischen Erkenntnis ist gekommen. Diese historische Betrachtung wird erst das Vergängliche in ihm von dem Bleibenden sondern« (zit. nach Ges. Schr. IV, S. V). Gegenüber dem allgemein verbreiteten Bild des »Panlogisten« Hegel zeichnet Diltheys Entwicklungsgeschichte den jungen Hegel als lebendigen Vertreter eines anti-aufklärerischen, »mystischen Pantheismus«, dessen Denken zugleich höchste Bedeutung für die Entstehung des historischen Bewußtseins hat:

»Der wichtigste und sicherste Gewinn, den er in diesem Zeitraum erarbeitete, lag in einer Vertiefung in die Innerlichkeit der geschichtlichen Welt, die über alle frühere Geschichtsschreibung weit hinausging. Eben daß Hegel von der Religiosität aus in sie eindrang, war entscheidend für das Größte, was er der europäischen Welt geleistet hat. Er steht neben Niebuhr [...] als der Begründer der Geschichte der Innerlichkeit des menschlichen Geistes [...] aus der zurückgehaltenen Tiefe eines Geistes, der sich nie an die Welt verzettelte, kam ihm eine Energie des Erlebens der geistigen Bewegungen um ihn her, welche das Vergangene bis in seine letzte Innerlichkeit wieder lebendig zu machen ihm ermöglichte – mit allem, mit Trennungen, mit Leid, mit Sehnsucht, mit Seligkeit« (Ges. Schr. IV, S. 157).

Entsprechend gab *Nohl* die ebenfalls überaus bedeutsam gewordene Publikation früher Hegelmanuskripte unter dem Titel »Theologische Jugendschriften« heraus (1907) und spricht im Vorwort von der »Glut seines [d.h. Hegels] metaphysischen Erlebens«, die selbst die Interpunktion »nicht logisch, sondern in der Einheit der inneren Anschauung des Gemüts« geraten ließ (S. VII). Am Ende desselben Vorworts gibt Nohl das Stichwort von der »Renaissance«, die er einem Verhältnis zur Geschichte als »abstrakte Kenntnis« gegenüberstellt: »Und wenn ich sage, daß Hegel auch in diesem Sinne auferstehen muß, so hat das nichts zu tun mit einer unzeitgemäßen Repetition seines Systems, sondern bedeutet die ›Er-Innerung‹ seiner lebendigen Kräfte in unserem Leben« (S. X).

Bereits drei Jahre später hielt *Windelband* seine berühmte Heidelberger Akademierede über »Die Erneuerung des Hegelianismus« (1910), in der er – noch aus der Distanz des älteren Neukantianers – die Motive des Wiederauflebens der »Hegelei« anführt:

»Es ist der Hunger nach Weltanschauung, der unsere junge Generation ergriffen hat und der bei Hegel Sättigung sucht [...]. Und wenn sich dies Geschlecht aus positivistischer Verarmung und materialistischer Veröden zu geistigen Lebensgründen zurücksehnt und zurücksucht, ist es zu verwundern, daß [...] es an der Lehre zu haften beginnt, die ihm das Universum als Entwicklung des Geistes in großen Zügen vorführt?« (278)

Des weiteren erwähnt Windelband den »Einschlag des religiösen Motivs« und die »Hingabe an eine geistige Gesamtheit« (279), die sich in den »Weltanschauungsbedürfnissen einer aufgeregten Zeit« als wirksam erweisen. Diese »aufgeregte Zeit« versuchte *Honigsheim* erkenntnissoziologisch zu analysieren (»Zur Hegel-Renaissance im Vorkriegs-Heidelberg«). Ausgehend von der Beobachtung, daß der Heidelberger Neuhegelianismus nicht als Auswirkung einer Einzelpersönlichkeit betrachtet werden darf, sondern daß »auf gleiche Fragestellungen mehr als einmal die gleiche Antwort erteilt [wurde], und zwar unabhängig voneinander durch mehrere Personen« (297), führt Honigsheim die Abkehr von liberal-individualistisch-neukantianischen Prinzipien und die geradezu zum Schlagwort gewordene »Suche nach neuen Bindungen« auf eine geistige Disposition zurück, die generell in »Epochen von Entwurzeltheit und Umbruch« zu finden sei. Dazu komme die spezifisch Heidelberger Situation, die sich durch große Toleranz gegenüber Minderheiten auszeichnete. Das letzte Wort zum Phänomen des Neuhegelianismus dürfte damit trotz der Richtigkeit dieser Beobachtungen allerdings noch nicht gesprochen sein; insbesondere scheint mir die ideologische Funktion des Neuhegelianismus als Gesamtphänomen noch nicht zureichend erforscht (das Buch »Die deutsche Philosophie von 1917–1945« [→ S. 162] verfährt hier allzu pauschal).

Insgesamt zeichnet sich der Neuhegelianismus durch seine fast ausschließlich *geistesgeschichtliche* Ausrichtung aus. Darauf beruht sein immer wieder artikuliertes Selbstverständnis als Gegenströmung und Antwort auf den Neukantianismus: man verstand die eigene Situation gleichsam als imaginäre Wiederholung der geschichtlichen Entwicklung, die der deutsche Idealismus genommen hatte. So bereits Windelband in der erwähnten Akademierede, so z. B. Lasson in seinem Vortrag »Was ist Hegelianismus?« (1916): »Hegelianismus ist der umfassend durchgeführte, der zur Vollendung gebrachte Kantianismus« (10). Eine Folge der geistesgeschichtlichen Beschränkung war ferner die methodische Unfähigkeit, die Entwicklung der Hegelschule wirklich historisch zu begreifen, womit auch die imaginäre Wiederholung des deutschen Idealismus hinfällig geworden wäre. *Glockner* etwa sieht im Linkshegelianismus »nichts anderes als die Wiedergeburt schwerer Krisen, die Hegels Denken selber bereits durchgemacht [...] hatte«; denselben Vorgang des Rückbezugs auf den jungen Hegel, den der Neuhegelianismus jetzt *bewußt* vollziehe (»Krisen und Wandlungen...«, S. 217 u. ö.). Der Gipfel des (un)historischen Eklektizismus und Synkretismus wird erreicht in dem Buch von *Levy*, »Die Hegelrenaissance in der deutschen Philosophie« (1927): Neukantianismus und Lebensphilosophie fließen im Neuhegelianismus zusammen, der sich durch seinen umfassenden »Synthesencharakter« auszeichne und als notwendige – wenn auch differenziertere – Wiederholung des Wegs von Kant zu Hegel ergeben habe. Aber ganz dürften die kantischen Prinzipien doch nicht vergessen werden – »nur so kann die Wiedererweckung jenes gewaltigen Systems der Philosophie und dem allgemeinen Kulturleben zum Segen werden« (94).

Aus der Fülle der Hegelliteratur dieser Zeit können als wichtigste Exponenten des deutschen Neuhegelianismus Georg Lasson, Richard Kroner, Theodor Haering und Hermann Glockner hervorgehoben werden, auch wenn Haering und Glockner ihre eigene Position nicht als eine hegelianische verstanden. Der Berliner protestantische Pfarrer G. *Lasson* (1862–1932), der durch seinen Vater Adolf in einer direkten Kontinuität zum älteren Hegelianismus stand, wurde durch seine Neuausgabe der Hegelschen Werke (ab 1905) international sehr wichtig, vor allem da er auch bisher unbekannte Manuskripte wie Hegels *Handschriftliche Zusätze zu seiner Rechtsphilosophie* und die sog. *Jenenser Logik, Metaphysik und Naturphilosophie* edierte [→ S. 223]. Selbständige Einleitungen in Buchumfang gab er zu Hegels *Philosophie der Weltgeschichte* und zur *Religionsphilosophie* heraus, in denen er – trotz gewisser Vorbehalte – »Hegels Werk nicht kritisch zu zerpflükken, sondern verehrungsvoll verständlich zu machen« sich bemühte (Vorwort zur »Einführung in Hegels Religionsphilosophie«). Bei Lasson zeigt sich ein ausgeprägtes preußisch-protestantisches Traditionsbewußtsein.

Richard *Kroner* brachte 1921 und 1924 sein momumentales, zweibändiges Werk »Von Kant bis Hegel« heraus (ca. 1 150 Seiten), das Hegels Philosophie problemgeschichtlich über den detaillierten Nachvollzug der Entwicklungslinie Kant–Fichte–Schelling zu Hegel als Gesamtsynthese explizieren will. Kroner ist als der unbedingteste Hegelianer des Neuhegelianismus zu bezeichnen: »Hegel verstehen«, lautet seine Überzeugung, »heißt einsehen, daß über ihn schlechterdings nicht hinausgegangen werden kann« (Bd. I, S. 6). Ein zentrales Anliegen seines Werkes ist die Kritik des Bildes vom »Panlogisten« Hegel:

> »*Hegel ist ohne Zweifel der größte Irrationalist*, den die Geschichte der Philosophie kennt [...]. Er ist Irrationalist, weil er lehrt, daß der Begriff sich bewegt, und weil die Selbstbewegung des Begriffs [...] seine Selbstzerstörung einschließt. Er ist Irrationalist, weil er Dialektiker ist, weil die Dialektik *der zur Methode, der rational gemachte Irrationalismus* selbst, – weil dialektisches Denken rational-irrationales Denken ist« (Bd. II, S. 272).

Feuerbachs ehemals *kritisch* gemeintes Urteil über Hegels Philosophie als »rationelle Mystik« wird an derselben Stelle von Kroner explizit positiv in Erinnerung gerufen.

Ebenso monumental ist Theodor *Haerings* zweibändige Studie »Hegel. Sein Wollen und sein Werk« (1929 und 1938, ca. 1 300 Seiten), das die Entwicklung von Hegels Denken und insbesondere auch seiner Sprache bis zur *Phänomenologie* anhand konkreter Detailinterpretationen verfolgt. Gegenüber Kroners problemgeschichtlichem Ansatz kommt Haering – dabei ebenso geistesgeschichtlich verfahrend – zu dem »Hauptergebnis«, »daß Hegel weit mehr als durch andere Einflüsse von Menschen und Umständen durch und aus sich selbst heraus das geworden ist, was er tatsächlich [...] war; und daß er in der Tat auch aus sich selbst heraus verstanden werden kann und muß« (Bd. I, S. X).

Als Grundtendenz von Hegels Wollen sieht Haering eine in einem »Geistesmonismus« wurzelnde religiös-volkspädagogische Grundhaltung, die in allen Werken zum Ausdruck komme. Die Rolle politischer Ereignisse, vor allem die konstitutive Bedeutung der französischen Revolution, bemerkt Ritter, tritt bei Haering wie bei allen allgemeinen Darstellungen der geistigen Entwicklung Hegels aus dieser Zeit »fast ganz in den Hintergrund« (»Hegel und die französische Revolution«, S. 91).

Unter den »Großen« des Neuhegelianismus ist schließlich Hermann *Glockner* zu nennen, der die »Jubiläumsausgabe« der Hegelschen Werke (zwanzig Bände, 1927–1940) sowie ein vierbändiges »Hegel-Lexikon« herausgab [→ S. 220 f.]. In seiner zu dieser Ausgabe gehörenden Monographie stellt Glockner die »Voraussetzungen« (Bd. I) sowie »Entwicklung und Schicksal der Hegelschen Philosophie« (Bd. II) dar. Je nach Hegels Verhältnis zu der für Glockner zentralen »europäischen Frage« des »rational-irrationalen Zusammen« stellt sich Hegels Denkweg als Aufstieg zur lebendigen, »pantragischen« Haltung der

Jenaer Schriften und als Abstieg in die Starre des dialektischen Systems dar.

Glockners Arbeiten zu Hegel sind inzwischen in Beiheft 2 der »Hegel-Studien« zusammengefaßt und bequem zugänglich gemacht; der Nachtrag »Wie ich zu Hegel kam« (S. 457–476) vermag einen interessanten Einblick in Werdegang und Gedankenwelt eines Intellektuellen aus dieser Zeit zu vermitteln. Eine fundierte Kritik des Glocknerschen Unternehmens hat – von philologischen Fragen ausgehend – O. Pöggeler anläßlich der 3. Auflage der »Jubiläumsausgabe« geliefert [→ S. 221].

In politischer Hinsicht neigten die Vertreter des deutschen Neuhegelianismus zu einem teils handfesten, teils »sublimierten« konservativen Nationalismus. Aufschlußreich ist etwa folgende Passage aus dem Vortrag »Was heißt Hegelianismus«, den *Lasson* im Oktober 1915 hielt:

»Und wenn gerade gegenwärtig in dem furchtbaren Weltkriege sich die wundervolle Einheit des deutschen Idealismus und des deutschen Wirklichkeitssinns überwältigend offenbart, so ist es gewiß begreiflich, daß eben der Denker, in dem sich damals, als die gedanklichen Grundlagen unserer heutigen Geisteskultur gelegt wurden, deutscher Idealismus und deutscher Wirklichkeitssinn in ebenso eigentümlicher wie vorbildlicher Weise verbunden haben, als einer der geistigen Väter des neuen Deutschland erhöhte Beachtung findet.«

Sehr einflußreich wurde das 1920 erschienene Buch von Franz *Rosenzweig,* »Hegel und der Staat«, das – ganz im »Geist der Vorkriegsjahre« geschrieben – Hegels Staatsbegriff als gedanklichen Vorläufer von Bismarcks Nationalstaat erweisen will. Rosenzweig ist immerhin (etwa gegenüber einer gänzlich borniertern Vereinnahmung Hegels wie bei Plenge) redlich genug zuzugestehen, daß das starke Hervortreten liberaler Prinzipien in Hegels Denken eine Identifikation beider Staatsbegriffe nicht zuläßt.

Den entscheidenden Impuls für einen neuen Aufschwung des Hegelianismus in *Italien* gab Benedetto Croce mit seiner Studie »Lebendiges und Totes in Hegels Philosophie« (1907), die ihn weit über Italien hinaus bekannt machte (deutsche Übersetzung 1909, französische und englische Übersetzung 1910 bzw. 1915). In dieser sehr souveränen Arbeit sieht Croce das bleibend »Lebendige« in Hegels Dialektik als einer »Synthese der Gegensätze«, die zum Begriff der »konkreten Allgemeinheit« gelangt und im Begreifen der Wirklichkeit allem nicht-dialektischen Denken unendlich überlegen ist. Der entscheidende Fehler Hegels, das

»Abgestorbene« seiner Philosophie beruhe aber auf einer falschen Verallgemeinerung des als Dialektik der *Gegensätze* konzipierten Dialektikbegriffs, so daß bei Hegel alle *Unterschiede* (z. B. zwischen Recht und Moral, Kunst und Religion, Organischem und Anorganischem) als *Gegensätze* konstruiert und in das triadische Schema von These, Antithese und Synthese gepreßt würden (vgl. dt. Ausgabe 1909, S. 78). Damit hänge der »zweite große Mißbrauch« zusammen, »die individuellen Tatsachen und die empirischen Begriffe ebenfalls dialektisch zu behandeln« (141). Croce lehnt daher die gesamte Naturphilosophie Hegels ab und sieht seine bleibende Bedeutung innerhalb einer Wissenschaft des objektiven Geistes, dessen verschiedene Formen jedoch in ihrer Selbständigkeit anerkannt werden müssen (vgl. S. 164).

In engster Zusammenarbeit mit Croce stand das Werk Giovanni *Gentiles* (1875–1944), dessen Idealismus einen ausgeprägt aktualistischen Charakter besitzt. Politisch führte Gentiles Aktualismus zu einem starken Staatszentrismus (der Staat als konkreteste Verkörperung des Absoluten), der ihn in die Gefolgschaft Mussolinis führte und den offenen Bruch mit dem Liberalen Croce zur Folge hatte (→ S. 160). Beide Denker übten lange Zeit eine Art intellektuelle Hegemonie über Italien aus.

Ohne die Kontinuität, in der die Beschäftigung mit Hegel in Italien immer verlief, entstand in *Holland* um 1900 mit G. J. P. J. *Bolland* (1854–1922) eine originäre Hegelbewegung. Bolland, der persönlich in Hegels Philosophie den Weg aus seiner kritizistischen Verzweiflung fand, gab viele Werke Hegels mit Anmerkungen heraus und wirkte neben den eigenen Schriften vor allem durch die Kraft und Lebendigkeit seiner Vorträge, die auch in nichtakademischen Kreisen sehr großen Anklang fanden. Bolland vertrat einen orthodoxen, in gewissem Sinne unmittelbar-gefühlseligen Hegelianismus, der sich mit Hegels Methode im Besitz aller Wahrheit wußte. Seine zahlreichen Schüler schlossen sich 1923 in der ›Bollandgesellschaft‹ für reine Vernunft‹ zusammen, mit der Zeitschrift »Die Idee« als Organ.

Von hier ging auch die Initiative für eine internationale Hegel-Vereinigung aus, die sich 1930 als ›*Internationaler Hegel-Bund*‹ auf dem 1. Hegelkongreß in Den Haag konstituierte. Zweck des Hegel-Bundes war laut Satzung »die Förderung der Philosophie im Hegelschen Geiste«. Zum ersten Vorsitzenden wurde Richard Kroner gewählt, im Vorstand war auch G. Gentile (!). Auf diesem ersten Kongreß standen Berichte über »Stand und Auffassung der Hegelschen Philosophie« in den verschiedenen Ländern Europas im Vordergrund, die ein aufschlußreiches Gesamtbild über den europäischen Neuhegelianismus geben. In einem Kongreßbericht konstatiert Levy als »fast durchgängige« Gesamttendenz »die völlige Abwendung von der Meinung, Hegels Philosophie sei intellektualistisch oder nur logizistisch, erfahrungsfeindlich und quietistisch; vielmehr wird die Bedeutung des selbstbewußten totalen Geistes, die Macht des Irrationalen, ja des Mystischen, die enge Fühlung mit der Erfahrung, die Wendung zum Konkreten mehr oder weniger hervorgehoben und das aktive Moment zur Geltung gebracht« (in: Logos XIX [1930], S. 423). Ein zweiter Kongreß fand im Oktober 1931 anläßlich des hundertsten Todestages von Hegel in Berlin statt, ein dritter folgte im April 1933 in Rom. Weitere Kongresse fanden nicht statt. Der ›Internationale Hegel-Bund‹ schlief sozusagen ein, während ein Teil seiner Vertreter sich der neuen »Bewegung« anschloß.

Literatur

Verhandlungen des Ersten Hegelkongresses vom 22. bis 25. April 1930 im Haag. Hrsg. von Baltus *Wigersma*, Tübingen/Haarlem 1931. (Veröffentlichungen des Internationalen Hegelbundes. 1)
Verhandlungen des Zweiten Hegelkongresses vom 18. bis 21. Oktober 1931 in Berlin. Hrsg. von Baltus *Wigersma*. Tübingen/Haarlem 1932. (Veröffentlichungen des Internationalen Hegelbundes. 2)
Verhandlungen des Dritten Hegelkongresses vom 19. bis 23. April 1933 in Rom. Hrsg. von Baltus *Wigersma*. Tübingen/Haarlem 1934. (Veröffentlichungen des Internationalen Hegelbundes. 3)

Croce, Benedetto: Lebendiges und Totes in Hegels Philosophie. Mit einer Hegel-Bibliographie. Bari 1907. Deutsche, vom Verfasser vermehrte Übersetzung von K. Büchler, Heidelberg 1909.
Gentile, Giovanni: La riforma della dialettica hegeliana. Messina 1913 u. ö.
Glockner, Hermann: Krisen und Wandlungen in der Geschichte des Hegelianismus. Prolegomena zu einer künftigen Darstellung. – Stand und Auffassung der Hegelschen Philosophie in Deutschland, hundert Jahre nach seinem Tode. – Hegelrenaissance und Neuhegelianismus. Alle in: Beiträge zum Verständnis und zur Kritik Hegels. = HST Beih. 2, Bonn 1965, S. 211–228; 272–284, 285–311.
ders.: Hegel. Bd. I: Die Voraussetzungen der Hegelschen Philosophie. Dritte, verb. Aufl. (endgültige Fassung) unter dem Titel: Schwierigkeiten und Voraussetzungen der Hegelschen Philosophie. Stuttgart 1954.
Bd. II: Entwicklung und Schicksal der Hegelschen Philosophie. Stuttgart 1940. Zweite, verb. Auflage (endgültige Fassung) Stuttgart 1958.
Haering, Theodor: Hegel. Sein Wollen und sein Werk. Eine chronologische Entwicklungsgeschichte der Gedanken und der Sprache

Hegels. Bd. I, Leipzig 1929. Bd. II, Leipzig 1938. Neudruck Aalen 1963.
Honigsheim, Paul: Zur Hegelrenaissance im Vorkriegs-Heidelberg. Erkenntnissoziologische Beobachtungen. In: HST 2 (1963), S. 291–301.
Kroner, Richard: Von Kant bis Hegel. Bd. I: Von der Vernunftkritik zur Naturphilosophie. Tübingen 1921. Bd. II: Von der Naturphilosophie zur Philosophie des Geistes. Tübingen 1924. 2. Aufl. in einem Band 1961.
Lasson, Georg: Beiträge zur Hegelforschung. Heft 1, Berlin 1909. Heft 2, Berlin 1910.
ders.: Was heißt Hegelianismus? Berlin 1916.
ders.: Hegel als Geschichtsphilosoph. Leipzig 1920.
ders.: Einführung in Hegels Religionsphilosophie. Leipzig 1930.
Levy, Heinrich: Die Hegel-Renaissance in der deutschen Philosophie. Berlin 1927.
Plenge, Johann: 1789 und 1914. Die Symbolischen Jahre in der Geschichte des politischen Geistes. Berlin 1916.
Rosenzweig, Franz: Hegel und der Staat. 2 Bde., München/Berlin 1920. Neudruck Aalen 1962.

2. Faschistische Instrumentalisierung

Die Einordnung Hegels zu den Vorläufern und geistigen Wegbereitern des Faschismus gehört zu den Konstanten des Hegel-Bildes im 20. Jh., die sich hartnäckig gehalten haben. In den angelsächsischen Ländern war diese Sichtweise weit verbreitet und stellte den unmittelbaren Anlaß für *Marcuses* Hegelbuch dar, das 1941 in englischer Sprache erschien. (»Wir hoffen, daß die hier gebotene Analyse nachweisen wird, daß Hegels Grundbegriffe denjenigen Tendenzen feindselig gegenüberstehen, die zu faschistischer Theorie und Praxis geführt haben« – »Vernunft und Revolution«, S. 11). In Deutschland gehört die Kritik der Hegelschen »Staatsvergottung« zu den Bestandteilen der geistesgeschichtlichen Selbstreflexion nach verlorenen Kriegen: so das Buch von Heller, »Hegel und der nationale Machtstaatsgedanke in Deutschland« (1921); so F. Meinecke 1946: »Der deutsche Machtstaatsgedanke, dessen Geschichte mit Hegel begann, sollte in Hitler eine ärgste und verhängnisvollste Steigerung und Ausbeutung erfahren« (»Die deutsche Katastrophe«, S. 28). Die Problematik solcher Analysen liegt auf der Hand, da in ihnen Hegels Denken mit dem, was die Legitimationsbedürfnisse antiliberaler Ideologieproduzenten daraus herausgelesen haben, meist umstandslos gleichgesetzt wird. Andererseits – und hierin liegt ein wesentlicher Gesichtspunkt für die Beschäftigung mit Rezeptionsgeschichte überhaupt – schafft die Kenntnis auch extremer Verzerrungen eine kritische Distanz gegenüber einem Text wie der *Rechtsphilosophie,* die für das Bemühen um ein angemessenes Gesamtverständnis nur fruchtbar sein kann.

Im Zentrum der faschistischen Hegelaneignung standen die *Rechtsphilosophie* und die *Philosophie der Weltgeschichte.* In Italien, wo der Neuidealismus »von Anfang an mit der nationalen Einheitsbewegung verbunden« war (Marcuse, S. 354), wurde diese Wendung von *Gentile* und seiner Schule schon früh vollzogen. Angesichts der Schwäche des italienischen Liberalismus wurde Hegels Staatskonzeption als über den partikularistischen Interessen stehend begrüßt und in Verbindung mit der faschistischen Auffassung des Staates als »Organismus« gebracht.

In diesem Sinne preist Gentile die Definition des Staates als »Wirklichkeit der sittlichen Idee« (*Rechtsphilosophie,* § 257) als »eine der größten Errungenschaften des modernen Bewußtseins« (»Il concetto dello Stato in Hegel«, S. 124); Hegel habe den wahren Begriff des Staates überhaupt erst entdeckt. Andererseits – und hierin liegt das Bewußtsein der Distanz gegenüber Hegel, das auch im Faschismus vorhanden war – fordert Gentile eine Weiterbildung von Hegels Staatsbegriff, der in der Theorie des Krieges, in der Stellung des Staates gegenüber Familie und bürgerlicher Gesellschaft sowie seinem Rang als objektiver, nicht aber absoluter Geist den »carattere spirituale ed etico dello Stato« mindert (S. 129).

Das Bild, das demgegenüber Marcuse vom »Nationalsozialismus als Gegner Hegels« zeichnet, bedarf der Korrektur. Es ist richtig, daß sehr einflußreiche nationalsozialistische Wort»führer« Hegels Philosophie und mit ihr den deutschen Idealismus ablehnten, da Hegel die Trennung zwischen Staat und Volk nicht überwunden habe (C. Schmitt), da er in der Traditionslinie: französische Revolution – Marxismus stehe (A. Rosenberg), da er eine humanitär-individualistische Gesamtkonzeption habe (F. Böhm). Demgegenüber steht aber eine mächtige Tendenz der nationalistischen Vereinnahmung Hegels als »größtem deutschen Philosophen«, dessen Denken lediglich immanenter Korrektur und Weiterbildung bedürfe. Vorbereitet wurde diese Sichtweise – und hierin liegt die Berechtigung von Topitschs Polemik – in der »bildungs- und traditionsbewußten ›nationalen Opposition‹ bürgerlicher Prägung«, die auch im Neuhegelianismus beheimatet war und sich jetzt über Hegels

Staatsmetaphysik »der banausischen Hitlerbewegung auf geistig anspruchsvollerem Niveau zu attachieren« vermochte (»Hegel und das Dritte Reich«, S. 48). Einer ihrer prominentesten Vertreter war der angesehene Jurist und Rechtsphilosoph Julius *Binder*, der auf dem ersten (!) Kongreß des ›Hegel-Bundes‹ eine Art Grundsatzreferat über »Die Freiheit als Recht« hielt.

Binder entwickelte vor der »Hegelgemeinde« eine extrem antiliberale und antimarxistische Auffassung der *Rechtsphilosophie*, indem er Hegels Begriff der Freiheit »als das Bewußtsein des Gebundenseins an das Gesetz« (147) dem sich selbst entfremdeten Geist der liberalistischen Gegenwart gegenüberstellt. Hayms Interpretation wird als »Marionettentheorie« bezeichnet; Hegel zeige »die Unhaltbarkeit des subjektiv-individualistischen Standpunkts« und erweise »die sittliche Berechtigung des Krieges«. – Binders eigenes »System der Rechtsphilosophie« (1937) »ist gedacht als ein System des absoluten Idealismus« (143), das freilich von absoluten historischen Projektionen bestimmt ist (»Hegel [...] hat auch die Idee des Volks- und Führerstaats vor allen anderen begriffen, er konnte aber als Kind seiner Zeit das Führertum nur in der damaligen Monarchie verwirklicht sehen« – S. 309).

Als Gesamttendenz der rechtsphilosophischen Hegelinterpretation Binders und seiner Schule (Larenz, Busse, Dulckeit, Schönfeld) beschreibt *Rottleuthner* in seinem sehr materialreichen Aufsatz zur Rolle des Neuhegelianismus in der deutschen Jurisprudenz die »Substantialisierung des Formalrechts«. Kardinalthemen sind dabei »das Verständnis von Recht und Staat als sittliche Explikation der völkischen Substanz« sowie »der Versuch, die Hegelsche Gliederung von abstraktem Recht–Moralität–Sittlichkeit durch die ›Versittlichung‹ besonders des Formalrechts zu überwinden« (229). Der objektive Geist wird hier zum »Sammelbecken legitimierender Topoi« (239) gemacht, die die Realität des Faschismus mit einer sittlich-geistigen Aura umgeben.

Rottleuthners Aufsatz ist von der Intention getragen, »einige sinnvolle Thesen über die Rolle des Neuhegelianismus« abzuleiten, nicht jedoch einen »totale[n] Fungibilitätsverdacht gegenüber der Hegelschen Philosophie (229). Diese wichtige Unterscheidung zwischen einer Philosophie und ihrer Rezeptionsgeschichte wurde leider vergessen in den zahlreichen »Abrechnungen« mit Hegel nach dem Faschismus, wobei im Kontext des Kalten Krieges mittels des Totalitarismusbegriffs zugleich meist die Linie Hegel–Marx miterledigt wurde. Eine der bekanntesten dieser Abrechnungen ist Karl *Poppers* »Die offene Gesellschaft und ihre Feinde« (1945), die dem »falschen Propheten« Hegel als offiziellem Philosophen des Preußentum und Vorläufer des Nationalsozialismus den Prozeß macht. Ebenfalls einflußreich wurde zwanzig Jahre später E. *Topitsch,* der seine richtige Beobachtung über die Verdrängung der Rolle nationalistisch-konservativer Denktraditionen im deutschen Bildungsbürgertum in eine pauschale Hegel- und Dialektikkritik einbaute, die – z. B. durch die Analogiebildung zwischen mythisch-gnostischem und dialektischem Denken – zu unhaltbaren Konstruktionen führt. Zu den jüngsten Vertretern kritischer Hegel-Kritiker gehört *Kiesewetter,* der in dem umfangreichen Buch »Von Hegel zu Hitler« das ganze Arsenal von Vorwürfen noch einmal durchspielt – unbekümmert um den gegenwärtigen Diskussionsstand und um Grundprinzipien kritischer Philologie (vgl. die Rez. von Hočevar in HST 11 [1976], S. 329–332). So bleibt der sachliche Ertrag dieses eigentlich sinnvollen, weil Geschichtsbewußtsein weckenden Streites, wie Riedel betont, »freilich [...] gering« (»Materialien zu Hegels Rechtsphilosophie« I, S. 33).

Literatur

Beyer, Wilhelm Raimund: Hegel-Bilder. Kritik der Hegel-Deutungen. 3. Aufl. Berlin 1970. Kap. 13: »Der faschistische Hegel« (S. 153–167).

Binder, Julius: Die Freiheit als Recht. In: Verhandlungen des ersten Hegelkongresses vom 22. bis 25. April 1930 im Haag. Hrsg. von Baltus *Wigersma.* Tübingen/Haarlem 1931, S. 146–210.

ders.: System der Rechtsphilosophie. Der ›Philosophie des Rechts‹ 2., vollkommen neu bearbeitete Auflage. Berlin 1937.

Böhm, Franz: Anti-Cartesianismus. Leipzig 1938.

Finger, Otto und *Buhr,* Manfred: Deutsche Philosophie von 1917–1945. Berlin 1961.

Dulckeit, Gerhard: Rechtsbegriff und Rechtsgestalt. Untersuchungen zu Hegels Philosophie des Rechts und ihrer Gegenwartsbedeutung. Berlin 1936.

Franz, Herbert: Von Herder bis Hegel. Eine bildungsgeschichtliche Ideenvergleichung. Frankfurt/Main 1938.

Gentile, Giovanni: Il concetto dello Stato in Hegel. In: Verhandlungen des 2. Hegelkongresses vom 19. bis 22. Oktober 1931 in Berlin. Hrsg. von Baltus *Wigersma.* Tübingen/Haarlem 1932, S. 121–134.

Heller, Hermann: Hegel und der nationale Machtstaatsgedanke in Deutschland. Ein Beitrag zur politischen Geistesgeschichte. Stuttgart 1921. Neudruck Aalen 1963.

Kiesewetter, Hubert: Von Hegel bis Hitler. Eine Analyse der Hegel-

schen Machtstaatsideologie und der politischen Wirkungsgeschichte des Rechtshegelianismus. Hamburg 1974.
Marcuse, Herbert: Reason and Revolution. Hegel and the Rise of Social Theory. London/New York/Toronto 1941. 2nd Ed. (with suppl. chapter) London 1955. Dt. Übers. Vernunft und Revolution. Hegel und die Entstehung der Gesellschaftstheorie. Neuwied/Berlin 1962 u. ö.
Meinecke, Friedrich: Die deutsche Katastrophe. Wiesbaden 1946 u. ö., vgl. auch:
ders.: Die Idee der Staatsraison in der neueren Geschichte. München/Berlin 1924. 2. Aufl. 1957 u. ö.
Popper, Karl: The open society and its enemies. Vol. 2: The hightide of prophecy: Hegel, Marx and the aftermath. New York 1945, London 1952 u. ö. Dt. Übers.: Die offene Gesellschaft und ihre Feinde. Bd. 2: Falsche Propheten. Hegel, Marx und die Folgen. Bern 1958 u. ö.
Rosenberg, Alfred: Der Mythus des 20. Jahrhunderts. München 1933.
Rottleuthner, Hubert R.: Die Substantialisierung des Formalrechts. Zur Rolle des Neuhegelianismus in der deutschen Jurisprudenz. In: Aktualität und Folgen der Philosophie Hegels. Hrsg. von Oskar *Negt*. FfM 1970, S. 211–264 [mit reichen Literaturangaben]. (= ed. s. 441)
Schmidt, Werner: Hegel und die Idee der Volksordnung. Leipzig 1944.
Schmitt, Carl: Staat, Bewegung, Volk. Die Dreigliederung der politischen Einheit. Hamburg 1934.
Topitsch, Ernst: Hegel und das Dritte Reich. In: Der Monat (Heft 213), Juni 1966, S. 36–51.
ders.: Die Sozialphilosophie Hegels als Heilslehre und Herrschaftsideologie. Neuwied/Berlin 1967.
ders.: Kritik der Hegel-Apologeten. In: Hegel und die Folgen. Hrsg. von Gert-Klaus *Kaltenbrunner*. Freiburg 1970, S. 329–360.

3. Die Entdeckung der »Phänomenologie« im Existentialismus

Zu den folgenreichsten und produktivsten Ereignissen der Rezeptionsgeschichte gehört die Begegnung mit Hegel im Existentialismus, in deren Zentrum die *Phänomenologie* stand: »Über das Kennenlernen der *Phänomenologie des Geistes* hat Hegel im heutigen Frankreich Heimatrecht gefunden« (Biemel, S. 646). Wie Göhler in seiner Darstellung des existentialistischen Ansatzes beschreibt, »hat gerade die *Phänomenologie* auf das existenzphilosophische Denken eine große Anziehungskraft ausgeübt« (S. 600), auch wenn von seinen wichtigsten Vertretern (Sartre, Camus, Merleau-Ponty, Marcel; der frühe Heidegger und Jaspers) keine speziell auf dieses Werk zentrierten

Arbeiten vorliegen. Es ist vielmehr das Verdienst von Jean *Wahl*, Alexandre *Kojève* und Jean *Hyppolite*, im Selbstbewußtseins-Kapitel der *Phänomenologie* – »le plus profond et le plus significatif de toute la *Phénoménologie de l'esprit*« (Hyppolite, »Situation«, S. 105) – ein derart brisantes Modell philosophischer Reflexion entdeckt und interpretatorisch erschlossen zu haben, daß es mit dem »phänomenologischen« Verständnis Hegels schließlich zu einer »Hegelianisierung des eigenen Denkens«, zu einem »Hegelianischen Denktyp« in Frankreich kam (Asveld, S. 661 ff.). Mag es sich dabei auch in manchem um eine Modeerscheinung gehandelt haben – ein Abtun der existentialistischen *Vergegenwärtigung* Hegels als »Gedankenspielerei«, wie dies Beyer tun zu können glaubt, wird der Produktivität dieser Vergegenwärtigung keinesfalls gerecht, in der neue, zu den bleibenden Errungenschaften der Rezeptionsgeschichte gehörende Tiefenschichten seines Werkes erschlossen wurden.

Auf seinem Vortrag während des ersten internationalen Hegelkongresses 1930 über den Stand des Hegelstudiums in Frankreich betont A. *Koyré* – selbst ein Erneuerer des Hegelstudiums und mit J. Wahl als Vertreter Frankreichs im Vorstand des ›Hegel-Bundes‹ – daß es in Frankreich nie eine wirkliche Hegelschule oder herausragende Hegelianer gegeben habe. Aus der Vielzahl der Gründe hebt er vor allem die Dominanz der cartesianischen Tradition heraus, die wohl zu einem frühen Neukantianismus, aber auch zur Ablehnung der Dialektik führte. Diese Ablehnung war noch in den zwanziger Jahren dieses Jahrhunderts selbstverständlich.

Der grundlegende Umschwung wurde eingeleitet durch die Interpretation des »unglücklichen Bewußtseins«, die Jean *Wahl* 1929 vorgelegt hat. Wahl geht ganz von dem durch Dilthey geprägten Bild des jungen Hegel und den »Theologischen Jugendschriften« aus [→ S. 151 f.] und verkündet so im Vorwort dezidiert:

»Hegel kann nicht auf einige logische Formeln reduziert werden. Bevor die Dialektik Methode ist, ist sie eine Erfahrung [...]. Es ist zum Teil die Reflexion auf das christliche Denken, auf die Idee eines menschgewordenen Gottes, die Hegel zur Konzeption des konkreten Allgemeinen geführt hat. Hinter dem Philosophen entdecken wir den Theologen, und hinter dem Rationalisten den Romantiker [...]. Am Ursprung dieser Lehre, die sich wie eine Verkettung von Begriffen darstellt, liegt eine Art mystischer Intuition und affektiver Wärme« (S. 9).

In der gründlichen Interpretation der 13 Abschnitte »Das unglückliche Bewußtsein«, in denen Wahl das Herzstück der *Phänomenologie* sieht, bezieht er diese Bewußtseinsgestalt auf Judentum und Christentum und konzentriert sich ganz auf den Nachvollzug der Bewegung, wie Hegel sie darstellt (vgl. III, S. 163 »Im Skeptizismus . . .« bis S. 170 » . . . Entzweiung findet«. – Die Übersetzung von Wahls Kommentar zu diesem Abschnitt findet sich bei Göhler, S. 714–743). Wesentlich ist dabei einmal die *unmittelbare Bedeutung* Hegelschen Denkens, die Wahl anhand dieser Darstellung einer Bewußtseinsgestalt dem Leser eindrucksvoll zu vermitteln vermag (zumal die *Zerrissenheit* des individuellen Bewußtseins und ihre Überwindung ein »spezifisches Intellektuellenmotiv« dieser Zeit darstellt; vgl. das Vorwort zu den »Materialien zu Hegels *Phänomenologie des Geistes*«, S. 25). Zum andern entspricht dieser entdeckten Relevanz eine *neue Art der Beschäftigung* mit Hegel, wie sie neben Wahl nur Koyré in seinen Vorlesungen über Hegels Religionsphilosophie praktizierte: »Es wird nicht in allgemeinen Thesen über Hegel gesprochen, sondern die Arbeit des Verstehens wird gefordert und geleistet« (Biemel, S. 648).

Mit den ausschließlich der *Phänomenologie* gewidmeten Vorlesungen, die A. *Kojève* von 1933–1939 an der Pariser »École des Hautes Études« hielt, gelang der Durchbruch dialektischen Denkens in Frankreich (unter den Hörern waren Sartre, Merleau-Ponty, Queneau, Hyppolite, Fessard). Kojève ging ebenfalls vom Selbstbewußtseins-Kapitel aus, stellte aber den Abschnitt über »Herrschaft und Knechtschaft« in den Mittelpunkt und entwickelte von hier aus eine Interpretation, die neue Seiten Hegelschen Denkens hervorkehrte: eine »phänomenologische Anthropologie«, in deren welthistorischem Konzept die »Begierde« als Grundlage des Selbstbewußtseins, der Kampf auf Leben und Tod zwischen »Herr« und »Knecht« als soziale Form seiner Realisierung und die »Arbeit« des Knechts als »Anerkennung« des Herrschaftsverhältnisses und Motor der geschichtlichen Entwicklung fungieren. Kojèves Interpretation ist ausgesprochen »linkshegelianisch«: »Von jeher haben gewisse Menschen Gott und das Fortleben geleugnet. Doch Hegel hat als erster den Versuch einer vollständigen atheistischen und in bezug auf den Menschen finistischen *Philosophie* gemacht« (Fetscher-Ausgabe, S. 189 Anm.).

Die Methode der Vorlesungen ist die einer *Aktualisierung* Hegels, indem Kojève von der *Phänomenologie* her Bezüge zu Husserl, Heidegger und vor allem zu Marx herstellt. Hegel steht hier bereits voll in der Diskussion um den Marxismus – die »Pariser Manuskripte« wurden 1932 erstmals vollständig ediert –, dem Kojève eine »breitere anthropologisch-ontologische Basis« geben wollte (vgl. das Vorwort von Fetscher, S. 9; zur – negativen – Reaktion aus orthodoxer Richtung vgl. → S. 183).

Kojèves Vorlesungen wurden erst 1948 herausgegeben. Eine gekürzte deutsche Übersetzung wurde 1958 von I. Fetscher besorgt. Das wichtigste Kapitel hieraus, der »zusammenfassende Kommentar zu den ersten sechs Kapiteln der ›Phänomenologie des Geistes‹«, ist ebenfalls enthalten in den »Materialien«, S. 133–188. – Kojèves Wirkung beruhte nicht zuletzt auf der Lebendigkeit und Konkretionsfähigkeit seines Vortrags, die die Lektüre dieses Kapitels ausgesprochen anregend machen. Dem tut kein Abbruch, daß seine Gesamtdeutung, wie häufig und zu Recht bemerkt wurde, von einer großartigen Einseitigkeit ist.

Einen anderen Weg schlug Jean *Hyppolite* ein, der neben Kojève maßgeblicher Förderer des Hegelstudiums in Frankreich. Hyppolite übersetzte (erstmals) die *Phänomenologie* als ganze und gab sie mit Anmerkungen versehen heraus (1939 und 1941). 1946 erschien sein umfangreicher, ausgezeichneter Gesamtkommentar »Genèse et structure de la Phénoménologie de l'Esprit de Hegel«. Gegenüber Kojève bietet Hyppolite einen vorwiegend immanenten Nachvollzug des Hegelschen Gedankengangs, wobei er ihn ständig mit den Problemstellungen und -lösungen des deutschen Idealismus in Beziehung setzt: »Die Aktualität seines Denkens erhält nicht durch die gerade gegenwärtigen Probleme ihre Rechtfertigung, sondern im Lichte des Philosophierens des Deutschen Idealismus beginnt die Gegenwart sich zu verstehen« (Biemel, S. 653). Dies jedoch in einer der »nachverstehenden« Vorgehensweise im Bereich des deutschen Neuhegelianismus ungleich überlegenen Weise, da Hyppolite über ein lebendiges Geschichtsbewußtsein, d. h. *auch*: kritisches Gegenwartsbewußtsein verfügt. Das zeigt sich in der Art und Weise, wie er in seinen Aufsätzen »L'existence dans la *Phénoménologie* de Hegel« (1946) und »Situation de l'homme dans la *Phénoménologie hégélienne*« (1947) Hegels Denken auf den Existentialismus zu beziehen und zugleich klar abzugrenzen vermag.

Ein längerer Auszug aus dem ersten Teil von »Genèse et structure« ist übersetzt bei Göhler, »Grundlagen der Phänomenologie-Interpretation«, S. 744–800. Der späte Aufsatz »Anmerkungen zur Vorrede der Phänomenologie des Geistes und zum Thema: das Absolute ist

Subjekt« (in: »Materialien«, S 45–52) vermag einen Eindruck von Hyppolites Vorgehensweise zu geben. – Auf die vielfältigen Einwirkungen und Brechungen Hegelschen Denkens im französischen Existentialismus kann hier nur hingewiesen werden: zu *Sartre* vgl. »Das Sein und das Nichts« (1943), S. 316–328; zu *Merleau Ponty* vgl. den Aufsatz »L'existentialisme chez Hegel« (1945/46) in »Sens et Non-Sens«, S. 109–121.

Heideggers Bezug zu Hegel ist ebenso vielschichtig wie die Wandlungen, die sein eigenes Denken genommen hat und entspricht daher jeweils diesen Stationen. In »Sein und Zeit« nimmt Heidegger eine »Abhebung« des eigenen, »existentialontologischen Zusammenhanges von Zeitlichkeit, Dasein und Weltzeit gegen Hegels Auffassung der Beziehung zwischen Zeit und Geist« vor (§ 82). Hegels Zeitbegriff erscheint hier als »radikalste [...] begriffliche Ausformung des vulgären Zeitverständnisses«. – Der Aufsatz »Hegels Begriff der Erfahrung« aus dem Jahre 1942/43 kommentiert von einer ganz anderen Fragestellung her den »Einleitung« betitelten Abschnitt der *Phänomenologie*, wobei Heidegger in Hegels Begriff der Erfahrung die Erscheinung des Absoluten (Parusie) ausfindig machen will (Die Erfahrung als »das Sein des Seienden«, S. 175). Dieser Aufsatz bedarf, wie die Herausgeber der »Materialien«, S. 28 betonen, eines eigenen »Metakommentars«, da hier Heideggers Denken und Hegels Text zusammenfließen. Heideggers Vorgehensweise in diesem Aufsatz wurde daher auch als »Usurpation« und »totale Vereinnahmung« bei Anspruch auf exegetische Verbindlichkeit kritisiert (so Heede in »Hegel-Bilanz« [→ S. 84], S. 85 f.; vgl. auch die dort angegebene Literatur).

Ganz im Umkreis von Heidegger steht das Buch des frühen *Marcuse*, »Hegels Ontologie und die Theorie der Geschichtlichkeit« (1932). Im Unterschied zum französischen Existentialismus steht hier die *Logik* im Mittelpunkt, da Marcuse in Auseinandersetzung mit Diltheys Begriff des »Lebens« durch eine Neuinterpretation der *Logik* Zugang für die Gewinnung der »Grundcharaktere der Geschichtlichkeit« erschließen will.

Literatur

Ausführliche Angaben zum Thema: Hegel – Existentialismus sowie speziell zu *Sartre* und *Heidegger* befinden sich in »Hegel and the History of Philosophy« [→ S. 95], S. 202 f.; 234 ff. – Vgl. auch die reichen, chronologisch geordneten Literaturangaben in *Göhlers* Ausgabe der *Phänomenologie* und in den »Materialien zu Hegels *Phänomenologie des Geistes*« [→ S. 42 f.].

Angelino, Carlo: Heidegger interprete di Hegel. In: Incidenza di Hegel, hrsg. von Fulvio *Tessitore*. Napoli 1970, S. 985–1014.

Asveld, Paul: Zum Referat von Walter Biemel über die Phänomenologie des Geistes und die Hegelrenaissance in Frankreich. In: HST Beih. 11 (1974), S. 657–664.

Beyer, Wilhelm Raimund: Das ›tirer Hegel‹ und der Existentialismus. In: Hegel-Bilder. Kritik der Hegel-Deutungen. 3. Aufl. Berlin 1970, S. 192–205.

Biemel, Walter: Die Phänomenologie des Geistes und die Hegelrenaissance in Frankreich. In: HST Beih. 11 (1974), S. 643–655.

Fetscher, Iring: Der Marxismus im Spiegel der französischen Philosophie. in: *Metzke*, Erwin (Hrsg.): Marxismusstudien. Bd. 1 (1954), S. 173–213.

Gadamer, Hans-Georg: Anmerkungen zu dem Thema ›Hegel und Heidegger‹. In: Natur und Geschichte. Karl Löwith zum 70. Geburtstag. Hrsg. von Hermann *Braun* und Manfred *Riedel*. Stuttgart 1967, S. 123–131.

Göhler, Gerhard: Die wichtigsten Ansätze zur Interpretation der Phänomenologie. 2. Der existentialistische Ansatz. In Göhlers *Phänomenologie*-Ausgabe (→ S. 43), S. 600–612.

Heidegger, Martin: Sein und Zeit. Tübingen 1927 u. ö.

ders.: Hegels Begriff der Erfahrung. In: Holzwege. FfM 1950 u. ö., S. 105–192.

Hyppolite, Jean: Genèse et structure de la Phénoménologie de l'Esprit de Hegel. Paris 1946. 2. Aufl. 1956.

ders.: Figures de la pensée philosophique. Bd. I, Paris 1971, darin Aufsätze zu Hegel S. 73–352 (»L'existence dans la ›Phénoménologie‹ de Hegel«, S. 92–103; »Situation de l'homme dans la ›Phénoménologie‹ hégélienne«, S. 104–121).

Kojève, Alexandre: Introduction a la lecture de Hegel. Leçons sur la Phénoménologie de l'Esprit, professées de 1933–39 a l'École des Hautes Études, réunies et publiées par Raymond *Queneau*. Paris 1947. Dt. Übersetzung in Auswahl: Hegel. Versuch einer Vergegenwärtigung seines Denkens. Hrsg von Iring *Fetscher*, Stuttgart 1958. Neuausgabe mit einem Anhang: »Hegel, Marx und das Christentum« FfM 1975.

Koyré, Alexandre: Rapport sur l'état des études hégéliennes en France. In: Verhandlungen des ersten Hegelkongresses vom 22. bis 25. April 1930 im Haag. Hrsg. von Baltus *Wigersma*, Tübingen/Haarlem 1931, S. 80–105.

Marcuse, Herbert: Hegels Ontologie und die Theorie der Geschichtlichkeit. FfM 1932; 2. Aufl. 1968.

Merleau-Ponty, Maurice: Sens et Non-Sens. Paris 1948. ²1966.

Sartre, Jean-Paul: L'Être et le Néant. Paris 1949. Dt. Übers. Das Sein und das Nichts, Hamburg 1962.

Wahl, Jean: Le malheur de la conscience dans la philosophie de Hegel. Paris 1929, 2. Aufl. 1951.

ders.: Hegel et Kierkegaard. In: Verhandlungen des dritten Hegelkongresses vom 19. bis 23. April 1933 in Rom. Hrsg. von Baltus *Wigersma.* Tübingen/Haarlem 1934, S. 236–249.
ders.: Le role de A. Koyré dans le développement des études hégéliennes en France. In: HST Beih. 3 (1966), S. 15–26.

4. Dialektik zwischen »orthodoxem« und »kritischem« Marxismus

Ein Buch wie *Merleau-Pontys* »Die Abenteuer der Dialektik«, oder das Kapitel »Die Dialektik und ihre wechselnden Schicksale« in *Marcuses* »Gesellschaftslehre des sowjetischen Marxismus« verweisen schon vom Titel her auf die vielfältigen Wandlungen, die die Dialektik und mit ihr die Bestimmung des Verhältnisses Hegel–Marx in der marxistischen Diskussion dieses Jahrhunderts erfahren hat. Der Ausgangspunkt dieser sich bis heute durch höchste politische Aktualität auszeichnenden Entwicklung ist zu suchen in der Geschichte der 2. Internationale, spezieller: in der Funktion, die F. *Engels* als »politischer Mentor der deutschen Sozialdemokratie« auf deren Selbstverständnis ausübte (vgl. »Debatte um Engels«, → S. 135). Mit starker Tendenz zur geschlossenen »Weltanschauung« bildete sich hier eine Art »offizielle Philosophie« der Arbeiterbewegung heraus. Eine wichtige Rolle spielte hierbei auch Karl *Kautsky* als Herausgeber des offiziellen Organs »Die Neue Zeit«, das ab 1882 erschien. Je nach dem Verhältnis der Theoretiker zur Politik der organisierten Arbeiterbewegung wurden auch die Grundlagen ihres Selbstverständnisses, und hier insbesondere wieder die Dialektik, in die bald einsetzenden Kontroversen einbezogen.

Die erste größere »Parteidiskussion« über Dialektik entzündete sich an Fragen der langfristigen Strategie der Sozialdemokratie. In seinem Bemühen, die offensichtliche Diskrepanz zwischen revolutionärer Theorie und reformistischer Praxis der SPD zu überwinden, entwickelte Eduard *Bernstein* (1850–1932) aus der Kritik der sog. »Verelendungstheorie« heraus ein Konzept organisch-demokratischer Evolution des Sozialismus als »friedliches Hineinwachsen in den Sozialismus«. In seinem Hauptwerk »Die Voraussetzungen des Sozialismus und die Aufgaben der Sozialdemokratie« (1899) sichert er diesen spektakulären Bruch theoretisch ab durch den Nachweis der Zeitgebundenheit der Marxschen Theorie, namentlich der Prognosen des »Kommunistischen Manifests«. Hier sieht Bernstein »geschichtliche Selbsttäuschung«, die er (z. T. psychologisch) erklärt als »Produkt eines Restes Hegelscher Widerspruchsdialektik [...], das Marx – ebenso wie Engels – sein Lebtag nicht losgeworden zu sein scheint« (54). Die »Fallstricke der hegelianisch-dialektischen Methode« also als Gefahr geschichtsphilosophischer Konstruktion jenseits der »erfahrungsgemäß feststellbaren Tatsachen« (53), mit verhängnisvollen Folgen für Strategie und Taktik der Arbeiterbewegung. Die jetzt nötige »Revision der Theorie selbst« müsse daher vor allem »mit der Hegeldialektik abrechnen«: »Sie ist das Verräterische der Marxschen Doktrin, der Fallstrick, der aller folgerichtigen Betrachtung der Dinge im Wege liegt. Über sie konnte oder mochte Engels nicht hinaus« (59).

Um diese Thesen entspann sich eine Kontroverse mit Kautsky in der »Neuen Zeit«, in der vor allem Kautskys Gedankengang sehr aufschlußreich ist. Richtig sieht er den Zusammenhang zwischen Bernsteins Revisionismus und dem Angriff auf die Dialektik, die als Methode dem revolutionären Geist des Marxismus entspreche (»Bernstein und die Dialektik«, S. 49). Zugleich zeigt sich aber bei Kautsky deutlich die Tendenz, das Denken von Marx und Engels als abgerundetes Ganzes aufzufassen. Eine Revision der Theorie ist nicht nötig; in ihren »reifsten Werken«, dem »Kapital« und dem »Anti-Dühring«, »ist die marxsche Theorie [...] frei von Widersprüchen« (48).

Von großer Bedeutung für die Verbreitung des Marxismus in Rußland, aber auch der 2. Internationale überhaupt war das Wirken G. *Plechanows* (1856–1918). Plechanow war entschiedener Gegner Bernsteins und vertrat – ähnlich wie Kautsky – einen stark an Engels orientierten Materialismus im Sinne einer »harmonischen« und »konsequenten« Gesamtkonzeption (»Der Marxismus ist eine ganze Weltanschauung«, beginnt die Einleitung der »Grundprobleme des Marxismus«). So folgt auch sein Hegelverständnis der Sichtweise von Marx und Engels; zusammenhängend formuliert ist es in dem Aufsatz »Zu Hegels sechzigstem Todestag«, der 1891 in der »Neuen Zeit« erschien und Hegels Geschichtsphilosophie in ihrer Bedeutung als Vorläufer der marxistischen Geschichtsauffassung wie in ihrer Überlegenheit gegenüber dem mechanischen Materialismus skizziert:

»Die materialistische Geschichtsauffassung setzt das dialektische Denken voraus [...]. Solange Hegel an dem dialektischen Standpunkt festhielt [...], war er unleugbar ein *revolutionärer Denker* [...]. Die *dialektische Methode* – das war das wichtigste *wissenschaftliche Vermächtnis, das der deutsche Idealismus seinem Erben, dem modernen Materialismus, hinterlassen hat.«* (›Argument‹-Nachdruck, S. 282).

Im dialektischen Standpunkt sieht Plechanow auch die Möglichkeit einer Kritik an politisch-philosophisch konträren Konzeptionen wie »Evolutionismus« und »Revolution«:

»Die Dialektik hat es schon längst verstanden, über den *abstrakten Gegensatz* zwischen Evolution und Revolution hinauszukommen. Sie weiß, daß Sprünge unvermeidlich sind, sowohl im Denken als auch in der Natur und in der Geschichte [...]. Sie sucht nur die Bedingungen klarzumachen, unter denen die *allmähliche Veränderung notwendigerweise zu einem Sprung führen muß*« (284 f.).

An einem Punkt wie diesem zeigen sich schon relativ früh die unmittelbar politischen Implikationen der philosophischen Diskussion um Hegel in der Arbeiterbewegung. Und die »großartigen Erfolge der Sozialdemokratie«, so Plechanow 1891, werden künftig auch die sog. gebildeten Klassen nötigen, »die sozialdemokratischen Lehren und deren historischen Ursprung kennenzulernen« – wobei sich Hegel »als ein für die ›öffentliche Ruhe‹ höchst gefährlicher Denker« herausstellen wird (264).

Lenins Hegelrezeption war zunächst stark von Plechanow beeinflußt, mit dem er – fünfundzwanzigjährig – 1895 in der Schweiz erstmals zusammentraf. Man kann sie nach einem groben Raster in drei Etappen einteilen:

1. In seinem 1895 in Berlin entstandenen Konspekt zur »Heiligen Familie« übernimmt Lenin die prinzipielle Idealismuskritik dieses Werkes, bei Anerkennung einiger wertvoller Seiten der Hegelschen Philosophie. Die Frage der Dialektik steht hier noch nicht im Mittelpunkt der Aufmerksamkeit, wie Lenin auch generell seine Inkompetenz in philosophischen Fragen offen bekennt (vgl. den Briefwechsel in WW Bd. 34, S. 9, 24, 370).

2. Auch das philosophische Hauptwerk »Materialismus und Empiriokritizismus« (1908) berührt den Begriff der Dialektik eher am Rande. Lenin entwickelt hier in Anlehnung an Engels' »Anti-Dühring« und in scharfer Abgrenzung zwischen Materialismus und Idealismus die sog. *Widerspiegelungstheorie,* die mit der Kanonisierung von »Materialismus und Empiriokritizismus« zu Beginn der zwanziger Jahre zum Kernstück der offiziellen Erkenntnistheorie des Marxismus erhoben wurde. (»Materialismus ist die Anerkennung der ›Objekte an sich‹ oder außerhalb des Geistes; die Ideen und Empfindungen sind Kopi-

en oder Abbilder dieser Objekte« – WW Bd. 14, S. 16; »Das Bewußtsein *widerspiegelt* überhaupt das Sein – das ist eine allgemeine These des *gesamten* Materialismus«. – ibid., S. 326). Neben diesen Grundsätzen, deren scharfe Pointierung nicht zuletzt aus dem aktuellen politischen Kontext ihrer Entstehung verstanden werden muß, stehen positive Bemerkungen zur idealistischen Dialektik, deren »genial wahren Kern« Marx und Engels allein begriffen hätten (vgl. ibid., S. 313, 241).

3. Zu einer intensiven Auseinandersetzung mit Hegel gelangte Lenin erst während seines Schweizer Exils 1914/15. Hier entstanden die sog. »Philosophischen Hefte« mit Konspekten zu Hegels *Logik, Enzyklopädie, Philosophie der Geschichte, Geschichte der Philosophie* sowie einigen Skizzen zur Dialektik, die auf den Plan einer ausführlichen Bearbeitung dieser Thematik schließen lassen. Veröffentlicht wurden diese Arbeiten fast alle erst Ende der zwanziger/Anfang der dreißiger Jahre, haben dann aber für die marxistische Diskussion rasch eine große Bedeutung erlangt.

In dem umfangreichen Konspekt zur *Wissenschaft der Logik* formuliert Lenin als Erkenntnisintention: »Ich bemühe mich im allgemeinen, Hegel materialistisch zu lesen: Hegel ist auf den Kopf gestellter Materialismus (nach Engels) – d. h., ich lasse den lieben Gott, das Absolute, die reine Idee etc. größtenteils beiseite« (WW Bd. 38, S. 94; alle folgenden Zitate nach diesem Band, in dem die Konspekte zusammengefaßt sind). Fasziniert und provoziert von Hegels Text, versucht Lenin immer wieder, das Programm des »Auf-die-Füße-Stellens« konkret einzulösen, indem er eine »Übersetzung« vornimmt. So z. B. S. 148 f., wo Hegels Text: »Die Substanz ist eine wesentliche *Stufe im Entwicklungsprozeß der Idee...*« folgendermaßen übersetzt wird: »Lies: eine wesentliche Stufe im Entwicklungsprozeß der *menschlichen Erkenntnis* der Natur und der *Materie*«; oder S. 203, wo Lenin bezüglich der Rolle der Praxis im Erkenntnisprozeß anstelle von Hegels »Begriff« das Wort »Mensch« setzt, der sich in der objektiven Welt Objektivität zu geben, d. h. sich zu realisieren sucht.

Einen anderen – wesentlichen – Schritt der »Übersetzung« nimmt Lenin vor, indem er von der *Logik* her auf Probleme der Methodologie im Marxschen »Kapital« stößt, vor allem auf die Abstraktionsebene der grundlegenden Begriffe. So formuliert er z. B. bezüglich der hegelschen Ausführung über die Bedeutung der Vernunftbegriffe: »Auch hier hat Hegel im Wesen *recht*: der *Wert* ist eine Kategorie, die des Stoffes der Sinnlichkeit entbehrt, aber sie ist *wahrer* als das Gesetz von Nachfrage und Angebot« (162; vgl. auch S. 316 ff.). Diese methodologischen Implikationen nicht gesehen zu haben ist der Hauptvorwurf, den Lenin der ökonomischen Theorie der 2. Internationale macht (S. 170; vgl. → S. 129).

Gleichsam das Leitmotiv *aller* Konspekte ist die »Frage der Dialektik« (so ein Fragment von 1915), die von den verschiedensten Aspekten her – z. B. Praxis, Materialismus/Idealismus, Geschichte der Philosophie – immer wieder thematisiert wird. Dabei geht es Lenin, da er die Dialektik der bürgerlichen Gesellschaft bei Marx nur als »speziellen Fall« der Dialektik begreift, um ihre *allgemeine* Formulierung als Erkenntnis- und Seinsprinzip (z. B.: »Dialektik ist die Lehre, wie die Gegensätze identisch sein können und es sind« – S. 99; vgl. auch »Die Elemente der Dialektik«, S. 212 f.). Des öfteren grenzt er sich vom Vulgärmaterialismus ab, der sich unter Hegels Niveau bewege; so etwa in der Plechanow-Kritik, S. 169. – Generell vermittelt die Lektüre der Konspekte den Eindruck des Produktiv-Offenen bei Lenin, einer intellektuellen Entdeckungsreise des Autors sozusagen, was nicht zuletzt mit seiner allgemeinen Hochschätzung Hegels zusammenhängt. Wie dringend er dessen Kenntnis für einen richtig verstandenen *dialektischen* Materialismus hielt, zeigt der kleine Aufsatz »Über die Bedeutung des streitbaren Materialismus« aus dem Jahre 1922, der sich mit der Zielsetzung der Zeitschrift »Unter dem Banner des Marxismus« befaßt. Lenin empfiehlt hier den Redakteuren und Mitarbeitern, »das systematische Studium der Dialektik Hegels vom materialistischen Standpunkt aus [zu] organisieren«. Sie sollten so »eine Art ›Gesellschaft materialistischer Freunde der Hegelschen Dialektik‹ sein« (WW Bd. 33, S. 219 f.).

Mit Beginn der zwanziger Jahre setzte in der Sowjetunion eine zunehmend stärkere Verdinglichung der Marxschen Theorie zu einer »Legitimationswissenschaft« ein, die *Negt* in der sehr informativen Einleitung zu dem Buch »Kontroversen über dialektischen und mechanistischen Materialismus« aus der historischen Entwicklung der Sowjetunion nachzuzeichnen versucht. Negt rückt vor allem die Kategorie des »Legitimationsmangels«, den »*revolutionären Legitimationsbedarf* einer *nachrevolutionären* Gesamtgesellschaft« (15) in den Mittelpunkt. Dieser Legitimationsmangel hat die Tendenz,

»eine durch formallogische Konsistenz ausgezeichnete Ideologie oder ›Weltanschauung‹ zu erzeugen, die in dem Maße, wie sich die revolutionär-emanzipativen Intentionen der politischen Umwälzung als *praktisch* nicht einlösbar erweisen, ein Eigendasein gegenüber den aktuellen geschichtlichen Prozessen annehmen« (16).

Diese – insgesamt recht einheitlichen – Konturen einer »Philosophie des Vor-Stalinismus« zeigt Negt an drei Ebenen auf: Dem Verhältnis zwischen Dialektik und Produktivkräften, dem Stellenwert, den jetzt die »Naturdialektik« einnimmt, sowie der Legitimationsfunktion der Widerspiegelungstheorie, die, wie Negt betont, »in keinem Verhältnis zu der Bedeutung ihres philosophischen Gehalts« steht (40). All diese Punkte werden sichtbar in den Arbeiten von Deborin und Bucharin, den wohl wichtigsten Theoretikern dieser Epoche. So begreift A. *Deborin* in dem Aufsatz »Materialistische Dialektik und Naturwissenschaft« (1925) die Dialektik »als eine allgemeine Methodologie«; als »Wissenschaft von den allgemeinen Zusammenhängen und Beziehungen der realen Welt« kann sie »selbstverständlich auf alle Gebiete der Wirklichkeit angewandt werden« (104 f.). In *Bucharins* »Theorie des historischen Materialismus« (1922) wird dieser als – triadische – Theorie des »beweglichen« *Gleichgewichts* zwischen Gesellschaft und Natur entwickelt. Hegels Dialektik wird dabei »in die Sprache der modernen Mechanik« umgesetzt (231).

Gegenüber diesen auf die gesamte Komintern ausstrahlenden Tendenzen einer Naturalisierung der Dialektik zu einer »scholastischen ordo von Grund-, Haupt- und Nebenwidersprüchen« (Krahl) war es gerade der Rückgriff auf Hegel, durch den Georg Lukács und Karl Korsch ihre Kritik entfalteten (»Geschichte und Klassenbewußtsein«/»Marxismus und Philosophie«, beide 1923). Im Vorwort zur Neuausgabe 1967 schreibt *Lukács:* »*Geschichte und Klassenbewußtsein* bedeutet den damals vielleicht radikalsten Versuch, das Revolutionäre an Marx durch Erneuerung und Weiterführung der Hegelschen Dialektik und seiner Methode wieder aktuell zu machen.« (22) An derselben Stelle spricht er selbstkritisch von einer »Hegelschen Überspannung«, von einem »Überhegeln Hegels« in seinem Jugendwerk.

»Orthodoxie in Fragen des Marxismus bezieht sich [...] ausschließlich auf die *Methode*.« – »Die materialistische Dialektik ist eine revolutionäre Dialektik.« – »Es müssen [...] sowohl in der Theorie, wie in der Art der Ergreifung der Massen jene Momente, jene Bestimmungen aufgefunden werden, die die Theorie, die dialektische Methode zum Vehikel der Revolution machen; es muß das praktische Wesen der Theorie aus ihr und ihrer Beziehung zu ihrem Gegenstand entwickelt werden.«

Formulierungen wie diese aus dem ersten Aufsatz »Was ist orthodoxer Marxismus?« sind gegen Bernstein und andere Theoretiker der 2. Internationale (Max Adler, H. Cunow), aber auch gegen die Engelssche Naturdialektik gerichtet, da in dieser »die entscheidenden Bestimmungen der Dialektik: Wechselwirkung von Subjekt und Objekt, Einheit von Theorie und Praxis« nicht vorhanden sind (63). Lukács, der durchaus von einer *Differenz* zwischen den Ansichten von Marx über die Hegelsche Dialektik und deren sachliche Bedeutung für den Marxismus ausgeht (53; → S. 128 f.), sieht deren Aktualität vor allem in der Kategorie der Totalität:

»Nicht die Vorherrschaft der ökonomischen Motive in der Geschichtserklärung unterscheidet entscheidend den Marxismus von der bürgerlichen Wissenschaft, sondern der Gesichtspunkt der Totalität. [...] *Die Herrschaft der Kategorie der Totalität ist der Träger des revolutionären Prinzips in der Wissenschaft.*« (94)

Nicht durch »Umkehrung«, sondern gerade durch Aufrechterhaltung dieses Gesichtspunkts, als dem Wesen der Methode, sei Marx in der Lage gewesen, die Zerstückelung der kapitalistischen Wirklichkeit wie der von dieser hervorgebrachten Wissensformen zu überwinden: »Die dialektische Totalitätsbetrachtung [...] ist in Wahrheit die einzige Methode, die Wirklichkeit gedanklich zu reproduzieren und zu erfassen.« (71)

Der geschichtsphilosophische Ansatz der Aufsätze ist stark von der *Phänomenologie des Geistes* gespeist, vor allem in dem großen Aufsatz »Die Verdinglichung und das Bewußtsein des Proletariats« (das Proletariat als »identisches Subjekt-Objekt des Geschichtsprozesses«). Mit ihrer Begrifflichkeit versucht Lukács, auch aktuelle Probleme der Organisationsfrage zu klären (Organisation als Vermittlung zwischen Einzelnem und Allgemeinheit, Theorie und Praxis etc.). Lukács' Intention, »das *methodisch Fruchtbare* an dem Denken Hegels als *lebendige geistige Macht für die Gegenwart zu retten*« (Vorwort 1922), wurde so gerade mit »Geschichte und Klassenbewußtsein« exemplarisch eingelöst. Wenige Arbeiten der marxistischen Tradition können sich mit dem Reflexionsniveau dieses Werkes messen.

In der gleichen politischen Stoßrichtung einer prinzipiellen Orthodoxie-Kritik entfaltet *Korsch* in »Marxismus und Philosophie« das Programm einer Anwendung des Marxismus auf sich selbst. Als einzig wissenschaftliche Methode dieses Untersuchungsprogramms fordert er,

»daß wir den von Hegel und Marx in die Geschichtsbetrachtung eingeführten dialektischen Gesichtspunkt, den wir bisher nur auf die Philosophie des deutschen Idealismus und die aus ihr *hervorgehende* marxistische Theorie angewendet haben, jetzt auch auf deren *weitere Entwicklung* bis zur Gegenwart anwenden« (97).

Korschs revolutionärer Aktivismus begreift die materialistische Dialektik im wesentlichen als theoretischen Ausdruck des geschichtlichen Befreiungskampfes des Proletariats. Obwohl ihr die Theorieform, ihr »philosophischer Charakter« innerhalb der bürgerlichen Gesellschaft notwendig anhaftet, sieht Korsch ihr Zentrum im Begriff der »umwälzenden Praxis«, wie ihn der junge Marx entwickelt hat. Von daher kritisiert Korsch zum einen scharf die Forderung nach einem einheitlich ausgearbeiteten, »dialektischen« Weltbild des Proletariats, wie sie etwa der führende KPD-Politiker Thalheimer 1923 erhob:

»Es ist höchste Zeit, mit jener oberflächlichen Auffassung Schluß zu machen, als ob der Übergang von der idealistischen Dialektik Hegels zu der materialistischen Dialektik Marxens eine so einfache Sache wäre, daß sie sich durch einen bloßen ›Umsturz‹, die bloße ›Umstülpung‹ einer sonst unverändert bleibenden Methode bewerkstelligen ließe« (174).

Zum anderen aber – und hier liegt ein wesentlicher Unterschied zu »Geschichte und Klassenbewußtsein« – schätzt Korsch die Bedeutung Hegels und seiner Rezeption im Marxismus entschieden skeptischer ein, da er die Philosophie des »Bürgers Hegel« streng soziologisch-ideologiekritisch als der bürgerlichen Gesellschaft verhaftete Denkform begreift und so die spätere Marxsche Hegelrezeption [→ S. 126 ff.] eher als Abrücken vom genuin materialistischen Praxis-Ansatz, als notwendige Resignation nach der gescheiterten bürgerlichen Revolution betrachtet.

Korsch wurde 1926 aus der KPD ausgeschlossen, Lukács widerrief sein Buch 1934. Eine gute Dokumentation dieser Entwicklung bietet das Buch »Geschichte und Klassenbewußtsein heute«, das neben einer Diskussion führender Theoretiker der Studentenbewegung (u. a. Krahl, Negt, A. Schmidt) über Lukács im Dokumentationsteil Stellungnahmen der Sozialdemokratie, der russischen Orthodoxie, des »westlichen Marxismus« sowie Lukács' Selbstkritik enthält.

Es ist kein Zufall, daß Lukács und Korsch im Zuge der Studentenbewegung erstmals wieder breit rezipiert und diskutiert wurden. Die Aktualität der Kontroverse der zwanziger Jahre zeigen so unvermindert gegensätzliche Einschätzungen wie die von Cerutti und De la Vega. *Cerutti* würdigt – von der Studentenbewegung herkommend – bei dem Rekurs auf Hegel die »Neuentdeckung des revolutionären, praktisch-kritischen Gehalts der Marxschen Theorie« (»Hegel, Lukács, Korsch...«, S. 195). *De la Vega,* »Marxist-Leninist«, sieht in der »Versuchung des Hegelianisierens« eine »typische ›Höhenkrankheit‹ der (auch marxistischen) Intellektuellen«, deren gemeinsamer Fehler darin bestand, »daß sie Hegel aus der (meistens mißverstandenen) Perspektive des historisch-dialektischen Materialismus rezipierten, ohne dabei an die leninistische Interpretations- und Rezeptionslinie gebunden zu bleiben« (»Die Rolle ...«, S. 512 u. 515).

Nach heftigen Auseinandersetzungen wurde in einem ideologischen »Zweifrontenkrieg« mit Bucharin und Deborin abgerechnet (»mechanistische Revision des dialektischen Materialismus« einerseits, »idealistische Revision«, »menschewistisch gearteter Idealismus der Deborinschen Gruppe« andererseits – vgl. die Auszüge aus der Resolution der Parteizelle des Instituts der Roten Professur für Philosophie und Naturwissenschaft in Moskau, 1930, in »Kontroversen«, S. 315–329). In seinem Vortrag »Über die Ergebnisse der philosophischen Diskussion« (1931) erhebt M. *Mitin* das Verhältnis von Marx zu Hegel und zur Hegelschen Dialektik zum »Prüfstein [...] für jede Art von revisionistischer Preisgabe der marxistischen Philosophie«. Lenins Weiterbildungen sind jetzt »glänzende Musterbilder für die materialistische Umarbeitung der Hegelschen Dialektik in allen wichtigen Grundkategorien« (»Kontroversen«, S. 349 f.), bei nachdrücklicher Warnung vor jeder »Verhegelung« des Marxismus. Den Abschluß dieser Entwicklung bildet das schmale Werk von *Stalin* »Über dialektischen und historischen Materialismus« aus dem Jahre 1938. Der erste Satz lautet beschwörend: »Der dialektische Materialismus ist die Weltanschauung der marxistisch-leninistischen Partei.« Die hier vorliegende *Kodifizierung* der Engelsschen Naturdialektik basiert auf einer schematischen Aufteilung zwischen »dialektischem Materialismus« als Erkenntnis der Natur und »historischem Materialismus«, der »Ausdehnung« bzw. »Anwendung der Leitsätze« des dialektischen Materialismus auf Gesellschaft und Geschichte, wobei – da der Begriff »Gesetz« eine zentrale Rolle spielt – das gesellschaftliche Leben stark deterministisch aufgefaßt wird. Das Verhältnis zu Hegel wird gleich auf der ersten Seite geklärt: Hegels Dialektik haben Marx und Engels »nur deren ›rationellen Kern‹ entnommen, die Hegelsche idealistische Hülle jedoch beiseitegeworfen und die Hegelsche Dialektik weiterentwickelt, um ihr moderne wissenschaftliche Gestalt zu geben«. Diese »moderne wissenschaftliche Gestalt« ist allerdings dann beliebig fungibel – »Das Schicksal der Dialektik enthüllt die historische Substanz der Sowjetgesellschaft« (Marcuse, »Die Gesellschaftlehre«, S. 147).

Literatur

Althusser, Louis: Lenins Hegel-Lektüre. In: Lenin und die Philosophie. Reinbek/Hamburg 1974, S. 69–85.

Bernstein, Eduard: Die Voraussetzungen des Sozialismus und die Aufgaben der Sozialdemokratie. Stuttgart 1899. 2., verb. und erg. Auflage Stuttgart 1921.

ders.: Dialektik und Entwicklung. In: Die Neue Zeit. 17. Jg., 2. Bd. (1899), S. 353–363.

Cerutti, Furio, u. a. (Hrsg.): Geschichte und Klassenbewußtsein heute. Diskussion und Dokumentation. Amsterdam 1971.

ders.: Hegel, Lukács, Korsch. Zum dialektischen Selbstverständnis des kritischen Marxismus. In: Aktualität und Folgen der Philosophie Hegels. Hrsg. von Oskar *Negt.* FfM 1970, S. 159–210.

De la Vega, Rafael: Die Rolle des Hegelianismus für die marxistische Dialektik der 20er und 30er Jahre. In: HJB 1975, S. 509–515.

Grebing, Helga: Der Revisionismus. Von Bernstein bis zum ›Prager Frühling‹. München 1977 [mit wertvollen Literaturhinweisen].

Holzheuer, Walter: Karl Kautskys Werk als Weltanschauung. Beitrag zur Ideologie der Sozialdemokratie vor dem Ersten Weltkrieg. München 1972.

Kautsky, Karl: Bernstein und die Dialektik. In: Die Neue Zeit. 17. Jg., 2 Bd. (1899), S. 4–16.

Korsch, Karl: Marxismus und Philosophie. Hrsg. von Erich *Gerlach.* FfM 1966 u. ö. vgl. auch das

Korsch-Sonderheft der Zeitschrift »Politikon«: Die Aktualität Karl Korschs = Nr. 38, Sept./Nov. 1971, Göttingen.

Lenin, Wladimir I.: Werke. Dt. Ausgabe des Instituts für Marxismus-Leninismus beim Zentralkomitee der SED, Berlin 1964 u. ö.

Ley, Hermann: Die Aufhebung der Hegelschen Philosophie durch Lenin. In: *ders.* (Hrsg.): Zum Hegelverständnis unserer Zeit. Beiträge marxistisch-leninistischer Hegelforschung. Berlin 1972. S. 17–57.

Zu *Lenins* Hegelrezeption vgl. auch zahlreiche Beiträge im HJB 1970 und 1971.

Lukács, Georg: Geschichte und Klassenbewußtsein. Studien über marxistische Dialektik. Sonderausgabe Neuwied/Berlin 1970.

Marcuse, Herbert: Die Gesellschaftslehre des sowjetischen Marxismus. (engl. Originalausgabe 1957) Neuwied/Berlin 1969.

Merleau-Ponty, Maurice: Die Abenteuer der Dialektik. (Frz. Originalausgabe 1955) FfM 1968.

Negt, Oskar (Hrsg.): Abram Deborin/Nikolai Bucharin, Kontrover-

sen über dialektischen und mechanistischen Materialismus. FfM 1969.
Plechanow, Georgij W.: Zu Hegels sechzigstem Todestag. In: Die Neue Zeit. 10. Jg., 1. Bd. (1891/92), S. 198–203; 236–243; 273–282. Unter dem Titel »Zur Geschichtsphilosophie Hegels« wieder abgedruckt in ›Das Argument‹ Heft 65 (1971), S. 263–288.
Schmidt, Gerhart: Zur Wiederaufnahme der Phänomenologie des Geistes in Georg Lukács' Geschichtsphilosophie. In: HST Beih. 11 (1974), S. 635–641.
Stalin, Josef: Über historischen und dialektischen Materialismus. Berlin 1946 u. ö.
›Die Neue Zeit‹, Revue des geistigen und öffentlichen Lebens, ist gut zugänglich durch den Nachdruck des Auvermann-Verlags, Glashütten/Ts 1973.

5. Tendenzen nach 1945

Angesichts der Tatsache, daß Feststellungen wie »die Hegelliteratur der letzten Jahrzehnte ist bereits Legion« (Derbolav), oder die Klage über die »Unüberschaubarkeit«, das »Ausufern« der Literatur bereits zu regelmäßig wiederholten Topoi geronnen sind, ergibt sich – mehr noch als in den vorhergehenden Abschnitten – die Problematik eines knappen Überblicks. Sie hat jedoch nicht nur quantitative, sondern auch inhaltliche Gründe. Denn der »überraschende Vorgang einer zweiten Hegel-Renaissance«, den *Riedel* für die zweite Hälfte dieses Jahrhunderts konstatiert, »ist nicht mehr Sache einer ›Schule‹«, sondern »wird getragen von einem neuen Typ politischer Reflexionsphilosophie, der erst nach dem Rückschlag der russischen Revolution, dem Versagen der sozialdemokratischen und liberalen Bewegungen im Westen und dem verhängnisvollen Zusammenspiel von Faschismus und Kommunismus entstehen konnte« (»Materialien zu Hegels Rechtsphilosophie« Bd. 1, S. 36 u. 32 f.). Diese nach dem Faschismus eminent spürbare *Präsenz des Politischen* in der Hegelrezeption soll daher – in einem nicht reduktionistischen Sinne – den Leitfaden des folgenden Überblicks darstellen. Er beschränkt sich auf wenige Namen und Titel und legt den Schwerpunkt auf die Entwicklung in der BRD und DDR.

Nachdrücklich verwiesen sei hier auf den informativen Aufsatz von *Dervolav*, »Über die gegenwärtigen Tendenzen der Hegelaneignung in Deutschland« von 1969. Zu Recht betont Dervolav eingangs den Unterschied zur Hegelrezeption des Neuhegelianismus, dessen

»Vertrauen auf die Kraft philosophischer Überlieferung« er durch Heideggers Traditionskritik, die neopositivistisch-analytische Philosophie und den marxistisch-wissenschaftssoziologischen Ideologieverdacht erschüttert sieht. Derbolav untergliedert seinen Überblick »mit aller Vorsicht« nach drei Problemfeldern: (1) Philosophie der Praxis (Marxismus); (2) universelle Hermeneutik: a) geschichtsphilosophisch (J. Ritter u. a.) b) sprachphilosophisch (H. G. Gadamer u. a.); (3) ein systematisch-problemanalytischer Ansatz ohne bestimmte thematische Orientierung.

a) Hegel zwischen Ost und West

Die konfessionsstrategischen Kapitelüberschriften »Der katholische Hegel« und »Der evangelische Hegel« in Beyers »Hegel-Bildern« kennzeichnen treffend die Situation der 50er Jahre in der BRD, ging es doch – unter maßgeblicher Beteiligung beider Konfessionen – um die Neugewinnung eines philosophisch-politischen Selbstbewußtseins, im Zeichen des Kalten Krieges und unter starker Vorherrschaft heideggerschen Gedankenguts auf den philosophischen und theologischen Fakultäten. Hegel wurde so wieder aktuell primär in der Diskussion um Marx, speziell den jungen Marx und die Kategorie der »Entfremdung« (Fetscher: »Außer [...] Freud war kaum ein Denker hier mittlerweile so in Vergessenheit geraten wie Karl Marx« – »Karl Marx und der Marxismus«, S. 239). Diese Diskussion wurde von beiden Konfessionen als »Dialog« zwischen Christentum und Marxismus geführt. Neben den einschlägigen, auf die Philosophie des Stalinismus konzentrierten Arbeiten von G. A. Wetter und J. M. Bochenski steht auf katholischer Seite etwa die ontologische Marxdeutung von J. *Hommes,* der, wie auch Lakebrink, die Marxsche und Hegelsche Dialektik von Thomas von Aquin her kritisch beleuchtet:

»In der dialektischen Methode mißbraucht der Mensch die ihm als Ebenbild Gottes gegebene Möglichkeit, mit jedem Gegenstande, auf den er trifft, sich selbst ineins zu setzen [...] dahin, daß er in der gegebenen Naturwirklichkeit ... *sich selbst entfremdet* wähnt und daher schon in der Fundamentalontologie [...] *das gegebene Sein der Dinge und der Menschen reformieren zu müssen* glaubt. [...] – eine ungeheure Abirrung des Bewußtseins von der wahren Rettungs- und Heilsbedürftigkeit des Menschen« (»Von Hegel zu Marx«, S. 393).

Wichtiger als dieser Versuch, der hier für viele genannt sein mag, wurden die Arbeiten der französischen Katholiken *Calvez* und *Fessard,* die sich durch eine fundiertere Analyse auszeichnen und so ihre Absicht des »Dialogs« daher auch eher verwirklichen konnten (vgl. Beyer, S. 190 ff.; Fetscher in »Marxismusstudien« I, S. 202 ff.). Organisatorischer Ausdruck dieser Bemühungen war die Gründung der ›Paulus-Gesellschaft‹ im Jahre 1956, die den Dialog zwischen Christen und Marxisten zu ihrem ausdrücklichen Ziel erhoben hat.

»Möglichkeiten der Verständigung zwischen Ost und West«, »Ansatzpunkte eines gemeinsamen Gesprächs« zu finden formuliert E. Metzke ebenfalls als Aufgabe der »Marxismusstudien«, dem – sehr einflußreichen – publizistischen Niederschlag von Tagungen einer Kommission der Studiengemeinschaft der Evangelischen Akademien (gegründet 1951). Angesichts der zentralen Frage, »wie weit sich die gegenwärtige Auseinandersetzung mit dem dialektischen Materialismus überhaupt über ihre Grundlagen und Kategorien klar ist«, »kommt der Philosophie Hegels eine Schlüsselstellung zu« (so Metzke, der Initiator des Unternehmens, programmatisch im Vorwort zu Bd. I, S. VI f.). Eingelöst wurde dieses Programm einer intensiven Aufarbeitung in zahlreichen Beiträgen zu den Schwerpunkten junger Marx/ später Marx/Geschichte des Marxismus, wobei insbesondere L. Landgrebe, E. Metzke und I. Fetscher das Verhältnis Marx/Hegel behandelten. Eine Äußerung *Landgrebes* in seinem Aufsatz »Hegel und Marx« kennzeichnet allerdings die Richtung der Analysen in der Marxismuskommission: »Die ganze Lehre von Karl Marx ist im Hinblick auf ihre letzten Voraussetzungen *nur als eine philosophische* zu verstehen« (»Martismusstudien« I, S. 39). Diese Sichtweise einer »philosophischen Aneignung des Marxismus« wurde umfassend kritisiert in dem bleibend wichtigen Literaturbericht von *Habermas* (1957), der den evangelischen Interpreten wie auch z. B. H. Popitz ein »junghegelianisches« Mißverständnis, d. h. eine rein problemgeschichtliche Reduktion von Marx auf Hegel vorwirft, die an Marx' Selbstverständnis wie an seiner geschichtlichen Leistung vorbeigeht.

Vorbei an der geschichtlichen Situation seiner Entstehung geht auch das Buch eines Großen der Generation des Neuhegelianismus, Th. *Litt*, das hier der in ihm zum Ausdruck kommenden Denkhaltung wegen erwähnt sei. Es entspricht allerdings darin gerade einem wesentlichen Zug seiner Zeit (1953), als es in diesem »Versuch einer kritischen Erneuerung« völlig geschichtslos darum geht, in Hegels Lehre vom Begriff eine »Theorie der Entscheidung« einzubauen. Durch das Prinzip der Entscheidung soll die Freiheit gerettet, der Gegenwart der »Charakter selbsteigener Ursprünglichkeit« gegeben und das Subjekt in den »Stand der Selbstheit« wieder eingesetzt werden.

Im Zusammenhang mit der Diskussion um den jungen Marx können auch die zahlreichen Arbeiten zum jungen Hegel gesehen werden, die – herausgefordert durch das Buch von Lukács (→ S. 9 f.), – einen Schwerpunkt der Hegelforschung der fünfziger Jahre, und hier besonders in Italien, darstellen (C. Lacorte [→ S. 10], M. Rossi; A. Peperzak; G. Rohrmoser). Aus dem angelsächsischen Bereich wäre vor allem J. N. *Findlay* zu nennen, dessen »Hegel. A re-examination« (1958) eine Ebene der Aneignung repräsentiert, die angelsächsischen Denktraditionen entspricht. Göhler nennt Findlays Ansatz einen »empiristischen«, da hier das Interesse an den realen Erfahrungsgehalten und ihrer genauen wissenschaftlichen Erfassung die Interpretation leitet (→ S. 43; im Anhang ist Findlays Kapitel zur *Phänomenologie* in deutscher Übersetzung wiedergegeben).

Eine der bleibend wichtigen Arbeiten der fünfziger Jahre ist die Studie von Joachim *Ritter,* »Hegel und die französische Revolution«. Ritters geschichtsphilosophischer Ansatz kreist um eine auf den Begriff der »Entzweiung« zentrierte Deutung der Moderne, deren wichtigste politische Theorie er in Hegels *Rechtsphilosophie* entfaltet sieht (der Prozeß der bürgerlichen Emanzipation als notwendige und – gegen Marx – nicht aufhebbare Entzweiung). Zu Ritters sog. »Münsteraner Schule« gehört neben G. Rohrmoser und H. Lübbe auch M. Riedel.

Ausschlaggebend für die Entwicklung der Hegel-Diskussion in der *DDR* waren die produktiven Anstöße, die dort *Lukács* mit seinem Buch »Der junge Hegel« (1948) und *Bloch* mit »Subjekt-Objekt« (dt. Ausgabe 1951) gaben. Blochs lebenslange Beschäftigung mit Hegel zielt wesentlich auf eine Bereicherung des Marxismus (vor allem durch die Subjektdimension bei Hegel), programmatisch formuliert im Vorwort zu »Subjekt-Objekt«: »Wer beim Studium der historisch-materialistischen Dialektik Hegel ausläßt, hat keine Aussicht, den historisch-dialektischen Materialismus voll zu erobern.« Von diesem Programm her kritisiert Bloch auch Lukács' Hegelbuch:

»Doch ist hier, im Bestreben, den Vorgänger von Marx kenntlich zu machen, sowohl Hegels unmittelbares Vorgängertum übertrieben wie das nicht so unmittelbare gern verkleinert, gar ausgelassen. Dadurch wird das immer noch Lehrreiche an Hegel verengert [...]. Nicht alles jedenfalls an Hegel, was zum Marxismus noch nicht in einem unmittelbar-funktionierenden Verhältnis steht, kann deshalb von vornherein rechts liegengelassen werden. Und so den bürgerlichen Philosophiehistorikern überantwortet werden, damit sie aus undeutlich beleuchteten Hegelpartien weiterhin Anti-Marxismus herstellen« (S. 51 der erw. Aufl.).

Hegelrezeption also auch bei Bloch als Auseinandersetzung mit bürgerlicher Philosophie einerseits, einem reduktionistischen Marxismus andererseits. Diese Auseinandersetzung wurde in den Jahren 1954–56 intensiv geführt in der »Deutschen Zeitschrift für Philosophie«, die Bloch und W. Harich 1953 begründet hatten. R. O. *Gropp* eröffnete die Diskussion mit einem Aufsatz unter dem bezeichnenden Titel: »Die marxistische dialektische Methode und ihr Gegensatz zur idealistischen Philosophie Hegels.« In dieser klassisch-stalinistischen Position versucht Gropp, den französischen Materialismus als wichtigsten philosophischen Vorläufer von Marx herauszuarbeiten und ruft zum Kampf gegen das »Versöhnlertum gegenüber dem Hegelschen Idealismus« bei Bloch und Lukács auf:

»Es besteht ein verbreitetes ideengeschichtliches Vorurteil in Deutschland, den Marxismus als aus dem Hegelianismus hervorkommend darzustellen [...]. Die einseitige Beleuchtung der Entstehungsgeschichte des Marxismus wird mehr oder weniger zur Rechtfertigung des Idealismus benutzt« (1954, S. 90).

Diese Position wurde von J. *Schleifstein* und der »Kommission für Kritik des Arbeitskreises französischer kommunistischer Philosophen« unterstützt (Fazit: »Die große Rückkehr zu Hegel [in Frankreich; → S. 166] ist nur ein verzweifelter Angriff gegen Marx, der in der spezifischen Form durchgeführt wird, die der Revisionismus in der Endkrise des Imperialismus annimmt – ein Revisionismus faschistischen Charakters« – 1955, S. 357). Gegen diese Position wurde in zahlreichen Beiträgen Kritik laut, die mit detaillierter Materialkenntnis die stalinistische Position zu widerlegen und die Ansätze von Lukács weiter auszubauen versuchten (Behrens, Cornu, Kuczynski u. a. m.; vgl. dazu Fetschers Darstellung der Kontroverse in »Marxismusstudien« 3). Offenbar ermutigt durch den 20. Parteitag der KPDSU (Februar 1956), griff *W. Harich* schließlich den Stalinkult selbst und das von diesem geprägte Hegelbild in der ›Großen Sowjetenzyklopädie‹ an, und noch im November 1956 forderte *Bloch* in seiner Rede zum 125. Todestag Hegels in der Humboldt-Universität eine »Erfrischungsepoche des Marxismus« als Renaissance eines von Hegel inspirierten, universellen marxistischen Philosophierens.

In dieser Rede über »Hegel und die Gewalt des Systems«, die übrigens die Grundintention seiner eigenen Philosophie gut zu veranschaulichen vermag, wendet sich Bloch gegen die schematische Trennung von »dialektischem« und »historischem« Materialismus sowie von »System« und »Methode« bei Hegel: »Gibt es nicht auch am Systematischen Hegels ein Mächtiges, das auf die Füße zu stellen ist?« (75) Er skizziert von diesem Gedanken aus das Problem eines »nichtgeschlossenen, sondern *offenen Systems der Welt*« (82), das durch eine umfassende marxistische Philosophie entworfen und dargestellt werden müsse. Die Rede schließt mit den Worten: »Und so neigen wir uns tief vor Hegel, ohne den Kultur nicht gedacht werden kann« (89).

Im Gefolge der Aufstände in Polen und Ungarn im Sommer und Herbst 1956 änderte sich sehr schnell das politisch-intellektuelle Klima in der DDR: Harichs Aufsatz, in erst wenigen Exemplaren ausgeliefert, wurde zurückgezogen und eingestampft. Harich selbst wurde verhaftet und verurteilt, Bloch Anfang 1957 zwangsemeritiert. In der philosophiegeschichtlichen Genealogie wurden zwar nicht unbedingt die stalinistischen, aber doch traditionelle Positionen wieder verbindlich, die Hegel allenfalls im Sinne der »Erbetheorie« bzw. verbürgter Marx-Engels-Leninscher Sätze eine Bedeutung einräumten.

Eine solche Position vertritt etwa G. *Stiehler* in seinem Buch über »Die Dialektik in Hegels ›Phänomenologie des Geistes‹« (1964). Als ahndende Antizipation der von Marx und Engels wissenschaftlich ausgearbeiteten Dialektik wird hier Hegels Leistung gewürdigt, bei scharfer Abgrenzung des jeweiligen Klassenstandpunkts. Hauptvorwurf an den »Revisionismus« von Bloch und Lukács ist daher die »hegelianisierende Auffassung von Dialektik« bei Bloch (27); bei Lukács ist – trotz positiver Ansätze – »auf Schritt und Tritt eine Überbewertung Hegels festzustellen, die den wirklichen Tatbeständen widerspricht und auf eine Verwischung der Grenzen zwischen Hegelschem Idealismus und marxistischem Materialismus hinausläuft« (S. 230).

Eine große Resonanz auch über die Grenzen Frankreichs hinaus erfuhr das Buch des französischen Marxisten R. *Garaudy,* »Gott ist tot« (1962). In kritischer Abgrenzung sowohl von Wahls religiös-existentialistischer (→ S. 164 f.) als auch Lukács' allzu geradliniger Deutung versucht Garaudy eine Interpretation des Gesamtwerks in engem Bezug zur politisch-ökonomischen Situation zur Zeit Hegels, wobei er durchweg von einem Widerspruch zwischen (revolutionärer) Methode und (abschließend konzipiertem) System ausgeht.

Nichts kennzeichnet das *Politikum* Hegel schärfer als die Tatsache, daß die divergierenden und konkurrierenden Strömungen sich in Gestalt von *zwei Hegel-Vereinen in Westdeutschland* auch organisatorisch niedergeschlagen und verfestigt haben – eine Entwicklung, die trotz aller Unterschiede wie eine ironische Replik auf die beiden Hegelschulen des 19. Jh.s anmutet.

Aus einer Gruppe antifaschistischer Intellektueller, die sich unter dem Namen ›Hegelianum‹ in Nürnberg zusammengeschlossen hatte, erwuchs 1955 die ›Deutsche Hegel-Gesellschaft‹, die sich seit 1958 *›Internationale Hegel-Gesellschaft‹* nennt. Aufgabe des Vereins ist laut Satzung, »das geistige Erbe Hegels zu pflegen, die Philosophie Hegels in ihrer geschichtlichen Entwicklung und in ihren vielfältigen Beziehungen zu vorgehenden und nachfolgenden Theorien kritisch zu erforschen und darzustellen, die aktuelle Bedeutung Hegels und des Hegelschen Denkens herauszuarbeiten sowie insbesondere die mit dem Namen Hegels eng verknüpfte dialektische Methode in all ihren Erscheinungsformen und in ihrer Anwendung wissenschaftlich zu untersuchen und fortzubilden. Der Verein verfolgt weiterhin das Ziel, die an die Philosophie Hegels anknüpfenden oder mit ihr verbundenen neueren philosophischen Richtungen zu fördern« (HJB 1961, S. 6). Konkret setzt sich diese Zielsetzung vor allem um in der Durchführung zahlreicher internationaler Kongresse, die *in* der Diskussion um Hegel zugleich als Plattform für ein Gespräch zwischen marxistischen und nichtmarxistischen Philosophen gedacht sind. Der Verein unter dem Vorsitz des streitbar-gesprächsbereiten Marxisten-Leninisten W. R. *Beyer* hatte insbesondere während der Adenauer-Ära mit zahlreichen Anfeindungen und Schwierigkeiten zu kämpfen. So mußten Kongresse in andere Städte verlegt werden, und lange Zeit fand sich kein Verleger für das Organ des Vereins.

Nachdem in Bonn – ohne Beteiligung der ›Hegel-Gesellschaft‹ – ein ›Hegel-Archiv‹ unter Leitung einer eigenen Hegel-Kommission der Deutschen Forschungsgemeinschaft errichtet worden war (→ S. 225) rief H. G. *Gadamer* 1962 zusammen mit anderen Größen (z. B. R. Kroner, Th. Litt, L. Landgrebe, J. Wahl) zur Gründung einer »internationalen Vereinigung zur Förderung der Hegelforschung« auf (»Jedermann soll willkommen sein, der als Forscher der Philosophie Hegels verbunden ist«). Auf den Heidelberger Hegel-Tagen 1962 konstituierte sich daraufhin die *›Internationale Vereinigung zur Förderung des Studiums der Hegelschen Philosophie‹*. »Jeder, der sich ernsthaft mit der Hegelschen Philosophie forschend beschäftigt, kann als Mitglied zugelassen werden« (§ 3 der Satzung). In seinem »Nachbericht« zur Heidelberger Tagung formulierte Gadamer, der Präsident der Vereinigung wurde, als Ziel: »Was wir anstreben, ist [...] die Kommunikation zwischen Forscher und Forscher und den fruchtbaren Niederschlag gemeinsam erarbeiteter Einsichten in wissenschaftlichen Publikationen« (HST Beih. 1, S. 344; dort auch der Aufruf und die Satzung, S. 346–349). Seit 1970 ist Dieter *Henrich* Präsident der Gesellschaft.

Die Publikationsorgane der Gesellschaften sind das »*Hegel-Jahrbuch*« bzw. die »*Hegel-Studien*« (beide ironischerweise im Jahre 1961 erstmals erschienen). Das »Hegel-Jahrbuch« (Herausgeber: W. R. *Beyer)* publiziert fast ausschließlich die auf den Kongressen der ›Internationalen Hegel-Gesellschaft‹ gehaltenen Vorträge. Es bringt daher eine Vielfalt von Positionen zur Sprache und vermag so einen guten Einblick in das breite Spektrum gegenwärtiger Hegeldeutung zu geben, leidet allerdings unter der mit der Form des Vortrags meist unvermeidlich einhergehenden Knappheit der Ausführungen, und viele Beiträge stehen oft ohne Bezug nebeneinander. Demgegenüber bieten die von Friedhelm *Nicolin* und Otto *Pöggeler* herausgegebenen »Hegel-Studien« einen unmittelbaren Einblick in den neuesten, z. T. auch durch sie selbst mitdefinierten Forschungsstand, da etliche hier publizierende Mitarbeiter auch am Hegel-Archiv bzw. bei der Herausgabe der historisch-kritischen Gesamtausgabe tätig sind. Wichtig sind die »Hegel-Studien« auch durch die laufenden Literaturberichte und Bibliographien zur Hegelforschung. In den ›Beiheften‹ der »Hegel-Studien« werden entweder einzelne monographische Abhandlungen oder die Referate der Kongresse der »Internationalen Hegel-Vereinigung« publiziert.

b) Kritische Anknüpfung in der »Frankfurter Schule«

Während die Beschäftigung mit Hegel in den 50er Jahren in der BRD insgesamt einen eher recht geringen Stellenwert einnahm und dabei meist auf die Vertreter der philosophischen Fachdisziplin im engeren Sinne beschränkt blieb, änderte sich dieses Verhältnis in den 60er Jahren grundlegend und führte im Laufe des Jahrzehnts zu einem enormen Aufschwung der Hegelrezeption – die einzige wirkliche Breitenbewegung vielleicht, die ganz entfernt an den Einfluß seiner Philosophie im zweiten Drittel des 19. Jh.s erinnern könnte. Zum Verständnis dieser Bewegung muß an die enge Verbindung zwischen der sog. »Frankfurter Schule« und der westdeutschen Studentenbewegung erinnert werden. Den profiliertesten Vertretern ihrer im ›Sozialistischen Deutschen Studentenbund‹ organisierten Avantgarde gelang es, in einer Synthese von Denkimpulsen der ›*Frankfurter Schule*‹ (Horkheimer, Adorno, Marcuse), Marx und Hegel erstmals wieder ein kritisches Totalitätsbewußtsein zurückzugewinnen, das sich im Anspruch einer umfassenden Gesellschafts- und Wissenschaftskritik niederschlug (vgl. hierzu vor allem die Arbeiten des leider früh verstorbenen Hans-Jürgen *Krahl*). Nur so ist zu erklären, daß ein so schwieriger Philosoph wie Hegel jetzt fast schlagartig in den verschiedensten geisteswissenschaftlichen Fächern, aber auch vorher schon etwa im »Positivismusstreit in der deutschen Soziologie« eine ungeahnte Aktualität erlangte, die allerdings mit dem »Zerfall« der deutschen Studentenbewegung – zumindest was die gesellschaftskritische Breitenwirkung dieser Aktualität anbelangt – bald wieder abgeflaut ist.

Die Ursprünge dieser Bewegung sind in der Geschichte der »Kritischen Theorie« und der Rolle, die Hegels Denken dabei einnahm, zu suchen: »Hegels Philosophie wurde für die ›Frankfurter Schule‹ zum entscheidenden Angelpunkt der Kritik des bürgerlichen Denkens und der Reformulierung von Dialektik als einer kritischen Theorie der Vernunft, der Geschichte und der Gesellschaft« (F. Schmidt, S. 17). Bereits in »Geschichte und Psychologie« (1932), einem seiner ersten Aufsätze in der von ihm herausgegebenen »Zeitschrift für Sozialforschung«, knüpfte *Horkheimer* in Abgrenzung von dem neukantianischen (Rickert) wie daseinsanalytischen (Heidegger) Geschichtsbegriff an die methodologischen Einsichten von Hegels Geschichtsphilosophie an (vgl. dazu die Studie von A. Schmidt, »Die Kritische Theorie als Geschichtsphilosophie«). Diese Anknüpfung ist jedoch – und das gilt für die gesamte Kritische Theorie – grundlegend *ambivalent*: Hegel wird aus der Perspektive eines selber kritisch rezipierten historischen Materialismus kritisch rezipiert. So betont Horkheimer in dem zentralen Aufsatz »Zum Problem der Wahrheit« die Überlegenheit der Dialektik über das bürgerliche Bewußtsein von Erkenntnis. Alle »Eigentümlichkeiten des dialektischen Denkens«, die er hier nennt, zielen auf ihre Fähigkeit, die antithetische Begrifflichkeit der Erkenntnistheorie aufzusprengen, den Bezug der disparaten Disziplinen herzustellen und so »Wirklichkeit« als Totalität zu rekonstruieren (vgl. »Kritische Theorie« I, S. 261 f.). Und zwar wird diese Überlegenheit nicht nur im Sinne eines methodologischen Prinzips herausgestellt, sondern mit ausdrücklichem Bezug auf Hegels *substantiellen Vernunftbegriff* (Vernunft als Freiheit), der – und darin liegt zugleich die Wendung gegen Hegel – geschichtlich erst eingelöst werden muß: »Die unabgeschlossene materialistische Dialektik denkt das ›Vernünftige‹ an keiner Stelle der Geschichte als vollendet gegeben« (S. 268 f.). Horkheimer kritisiert daher die »dogmatische Beschränktheit« bei Hegel ideologiekritisch als Verklärung, »gedankliche Verewigung der zugrunde liegenden irdischen Verhältnisse« (S. 241).

Eine prägnante Formulierung des gemeinsamen Selbstverständnisses der Kritischen Theorie stellt der Aufsatz »Philosophie und Kritische Theorie« von Herbert *Marcuse* dar (1937; ebenfalls in der »Z. f. Sozialforschung« erschienen). Der Vernunftbegriff der Philosophie ist substantiell mit Freiheit verbunden, und »Philosophie, sofern sie mehr als ein Geschäft oder ein Fach innerhalb der gegebenen Arbeitsteilung war, lebte bisher davon, daß die Vernunft noch nicht Wirklichkeit war« (In: »Kultur und Gesellschaft« I, S. 103).

Selbst so scheinbar affirmative Passagen wie in der *Philosophie der Weltgeschichte* (»Die Weltgeschichte ist nicht der Boden des Glücks«) können vom geschichtlich offenen Ansatz der Kritischen Theorie her neu gelesen werden: »Was sich in Hegels Kritik des Eudämonismus anmeldet, ist die Einsicht in die geforderte Objektivität des Glücks. Wenn Glück nicht mehr ist als die unmittelbare Befriedigung des besonderen Interesses, dann enthält der Eudämonismus ein vernunftloses Prinzip, das die Menschen in den jeweils gegebenen Lebensformen festhält« (»Zur Kritik des Hedonismus«, 1937; a. a. O., S. 129).

Damit ist auch der Ansatz von Marcuses zweitem Hegelbuch (vgl. → S. 159) umrissen. »Vernunft und Revolution« (1941) geht von der Überzeugung aus, daß Hegels Philosophie eine »negative«, wesentlich »kritische« Haltung gegenüber der geschichtlichen Wirklichkeit zugrunde liegt (z. B. S. 286: »Hegel hatte die Gesellschaft und den Staat als das historische Werk des Menschen betrachtet und unter dem Aspekt der Freiheit interpretiert«). Daher ist sie bleibend aktuell nicht nur gegenüber den verschiedenen »positiven« Philosophien des 19. Jh.s (Comte, Schelling, Stahl), sondern auch gegenüber dem modernen Positivismus und der modernen Soziologie. Mag »Vernunft und Revolution« auch inzwischen in manchem überholt sein, so wurde es doch zu Recht zu einem Standardwerk der marxistischen Hegelinterpretation.

Die intensivste und folgenreichste Auseinandersetzung mit Hegel innerhalb der »Frankfurter Schule« stellt das Werk Th. W. *Adornos* dar, das, wie schon der Titel seines Hauptwerks »Negative Dialektik« (1966) anzeigt, in einer stark von kierkegaardschen Motiven gespeisten spezifischen *Umkehrung* Hegelschen Denkens resultiert. Es ist unmöglich, hier einen angemessenen Überblick über Adornos Auseinandersetzung mit Hegel zu geben; verwiesen sei als Einstieg auf die instruktiven Aufsätze von A. Schmidt und F. W. Schmidt, auf den Sonderband der Zeitschrift »Text und Kritik« sowie auf den kurzen, aber sehr prägnanten Vortrag, den Ute *Guzzoni* auf dem Moskauer Hegelkongreß 1974 hielt (zu Adornos Ästhetik-Rezeption → S. 210 f.). Guzzonis Problemstellung – »die Frage nach der grundsätzlichen Möglichkeit von philosophischer Kritik – da nämlich, wo sie zugleich von der Einsicht in die geschichtliche Wahrheit des Kritisierten [...] begleitet wird« (S. 242) – verweist auf den entscheidenden Unterschied zwischen Adornos Hegelinterpretation und den meisten Arbeiten über Hegel: Gerade weil Adorno einen eigenständigen geschichtsphilosophischen Ansatz formuliert, der sozusagen »aufs Ganze« geht, vermag er Hegel in freier Distanz gegenüberzutreten und zu fruchtbaren, inhaltsvollen Aussagen über Hegels Philosophie zu gelangen, wie sie in der Frage nach dem »Wahrheitsgehalt« seiner Philosophie zusammenfließen.

Das zeigt sich exemplarisch in den »Drei Studien zu Hegel«. Der erste Aufsatz »Aspekte« (1956/57) setzt mit einer Kritik der üblichen »Würdigungen« ein, die immer nach der Bedeutung Hegels *für uns* fragen (»Nicht wird die umgekehrte Frage auch nur aufgeworfen, was die Gegenwart vor Hegel bedeutet«). Er versucht im Unterschied zur gängigen Trennung zwischen dem »Idealisten« und »Realisten« die Fülle der inhaltlichen Einsichten in Hegels Philosophie gerade als »Funktion des spekulativen Gedankens« zu begreifen (254). Ein zentraler Kritikpunkt, die »Unwahrheit« des Idealismus liegt für Adorno in der Hypostasierung des abstrakten Ich, aber – und das ist eine der wichtigsten Thesen seiner Interpretation – gerade die *Allgemeinheit* des Geistbegriffs entspricht dem gesellschaftlichen Wesen der abstrakten Arbeit in der bürgerlichen Gesellschaft, ist somit »wahr«. Ein zweites, wesentliches Anliegen des Aufsatzes ist die Herausarbeitung der Bedeutung, die Hegels Philosophie für eine Kritik des Existentialismus besitzt (»Kaum irgendwo ist seine Lehre aktueller, als wo sie den Begriff Sein demontiert« – 278).

In »Erfahrungsgehalt« (1958) versucht Adorno, Hegels Denken »in mögliche gegenwärtige Erfahrung zu übersetzen« (296). Der Aufsatz thematisiert das »Vergessen« des Idealismus als notwendigen Prozeß, da Hegels Ansatz quer zum positivistischen Programm stehe:

»Die Hegelsche Philosophie nun, und alles dialektische Denken, beugt heute sich der Paradoxie, daß sie vor der Wissenschaft veraltet ist und zugleich gegen die Wissenschaft aktueller als je« (297); »Bei ihm [d. h. Hegel] ist die Kritik jenes positivistischen Wissenschaftsbetriebs bereits voll entfaltet, der heute in der ganzen Welt als einzig legitime Gestalt von Erkenntnis sich aufspielt« (312).

Auch in diesem Aufsatz geht es um Hegels »Wahrheitsgehalt«, als komplexes In- und Gegeneinander von Wahrheit und Unwahrheit auf der geschichtlichen und spekulativen Ebene (vgl. Guzzoni, S. 244). »Skoteinos oder Wie zu lesen sei« (1963), die letzte der »Drei Studien«, stellt Überlegungen zur Widerspenstigkeit der Hegelschen Texte und den Problemen ihrer Lektüre an. Hegel selbst produziert leicht ein »Verstehen von oben her«, ein »Leerbewußtsein des Systems« (329), das Interpretation mit reiner Paraphrase verwechselt und dem nur durch die Vereinigung von »minutiöser Versenkung« und »freier Distanz«, einem »Ineinander von Verständnis und Kritik« entgegengesteuert werden könne. Ähnlich wie Henrichs »argumentativer Kommentar« (→ S. 53) fordert Adorno als ideale Lektüre ein »experimentierendes Verfahren«, das den Text auch mit alternativen Deutungen konfrontiert. Dabei muß die historische Dimension, auch im Sinne eines »assoziativen Lesens«, in die Lektüre eingebracht werden. Angesichts der

»ungezählten Brüche zwischen dem Erfahrenen und dem Begriff« ist Hegel »gegen den Strich zu lesen, auch derart, daß jede logische Operation, und gäbe sie sich noch so formal, auf ihren Erfahrungskern gebracht wird. Das Äquivalent solcher Erfahrung beim Leser ist die Imagination. [...] Die Sache selbst enthält, als Formgesetz, die Erwartung produktiver Phantasie beim Lesenden« (368).

Auch bei Jürgen *Habermas* bildet der Rekurs auf Hegel ein zentrales Element seiner Kritik sowohl der positivistischen Reduktion von Erkenntnistheorie auf Wissenschaftsmethodologie als auch der Reduktion von »Reflexion« auf die Ebene instrumentalen Handelns, die bei Marx vorhanden sei. In »Erkenntnis und Interesse« (1968) arbeitet Habermas den gattungsgeschichtlichen Bezugsrahmen der *Phänomenologie* heraus, die zu einer Überwindung der – unbefragten – Voraussetzungen der Kantschen Erkenntnistheorie (Modell der Physik, normativer Ichbegriff, Unterscheidung von theoretischer und praktischer Vernunft) und somit zu einer Radikalisierung der Erkenntniskritik führt. Diese Radikalisierung bleibt aber für Habermas wesentlich zweideutig, da Hegel nur aufgrund identitätsphilosophischer Prämissen zum absoluten Wissen gelangt sei (nicht zufällig berührt Habermas hier wieder das alte Problem des Verhältnisses von *Phänomenologie* und *Logik;* vgl. → S. 40 f.). Zur Explikation seiner Marxkritik greift Habermas auf die Jenaer Philosophie des Geistes zurück, in der »Geist« noch als Resultat, als Synthese von Sprache, Arbeit und Interaktion erscheine. Das in Hegels »Dialektik der Sittlichkeit« enthaltene Moment des Kampfes um Anerkennung hätte, angemessen berücksichtigt, Marx von der Reduktion des philosophischen Selbstverständnisses auf den »kategorialen Rahmen der Produktion« bewahrt (vgl. »Erkenntnis und Interesse«, S. 85). Mag diese Marxkritik auch sehr kontroverse Reaktionen hervorgerufen haben, so stellt doch Habermas' Rückgriff speziell auch auf den jungen Hegel einen originellen Interpretationsversuch dar, der zu Recht große Beachtung gefunden hat.

c) Zur gegenwärtigen Situation

Dem Versuch einer Charakterisierung der gegenwärtigen Situation der Hegelforschung drängt sich die Erinnerung an das »Hegeljahr« 1970 auf. Denn nichts zeigt die Zerrissenheit, das hoffnungslose Auseinanderklaffen der verschiedenen Aneignungsansätze deutlicher als die Tatsache, daß zu Ehren des Geburtstagskindes im Sommer 1970 *zwei* »Jubiläumskongresse«, nämlich in Stuttgart (›Internationale Hegel-Vereinigung‹) und Ost-Berlin (›Internationale Hegel-Gesellschaft‹) stattfanden, die zudem von wechselseitigen Polemiken begleitet waren (vgl. dazu Boehm, S. 257 f.). Zwar hat sich die Lage, was die Kongresse betrifft, nach 1970 insoweit gebessert, als jetzt Hegelforscher beider Seiten auf den Treffen zu Wort kommen, doch zeigen die Kongreßberichte wie auch vor allem die Beiträge selbst, daß die Situation des Aneinander-Vorbeiredens grundsätzlich dieselbe geblieben ist.

In seiner polemisch zugespitzten Einleitung »Zum Problem der Aktualität Hegels« – einem der ganz seltenen Beiträge, die die Situation überhaupt explizit thematisieren – analysiert Oskar *Negt* die beiden Positionen als *Auseinanderfallen von inhaltlicher und formeller Rezeption,* eine Art internationaler Arbeitsteilung im Gefolge der Verdinglichung der Dialektik in der sowjet-marxistischen Orthodoxie, die die philosophische Entfaltung der *Formen* des Übergangs von idealistischer zu materialistischer Dialektik mit dem »Idealismusverdacht« tabuisiert hat:

»Die bürgerliche Hegel-Renaissance verwaltet die formelle, die immer stärker zur traditionellen Philosophie hinneigende Orthodoxie des Sowjet-Marxismus die inhaltliche Seite. Diese Auflösung der dialektischen Beziehung zwischen formeller und inhaltlicher Seite [...] mag ein Grund für die kommunikationslose Verständigung der westlichen und östlichen Kongreßhegelianer sein. Es besteht ein geheimes

Einverständnis darüber, daß die Veröffentlichung ihrer Standpunkte weder zur Weiterentwicklung der Theorie noch zur Kritik der Realität beitragen« (S. 14).

Ein beredtes Zeugnis für Negts Vorwurf, daß Hegel im offiziellen Marxismus zu dessen »Wahrheitsbeweis« (13) heruntergekommen sei, bieten die einschlägigen Standardwerke wie das »Philosophische Wörterbuch« und das »Lehrbuch für das marxistisch-leninistische Grundlagenstudium«. Einerseits nimmt Hegel hier einen sehr hohen Rang ein – seine Dialektik »ist die größte Errungenschaft der klassischen deutschen Philosophie; sie ist eine der wichtigsten theoretischen Quellen des dialektischen Materialismus geworden« (»Wörterbuch«, S. 243; Stichwort »Dialektik«). Andererseits aber ist alles bereits entschieden durch die sog. »Grundfrage der Philosophie« nach dem Verhältnis von »Denken« und »Sein«,

»von deren Beantwortung die Teilung und Einteilung der philosophischen Anschauungen und Systeme in die beiden entgegengesetzten Grundrichtungen Materialismus und Idealismus sowie die grundsätzliche Lösung aller wichtigen Probleme abhängt« (»Wörterbuch«, S. 457; Stichwort »Grundfrage der Philosophie«).

Und so wiederholen sich in endloser Aufzählung die Formeln von der Dialektik, der »Wissenschaft von den allgemeinsten Bewegungs- und Entwicklungsgesetzen der Natur, der Gesellschaft und des Denkens« (»Wörterbuch«, S. 239; Stichwort »Dialektik«). Endlos beschworen wird auch die Formel vom Verhältnis des Marxismus zu Hegel: »Marx, Engels und auch Lenin knüpften unmittelbar an die von Hegel entwickelte dialektische Methode an, stülpten sie um und lösten den rationellen Kern aus der mystischen Hülle« (»Lehrbuch«, S. 165). Da diese Formeln bereits als das letzte Wort zu Hegel gelten, beraubt sich dieser kastrierte Marxismus der Möglichkeit einer wirklichen Auseinandersetzung mit dem Idealismus, und es ist einem Autor wie *Rauh* schon hoch anzurechnen, wenn er in seinem Aufsatz über die Entwicklung der Erkenntnis in der *Phänomenologie* zu der Aussage kommt,

»daß es von marxistisch-leninistischer Seite und ihrer Erkenntnistheorie noch keinen solch gelungenen Versuch gibt, allein nur die innere Zusammengehörigkeit und das ständige Ineinanderübergehen von Individuellem und Gesellschaftlichem im Erkenntnisprozeß [...] auf ähnliche Weise von dialektisch-historisch-materialistischer Position aus zur Darstellung zu bringen« (S. 253).

Welche Verlegenheit und Schwierigkeiten etwa im Bereich der Naturwissenschaften sie sog. »Naturdialekt« bereitet, wird mehr oder weniger offen eingestanden in dem umfangreichen Buch von Herbert *Hörz*, einem auf dem Gebiet Marxismus/Naturwissenschaften kompetenten Philosophen der DDR. Bereits die Diskussion der Frage, »ob eine spezifische Disziplin ›Philosophische Probleme der Naturwissenschaften‹ existiert und sie mit der ›Naturdialektik‹ identisch sei« (93), weist auf das Dilemma hin, das offensichtlich wird in einem Satz wie »Die Dialektik darf also die Zusammenhänge nicht ausdenken, sondern muß sie in der Wirklichkeit auffinden und begrifflich erfassen« (313). Was Dialektik sei, könne »nicht nur mit Definitionen« beantwortet werden (320) – nahezu *alle* »Gesetze« der Dialektik, die Hörz im folgenden aufzählt, müssen noch »besser begriffen« und »fruchtbar gemacht werden« (S. 321).

Es wäre nun allerdings falsch, wollte man diese in Begriffen wie »Umstülpung« und »Erbe« ausgedrückte Aneignung Hegels pauschal verwerfen und somit ignorieren. Denn einerseits existieren auch innerhalb des »wissenschaftlichen Sozialismus« durchaus Versuche einer differenzierteren Einschätzung: So ist Hegel verstohlen präsent in den Diskussionen um den Begriff der »Widerspiegelung«, wie sie z. B. in der Zeitschrift »Das Argument« intensiv geführt wurden, und Erörterungen wie die von *Pasternack* zu Fragen einer dialektisch-materialistischen Erkenntnislogik zeigen ein sehr hohes Problembewußtsein gegenüber der Hegelschen *Logik* und ihrer Bedeutung für die Erhellung der verschiedenen Argumentationsebenen im »Kapital«. Darüber hinaus liegt der offiziellen marxistischen Beschäftigung mit Hegel der – wie immer auch affirmativ entstellte – Impuls einer echten Vergegenwärtigung Hegels zugrunde – eine Einsicht, die Helmut *Schneider* (selbst ein »westlicher« Hegelexperte) im Anschluß an die Rezension einer DDR-Publikation (»Hegel und Wir«, 1970) scharf formuliert und die zur Problematik der in der BRD vorherrschenden historisch-philologischen Hegelforschung überleitet:

»Die [...] marxistische Hegelinterpretation steht in einem ziemlich starken Gegensatz zur überwiegend historischen Hegelinterpretation nichtmarxistischer Hegelforscher. Während die historische Hegelforschung relativ wenig Gegenwartsbezug hat und Hegel nicht aktualisieren will oder kann, liegt bei der marxistischen Hegelinterpretation der Akzent auf der Aktualisierung Hegels für philosophische und politische Gegenwartsprobleme des Sozialismus [...]. Sicher ist sie im Ansatz philosophischer als die historische, die trotz einer riesigen Literatur Hegel nicht assimilieren und in die Gegenwart übertragen kann. Hegel als akademisches Studienobjekt bleibt im Grunde doch ein toter Hund ohne existentielle Gegenwärtigkeit und Bedeutung. Man distanziert sich von ihm, indem man ihn seziert« (in: HST 7, 1972, S. 262).

Der wunde Punkt, auf den Schneider hier und im weiteren verweist, besteht in der schlechten Alternative zwischen »Vergegenwärtigung« ohne die Anstrengung historischer Detailforschung und einer »historischen Forschung«, die aufgrund ihrer Prämissen zu wirklich philosophischer Aneignung nicht fähig ist. Das ist eine grobe Gegenüberstellung, aber sie trifft meines Erachtens die grundsätzliche Situation. Es ist kein Zufall, wenn Heinz Heimsoeth den »Hegel-Studien« mit auf den Weg gibt, sie mögen zeigen können, »daß – mit Hegels Worten – ›der laute Lärm des Tages [...] noch Raum für die Teilnahme an der leidenschaftslosen Stille der nur denkenden Erkenntnis offen lasse‹« (»Zur Einführung«; HST 1, 1961, S. 7; vgl. V, 34). Die hier beschworene, in der deutschen Geschichte höchst verhängnisvolle Fiktion einer von den Niederungen der Politik unberührten Beschäftigung mit Philosophie hat ihre sympathische Seite und sachliche Stärke in der Offenheit, mit der Gadamer auffordert, Hegel »buchstabieren zu lernen«, bei ihm »in die Schule« zu gehen. Diese – in »Wahrheit und Methode« (1. Aufl. 1960) theoretisch begründete – produktive Offenheit hermeneutischen Fragens hat die Hegelforschung in der BRD in einem bisher ungekannten Maße vorangetrieben. Einen wichtigen Impuls gab hierbei das Buch von Hans-Friedrich *Fulda*, »Das Problem einer Einleitung in Hegels Wissenschaft der Logik« (1965), das von der Maxime ausgeht, daß eine Auseinandersetzung mit Hegel auf keinen Fall dessen eigenes Problembewußtsein unterschreiten dürfe. Durch die Bemühungen der dieser Maxime verpflichteten Autoren (zu nennen wären hier etwa R. Bubner, K. Düsing, H.-F. Fulda, D. Henrich, H. Kimmerle, F. Nicolin, O. Pöggeler, M. Riedel, M. Theunissen u. v. a. m.) hat die Hegelrezeption ein unverkennbar eigenständiges Profil erhalten, das für alle an der Diskussion Beteiligten Maßstäbe setzt. Bei vorsichtiger Einschätzung der Situation läßt sich feststellen, daß sich in diesem Forschungsprozeß gegenwärtig folgende Schwerpunkte herausgebildet haben:

- Die Systementwicklung Hegels in Jena (vorangetrieben durch die Arbeit an der historisch-kritischen Gesamtausgabe)
- Die Funktion und systematische Stellung der *Phänomenologie* (vorangetrieben durch Fulda)
- Die Explikation der Dialektik in der *Logik* (vorangetrieben durch die Diskussion um den Anfang der *Logik*)

- Hegels politische Philosophie als systematische Theorie der Moderne (vorangetrieben durch J. Ritter und seine Schule).

Die *Problematik* dieser Forschungsrichtung besteht meines Erachtens in dem immanent-hermeneutischen Ansatz selbst, der ein philosophisches *Einholen* der Forschungsergebnisse nicht mehr erlaubt. Denn hierzu müßte eine den kategorialen Rahmen des Hegelschen Systems überschreitende philosophische Positionsbestimmung erfolgen: »Auf dem Boden der Hegelschen Philosophie ist eine Entscheidung über die Aktualität des Hegelschen Denkens nicht möglich« (Negt, S. 8). Das Selbstverständnis bestimmter Vertreter der historisch-rekonstruierenden Forschung berührt dieser – auch von Löwith erhobene – Vorwurf der »Positionslosigkeit« nicht; ja sie sehen gerade in Hegels systematischem Philosophieren seine »paradigmatische Funktion« (Henrich), seine überlegene »Kompensationsfunktion« gegenüber allen »Partialphilosophien« der Gegenwart (so Riedel in »Materialien zu Hegels Rechtsphilosophie« Bd. 1, S. 36 f.; vgl. auch z. B. Pöggeler in »Hegel«, S. 26).

Zwar wurde zwischen 1967 und 1971 unter dem Titel »Hermeneutik und Ideologiekritik« eine grundsätzliche Diskussion über das Selbstverständnis hermeneutischen wie ideologiekritischen Philosophierens geführt, deren Resultate – soweit erkennbar – für die Auseinandersetzung mit Hegel bis auf Ausnahmen folgenlos blieben. Das dürfte allerdings auch mit dem aporetischen Ausgang der Diskussion zu tun haben. Die in erstaunlicher Kürze geführte Debatte hat für die Mehrzahl der Beteiligten wohl eher den Charakter eines Schlagabtausches gehabt, nach dem sich beide Seiten wieder auf ihre gesicherten Positionen zurückbegeben haben.

So vertraut z. B. *Ottmann* (1977!), der in einer umfangreichen Untersuchung die gesamte Rezeptionsgeschichte der politischen Philosophie Hegels aufgearbeitet hat (→ S. 100), auf das »wirkungsgeschichtliche Bewußtsein«, nach dem »erst alle Auslegungstypen zusammen, durcheinander relativiert und verstärkt, den ganzen Hegel ausmachen können« (S. 11).

Eine der Ausnahmen stellt hier das neue Buch von *Theunissen* dar, das der Erschließung der Hegelschen *Logik* in nächster Zeit wichtige Impulse geben dürfte. Theunissen will von vornherein auf die »objektivistische Wiedergabe« Hegelscher Lehrstücke verzichten und sich in seiner Interpretation auf die Motive konzentrieren, denen er mehr als »bloß akademische Gegenwärtigkeit« zutraut (nämlich die – mögliche – *kritische*

Funktion der Hegelschen *Logik*). Er versucht daher, die *Logik* neu zu lesen u. a. unter dem Aspekt der Einheit von »Darstellung« und »Kritik«, wie sie auch Marx in der Kritik der politischen Ökonomie anstrebt. Theunissens Folgerungen allerdings – er findet in der *Logik* den »Begriff der kommunikativen Freiheit«, den Marx nicht erreicht habe – stellen einen späten Beleg dar für den Ideologieverdacht, den Negt gegenüber der gesamten »bürgerlichen Hegel-Renaissance« äußert und der ein meines Erachtens treibendes Motiv der gegenwärtigen Hegelrezeption trifft. Denn Hegels Denken wird hier, umgekehrt spiegelbildlich zum offiziellen Marxismus, zum Beweis der Unwahrheit der Marxschen Theorie. Das ist mit der spezifischen historischen Situation Hegelschen Philosophierens, mit seiner Stellung zur französischen Revolution begründbar. Nach Negt

»eröffnet das Hegelsche System den Zugang zu einer wenigstens begrifflich geordneten bürgerlichen Welt, in der die Revolutionen gleichzeitig in ihren zerstörerischen und menschenfeindlichen Abstraktionen kritisiert und in ihren emanzipatorischen Resultaten positiv aufgehoben sind. Die Hegelsche Philosophie dient der theoretischen und praktischen Widerlegung der Marxschen Revolutionstheorie« (S. 11).

Hegel, der »Vater aller Schulen«, erscheint in der Perspektive dieser Grundhaltung seinen junghegelianischen Nachfolgern natürlich weit überlegen. Das Auseinanderfallen von »Theorie« und »Praxis« z. B. ist für Bubner eine »nachhegelsche Abstraktion«. »Auch aus Hegels gescheiterten Versöhnungen ist heute mehr zu lernen als aus den Reduktionen seiner Schüler, mehr als aus den kleinen Wahrheiten seiner Kritiker« (Ottmann, S. 393). – Umgekehrt kann Negts Äußerung aber auch als Beleg dafür gelesen werden, daß es auch dem undogmatischen Marxismus bisher nicht gelungen ist, in der Auseinandersetzung mit Hegel die eigenen philosophischen Prämissen, die eigenen methodologischen und geschichtsphilosophischen Implikate so herauszuarbeiten, daß eine beide Seiten weiterbringende Auseinandersetzung hätte aufgenommen werden können. So bleibt das »Verhältnis« Hegel-Marx nach wie vor, ausgesprochen oder unausgesprochen, der geheime Mittelpunkt der Diskussion und wird es auch bleiben, solange das Anliegen *beider* – ein versöhntes Ganzes – nicht Wirklichkeit werden kann oder will. – »Der Text bricht ab, und ruhig rotten die Antworten fort.« (H. M. Enzensberger, »Mausoleum«)

Literatur

Adorno, Theodor W.: Negative Dialektik. FfM 1966.

ders.: Drei Studien zu Hegel. In: Gesammelte Schriften 5. FfM 1971, S. 247–380.

Arnold, Heinz Ludwig (Hrsg.): Theodor W. Adorno. (= Sonderband der edition text + kritik) München 1977.

Beyer, Wilhelm Raimund: Hegel-Bilder. Kritik der Hegel-Deutungen. Berlin ³1970.

Bloch, Ernst: Subjekt-Objekt. Erw. Ausgabe FfM 1962 u. ö.

ders.: Hegel und die Gewalt des Systems. In: Über Methode und System bei Hegel. FfM 1970, S. 70–89 (= ed. s. 413).

Bochenski, Josef Maria: Der sowjetrussische dialektische Materialismus. Zürich 1950 u. ö.

Boehm, Ulrich: Die zwei internationalen Hegel-Vereinigungen. In: Aus dem Antiquariat. Beilage zum Börsenblatt des deutschen Buchhandels (Frankfurter Ausgabe), 28. Jg. (1972), S. 253–259.

Bubner, Rüdiger: Theorie und Praxis – eine nachhegelsche Abstraktion. FfM 1971.

Buhr, Manfred und *Klaus,* Georg: Philosophisches Wörterbuch. 2 Bde., 8., berichtigte Auflage Berlin 1972.

Calvez, Jean-Yves: Karl Marx. Frz. Originalausgabe Paris 1956, dt. Übers. Olten/Freiburg 1964.

Derbolav, Josef: Über die gegenwärtigen Tendenzen der Hegelaneignung in Deutschland. In: HST 5 (1969), S. 267–291.

Fetscher, Iring: Der Marxismus im Spiegel der französischen Philosophie. In: Marxismusstudien Bd. 1, hrsg. von Erwin *Metzke,* Tübingen 1954, S. 173–213.

ders.: Das Verhältnis des Marxismus zu Hegel. In: Marxismusstudien Bd. 3, hrsg. von I. Fetscher, Tübingen 1960, S. 66–169.

ders.: Karl Marx und der Marxismus. Von der Philosophie des Proletariats zur proletarischen Weltanschauung. München 1967.

Fiedler, F. u. a. (Hrsg.): Dialektischer und historischer Materialismus. Lehrbuch für das marxistisch-leninistische Grundlagenstudium. Berlin 1974.

Findlay, John Niemayer: Hegel: A re-examination. London/New York 1956.

Fulda, Hans-Friedrich: Das Problem einer Einleitung in Hegels Wissenschaft der Logik. FfM 1965.

Vgl. dazu die Rez. von R. *Maurer,* Der fast integrierte Hegel. In: PhR 14. Jg. (1967), S. 208–220.

Gadamer, Hans-Georg: Wahrheit und Methode. Dritte, erw. Auflage Tübingen 1972.

Vgl. dazu die Kritik von H. *Schlaffer,* Die Entstehung des hermeneutischen Bewußtseins. In: Zeitschr. f. Literaturwissenschaft und Linguistik. Heft 17 (1975), S. 62–73.

Garaudy, Roger: Gott ist tot. Eine Einführung in das System und die Methode Hegels. Frz. Originalausgabe Paris 1962, dt. Ausgabe Berlin/FfM 1965.

Guzzoni, Ute: Hegels ›Unwahrheit‹. Zu Adornos Hegel-Kritik. In: HJB 1975, S. 242–246.

Habermas, Jürgen: Literaturbericht zur philosophischen Diskussion um Marx und den Marxismus. In: PhR Bd. 5 (1957), S. 165–235. Ebenfalls in: Theorie und Praxis. 4., erw. und neu eingeleitete Auflage FfM 1971, S. 387–463.

ders.: Erkenntnis und Interesse. FfM 1968 u. ö.

Haug, Wolfgang Fritz (Hrsg.): Das Argument. Zeitschrift für Philosophie und Sozialwissenschaften. – Zur Widerspiegelungsdiskussion vgl. zuletzt die Beiträge von *Haug,* Für eine materialistisch-dialektische Begründung des dialektischen Materialismus. In: Nr. 108 (1978), S. 186–201, und Eckart *Leiser,* Zur materialistischen Begründung von Logik und Mathematik. In: Nr. 110 (1978), S. 518–528.

Hermeneutik und Ideologiekritik. Mit Beiträgen von K. O. *Apel,* C. v. *Bormann,* R. *Bubner,* H.-G. *Gadamer,* H. J. *Gibel,* J. *Habermas.* FfM 1971 u. ö.

Hörz, Herbert: Marxistische Philosophie und Naturwissenschaften. Berlin 1974.

Hommes, Jakob: Von Hegel zu Marx. In: Philosophisches Jahrbuch. 62. Jg., München 1953, S. 359–393.

ders.: Krise der Freiheit. Regensburg 1956.

Horkheimer, Max: Kritische Theorie. Eine Dokumentation. Hrsg. von Alfred *Schmidt,* Bd. 1–3, FfM 1968 (= Reprint der Aufsätze Horkheimers aus der ›Zeitschrift für Sozialforschung‹. Vgl. dazu auch die Aufsatzsammlung ›Kritik und Interpretation der Kritischen Theorie‹. Über Adorno, Horkheimer, Marcuse, Benjamin, Habermas. o. O., o. J. [erschienen etwa 1970].

Horstmann, Rolf-Peter: Folgen der Aktualität Hegels. In: HST 7 (1972), S. 237–249 [= Sammelrezension von Sammelbänden zum Hegel-Gedenkjahr].

Krahl, Hans-Jürgen: Konstitution und Klassenkampf. Zur historischen Dialektik von bürgerlicher Emanzipation und proletarischer Revolution. FfM 1971.

Litt, Theodor: Hegel. Versuch einer kritischen Erneuerung. Heidelberg 1953.

Lakebrink, Bernhard: Hegels dialektische Ontologie und die thomistische Analektik. Köln 1954.

Landgrebe, Ludwig: Hegel und Marx. In: Marxismusstudien Bd. 1, hrsg. von Erwin Metzke, Tübingen 1954, S. 39–53.

Marcuse, Herbert: Philosophie und kritische Theorie. In: Kultur und Gesellschaft Bd. I, FfM 1965 u. ö., S. 102–127 (= ed. s. 101).

ders.: Zur Kritik des Hedonismus. Ebenda, S. 128–168.

Negt, Oskar: Zum Problem der Aktualität Hegels. In: Aktualität und Folgen der Philosophie Hegels. Hrsg. von Oskar *Negt,* FfM 1970, S. 7–16 (= ed. s. 441).

Ottmann, Henning: Individuum und Gemeinschaft bei Hegel. Bd. I: Hegel im Spiegel der Interpretationen. Berlin/New York 1977.

Pasternack, Gerhard: Zur Aneignung der Hegelschen Logik durch die materialistische Dialektik: die ›Umstülpung‹ der idealistischen Dialektik und ihre Folgen. In: Die Wissenschaft der Erkenntnis und die Erkenntnis der Wissenschaft. Hrsg. von Hans Jörg *Sandkühler.* Stuttgart 1978, S. 108–127.

Peperzak, Adrian: Le jeune Hegel et la vision morale du monde. La Haye 1960.

Popitz, Heinrich: Der entfremdete Mensch. Basel 1953.

Rauh, Hans-Christoph: Die Entwicklung der Erkenntnis nach Hegels ›Phänomenologie des Geistes‹. In: Veränderung der Entwicklung. Studien zur vormarxschen Dialektik. Hrsg. von Gottfried *Stiehler,* Berlin 1974, S. 211–255.

Riedel, Manfred: Materialien zu Hegels Rechtsphilosophie. Bd. 1 u. 2, FfM 1975.

Ritter, Joachim: Hegel und die französische Revolution. FfM 1965 (= ed. s. 114). Auch in: *ders.:* Metaphysik und Politik. Studien zu Aristoteles und Hegel. FfM 1977, S. 183–255.

Rohrmoser, Günter: Subjektivität und Verdinglichung. Theologie und Gesellschaft im Denken des jungen Hegel. Gütersloh 1961.

Rossi, Mario: La dialettica hegeliana. Bd. 1: Hegel e lo Stato. Roma 1960.

Schmidt, Alfred: Die ›Zeitschrift für Sozialforschung‹. Geschichte und gegenwärtige Bedeutung. = Sonderheft der Nachrichten aus dem Kösel-Verlag, München 1970.

[Der Kösel-Verlag hat die gesamte ›Zeitschrift für Sozialforschung‹ (1932–1941) in einem neunbändigen Reprint wieder zugänglich gemacht.]

ders.: Adorno – ein Philosoph des realen Humanismus. In: Theodor W. Adorno zum Gedächtnis. Hrsg. von Hermann *Schweppenhäuser,* FfM 1971, S. 52–75.

ders.: Die Kritische Theorie als Geschichtsphilosophie. München 1976.

Schmidt, Friedrich W.: Hegel in der Kritischen Theorie der ›Frankfurter Schule‹. In: Aktualität und Folgen der Philosophie Hegels. Hrsg. von Oskar *Negt.* FfM 1970, S. 17–57 (= ed. s. 441).

Stiehler, Gottfried: Die Dialektik in Hegels ›Phänomenologie des Geistes‹. Berlin 1964. Vgl. auch

ders.: Der Idealismus von Kant bis Hegel. Darstellung und Kritik. Berlin 1970.

Theunissen, Michael: Sein und Schein. Die kritische Funktion der Hegelschen Logik. FfM 1978.
Wetter, Gustav A.: Der dialektische Materialismus. Seine Geschichte und sein System in der Sowjetunion. Freiburg 1952 u. ö.

V. Exkurs: Hegels Ästhetik und ihre Rezeption

»Übrigens ist es wahr, daß in Hegels Ästhetik Anschauungen und Urteile sich finden, die wahre Gedankenblitze sind, und vielleicht ist dieses der Teil seiner Werke, der am längsten fortdauern wird« (HBZ, Nr. 231). – Dieses Urteil eines Zeitgenossen – 1865 anläßlich der Erinnerung an Hegels intensives Interesse an Musik in Heidelberg gefällt – scheint seine späte Bestätigung in der Feststellung zu erhalten, mit der D. *Henrich* auf den Stuttgarter Hegeltagen 1970 seine Überlegungen zu Hegels Ästhetik einleitete: »Auf dem Gebiet der Kunstphilosophie ist Hegels Aktualität am wenigsten bestritten« (HST Beih. 11, S. 295). Für dieses bleibende Interesse lassen sich viele Gründe anführen: Die Methode der gedanklichen Durchdringung des immensen Materials, das in den Vorlesungen ausgebreitet wird; der systematische Ansatz, von dem aus Hegel Kunst definiert; die daraus resultierende Lehre vom Vergangenheitscharakter der Kunst, die zwischen nüchternstem Modernitätsbewußtsein und abstrusem Begriffsschematismus zu schillern scheint; schließlich die im Ansatz und Durchführung der Vorlesungen implizierte Aufforderung an Disziplinen wie Kunst-, Literatur- und Musikwissenschaften, sich produktiv mit der hier entfalteten Begrifflichkeit auseinanderzusetzen, d. h. sie nicht nur auf der Ebene allgemeiner Zustimmung oder Ablehnung, sondern auch in der Detailanalyse von Werken oder Epochenzusammenhängen kritisch zu überprüfen. Damit ist meines Erachtens zugleich der Kern der Aktualität Hegels, die bleibende Faszination seiner Ästhetik berührt: *Das hier entfaltete Wissen ist nicht segmentiert.* Es steht über der arbeitsteiligen Erkenntnis von »Geistes«-, »Geschichts«- wie »Gesellschaftswissenschaften« und wird solange Aufforderung zur Überwindung der Arbeitsteiligkeit bleiben, wie ein Bewußtsein ihrer Fragwürdigkeit vorhanden ist.

Zu Recht betont *Szondi* in seiner Vorlesung über »Hegels Lehre von der Dichtung« die Notwendigkeit der Ästhetik in Hegels Denken: »Die Ästhetik ist kein Teil des Hegelschen Systems, der auch fehlen könnte. Sondern im Begriff des Schönen, dem die ganze Ästhetik entspringt, verwirklicht sich zum ersten Mal das Leitbild der Hegelschen Philosophie: das Subjekt-Objekt« (350). Je nachdem aber, wie und wo dieses Subjekt-Objekt konzipiert und gesucht wurde, ob geschichtlich-utopisch im Sinne einer politischen Ästhetik oder – höchst vermittelt – im »Schönen« des Werks, hat sich Hegels Verhältnis zur Kunst und damit untrennbar verbunden zur Philosophie im Laufe seiner Entwicklung gewandelt. (Die verschiedenen Etappen dieser Entwicklung sind kurz zusammengefaßt bei Gethmann-Siefert, »Die Ästhetik...«). So hoffte der junge Hegel, in der Wiederbelebung antiker Sittlichkeit und Volksreligion eine Alternative zur »Positivität« des Christentums zu finden (vgl. -→ S. 18 f.). Phantasie, Sinnlichkeit spielen eine entscheidende Rolle in diesem kulturkritischen Entwurf (»Jede Religion, die eine Volksreligion sein soll, muß notwendig so beschaffen sein, daß sie Herz und Phantasie beschäftigt« – I, 37; Nohl, S. 23). Damit steht Kunst *über* der noch als beschränktes Reflexionswissen kritisierten Philosophie. Das *Systemprogramm* (→ S. 21) konzipiert eine »im höheren platonischen Sinne« genommene Schönheit als höchsten Vereinigungspunkt und kulminiert konsequent in der Forderung nach einer neuen »Mythologie der Vernunft« (I, 236).

Mit der Einsicht in die Notwendigkeit der historischen Entwicklung hin zur bürgerlichen Gesellschaft und der Entfaltung der Spekulation als der adäquaten Weise philosophischer Wissenschaft bahnt sich in Jena eine völlige Neubewertung der Kunst an. Zwar behält diese unter dem Einfluß *Schellings* noch eine gewisse Zeit ihre hohe Rolle bei; mit der Distanzierung von Schelling jedoch wird Kunst dann zunehmend als beschränkte Form des Wissens auch systematisch Religion und Philosophie untergeordnet. Symptomatisch ist hierzu eine Stelle aus den Vorlesungen von 1805/06, in der die Unmittelbarkeit der Anschauung als dem Geiste unangemessen kritisiert wird:

»Die Schönheit ist Form; [...]. Dies Medium der Endlichkeit, die Anschauung, kann nicht das Unendliche fassen. Es ist nur *gemeinte* Unendlichkeit. [...] Es ist nicht die Notwendigkeit, nicht die Gestalt des *Denkens* darin. Die Schönheit ist viel mehr Schleier, der die Wahrheit bedeckt, als die Darstellung derselben.[...] Die Kunst ist in ihrer Wahrheit vielmehr *Religion,* Erhebung der Kunstwelt in die Einheit des absoluten Geistes« (Jenaer Realphilosophie, ed. Hoffmeister, S. 265 f. Vgl. auch Hoffmeister, Dok., S. 337).

Seinen vorläufigen Abschluß findet dieser Umbruch in der *Phänomenologie,* in der Kunst eine Form des Wissens ist, die der Geist überwinden muß, um zum absoluten Wissen zu gelangen. Diesen Schritt über Griechenland hinaus tat er mit dem römischen »Rechtszustand« und der geoffenbarten Religion. In der Heidelberger *Enzyklopädie* von 1817 findet die Kunst dann ihren systematischen Ort innerhalb des absoluten Geistes, wobei in der zweiten Auflage (1827) noch wesentliche Modifikationen im Begriff der Kunst vorgenommen wurden.

In Heidelberg, dem Ort der intensiven Begegnung mit der Kunst und Kunstwissenschaft seiner Zeit (vgl. → S. 60 f.), las Hegel im Sommersemester 1818 auch erstmals über »Ästhetik«. Während seiner Berliner Zeit unternahm er mehrere große Reisen in die Niederlande, nach Paris, Wien und Prag; die Briefe geben ein anschauliches Bild der Leidenschaft, mit der er die Kunst der Zentren in sich aufsog (vgl. z. B. Br. Nr. 476–483; 559–565). All diese Erfahrungen sind eingeflossen in die vier Vorlesungen über »Ästhetik oder Philosophie der Kunst«, die Hegel in Berlin hielt (WS 1820/21; SS 1823 und 1826; WS 1828/29). Ergänzt durch Vorlesungen seines Schülers Hotho, gehörten sie rasch zu seinen populärsten Vorlesungen. Welche Dominanz Hegels Kunstphilosophie und Kunsturteil in Berlin seiner Zeit erlangte, schildert gut ein Brief aus dem Jahre 1829, den ein Student an L. Tieck schrieb:

»Wer nicht Goethe vergöttert, [...] wer nicht wie Hegel und Hotho unsere alten heiligen Gesänge verdammt, kommt in den Verdacht, so wenig jenen als diese verstanden zu haben, und davor hütet sich die eitle Welt [...]. Rings um mich her kein Freund, der dächte wie ich, oder den Hegel nicht abwendig machte [...]« (HBZ, Nr. 592).

Hegels Vorlesungen wurden 1835–38 im Rahmen der Freundesvereinsausgabe in drei Bänden von H. G. *Hotho* herausgegeben. Hotho verwendete neben Hegels Vorlesungsmanuskripten zahlreiche Nachschriften von Hörern verschiedener Vorlesungen sowie zwei eigene Hefte. Aus dem gesamten Material stellte er praktisch einen neuen Text her in dem Bestreben, »den gegenwärtigen Vorlesungen bei ihrer Durcharbeitung einen buchlichen Charakter und Zusammenhang zu geben« (Vorrede zu Bd. 1, 1835, S. XIII). Seine Hauptschwierigkeit bestand daher in dem Problem, »die verschiedenartigsten oft widerstrebenden Materialien zu einem wo möglich abgerundeten Ganzen mit größter Vorsicht und Scheu der Nachbesserung zu verschmelzen« (S. VII). Die zweite Auflage (1842/43) brachte zwar einen verbesserten Text, doch bleibt – da Hegels eigene Manuskripte verschollen sind – die Textsituation ähnlich etwa wie in den *Vorlesungen über die Philosophie der Religion* (→ S. 82) gerade in strittigen Punkten wie z. B. dem Satz vom Ende der Kunst prekär. Der Vergleich der erhaltenen Vorlesungsmanuskripte scheint eine Tendenz des Herausgebers erkennen zu lassen; da Hotho aber mehr Manuskripte und Nachschriften zur Verfügung standen, als sich erhalten haben, wird wohl auch die historisch-kritische Gesamtausgabe eine endgültige Klärung nicht erbringen können.

Wie H. *Kuhn* schon im Titel seines umfangreichen Essays über »Die Vollendung der klassischen deutschen Ästhetik durch Hegel« erkennen läßt, sind in Hegels Vorlesungen die gesamten kunstphilosophischen Ansätze seiner Zeit eingeflossen und spezifisch neu verarbeitet worden. Das bezieht sich sowohl auf die bis in die Antike zurückreichende Tradition der Gattungspoetik, die mit J. C. Gottscheds »Versuch Einer Critischen Dichtkunst« (1. Aufl. 1730) ihren letzten repräsentativen Vertreter fand, als auch die zahlreichen Neuansätze einer Geschmacks-, Genie- und historischen Ästhetik im Gefolge der europäischen Aufklärung und ihrer Überwindung (Home, Batteux, Winkelmann, Lessing, Herder, Kant, Schiller, Schelling, die Brüder Schlegel, Solger u. a. mehr; mit Baumgartens »Aesthetica« [1750] war »Ästhetik« als eigenständige philosophische Disziplin überhaupt erst begründet worden). Die gerade in diesen ästhetischen Reflexionen zur Einsicht in die Ambivalenz ihrer Emanzipation gelangte bürgerliche Gesellschaft, ihr neues, umfassendes Geschichtsbewußtsein wie der Begriff einer Autonomie der Kunst müssen so im weitesten Sinne zu den Voraussetzungen von Hegels Ästhetik gerechnet werden, die dieser *rückblickend* als systematisch gegliedertes Ganzes entfaltet (vgl. vom Verf., »Kunst und Subjektivität in Hegels Ästhetik«, insbes. S. 11–30).

»Uns gilt die Kunst nicht mehr als die höchste Weise, in welcher die Wahrheit sich Existenz verschafft [...]. Man kann wohl hoffen, daß die Kunst immer mehr steigen und sich vollenden werde, aber ihre Form hat aufgehört, das höchste Bedürfnis des Geistes zu sein.« (XIII, 141 f.)

Die Stellung der Kunst wird von Hegel systematisch und historisch begründet. Innerhalb der absoluten Sphäre des Geistes steht sie von ihrem *Inhalt* her »auf ein und demselben Boden« mit Religion und Philosophie. Ihrer *Form* der Erfassung des Absoluten nach, der *sinnlichen Anschauung,* steht sie unter Religion (Form der *Vorstellung)* und Philosophie (Form des *Begriffs*; vgl. XIII, 127–144). Die Bestimmung des Schönen als das *sinnliche Scheinen der Idee* (XIII, 151) ist so fundiert in einem logischen Begriff des Scheins, der es erlaubt, »eine Idee auch dann als Idee zu erkennen, wenn die Weise ihrer Gegebenheit inadäquat ist« (Bubner, »Einführung«, S. 23; vgl. auch Lukács, »Hegels Ästhetik«, S. 125). Diesen logischen Bestimmungen korrelliert eine *historische* Stufenfolge der Selbsterfassung des absoluten Geistes, der zunächst in der (griechischen) Kunst, dann in der (christlichen) Religion und schließlich in der (spekulativen) Philosophie zum adäquaten Bewußtsein seiner selbst gelangt. Die besondere Brisanz dieser logisch-historischen Konstruktion und damit der Funktion der Ästhetik innerhalb von Hegels Gesamtsystem liegt nun darin, daß im »Schönen« die Einheit von Begriff und Realität, Wahrheit und Existenz der Idee *konkret* zur Darstellung gebracht werden soll (vgl. z. B. XIII, 151 f.). Gelingt diese – auch mit dem Begriff der »Mitte« gedachte – Versöhnung in der Gegenwart der bürgerlichen Gesellschaft nicht mehr – und alle Analysen Hegels laufen auf dieses Ergebnis hinaus – so muß sich zwangsläufig eine wesentliche negativere Zeitdiagnose ergeben, als dies etwa in der *Phänomenologie,* der *Philosophie der Geschichte* und der *Rechtsphilosophie* der Fall ist.

In extremem Gegensatz zu Kants »Kritik der Urteilskraft« (1790), die um das Problem der Allgemeingültigkeit des begrifflich nicht faßbaren Geschmacksurteils kreist und für die es daher »keine Wissenschaft des Schönen gibt noch geben kann« (§ 60), geht es Hegel um die philosophische Erfassung des *Gehalts* der Kunst, wie er sich im Kunstschönen bzw. im »Ideal« als »Zusammenstimmen« von Inhalt und Form, Allgemeinem und Besonderem, Subjekt und Objekt darstellt. Daher rührt einerseits Hegels Abwertung des Naturschönen, das zu dieser Stufe des Zusammenstimmens nicht gelangt. Im Begriff des »Gehalts« liegt aber andererseits die ungeheure Fruchtbarkeit des Hegelschen Ansatzes, da er diesen »Gehalt« historisch zu differenzieren vermag und so in die Kunstanalyse den gesamten historisch-gesellschaftlichen Kontext hineinnimmt, in dem das Kunstwerk steht und über den es – als »Schönes« – sich erhebt. In diesem Sinne sieht *Metscher* Hegels bleibende Leistung darin, »die Relation von Kunst und Gesellschaft als kategoriale Grundstruktur des Ästhetischen systematisch erfaßt und ins Zentrum der kunstphilosophischen Analyse gestellt zu haben« (S. 14); er liest daher Hegels Ästhetik als »die erste extensive *philosophisch-systematische Grundlegung* einer gesellschaftlichen Theorie der Künste« (S. 18). Dies zeigt Metscher überzeugend anhand des Kapitels »Das Kunstschöne oder das Ideal« und hier wiederum im Abschnitt »Die Handlung«, wo Hegel mit dem Kategoriengefüge »Allgemeiner Weltzustand – Situation – Handlung« allgemeine gesellschaftliche Voraussetzungen (z. B. Grad der Arbeitsteilung in der »Heroenzeit« gegenüber der bürgerlichen Gesellschaft) und die Bedingungen ihrer künstlerischen Durchdringung (insbesondere die echte Individuation des allgemeinen Zustandes) darstellt.

Sehr viele Arbeiten zu Hegels Ästhetik greifen darin zu kurz, daß sie diese entweder nur von ihrem logischen Ansatz her behandeln (und entsprechend schnell mit ihr fertig sind), oder sie als »Steinbruch« benutzen, aus dem beliebig Ersatzstücke für den jeweiligen Zusammenhang der eigenen Argumentation herausgebrochen und montiert werden können. Meines Erachtens ist eine Auseinandersetzung mit den »Vorlesungen« nur dann sinnvoll, wenn der Entwurf *als Ganzes* genommen wird, d. h. wenn es gelingt, Hegels allgemeine Bestimmungen des Schönen als »Zusammenstimmen« von Subjektivität und gesellschaftlich-naturhafter Gegenstandswelt im Zusammenhang mit den geschichtsphilosophischen Differenzierungen zu sehen, die auf den verschiedenen Abstraktionsebenen in der Entfaltung des Ansatzes vorgenommen werden. Besonders wichtig scheint mir hierbei Hegels Theorie der Kunstformen, deren Unterscheidung in »symbolische«, »klassische« und »romantische« Kunstform geschichtsphilosophisch verschiedene Subjekt-Objekt-Konstellationen zur Grundlage eines ebenso geschichtsphilosophisch differenzierten Kunstbegriffs macht. Indem er die Unterschiedlichkeit der Kunstformen bestimmt aus der Verschiedenheit der *in jeder Epoche anders geformten Subjektivität,* gelingt ihm eine innige Verbindung von Geschichte und Subjektskonstitution, durch die ein jeweils anderer Kunstbegriff entsteht (»Vorkunst«, »Ideal« und »Porträtartigkeit«; vgl. dazu vom Verf. »Kunst und Subjektivität in Hegels Ästhetik«, bes. S. 54–66). Daß dabei – und vor allem in der Zuordnung des »Systems der einzelnen Künste« zu den Kunstformen – manch scheinbare Notwendigkeit konstruiert wurde, ist zu Recht und zur Genüge kritisiert worden (für die Schwierigkeiten der Zuordnung etwa der Musik, dem »Problemkind der ästhetischen Disposition«, vgl. E. Bloch in »Subjekt-Objekt«, S. 285 ff.). Der gängige »Klassizismus«-Vorwurf bleibt aber vordergründig, wenn er nicht den Schmerz bedenkt, mit dem Hegel die Situation der Kunst seiner Zeit konstatiert, in der das »Zusammenstimmen« von Individuum und Gesellschaft im »Schönen« nicht mehr gelingen will.

Die Rezeptionsgeschichte der Hegelschen Ästhetik zeigt sehr viele für die Geschichte der Hegelrezeption insgesamt typische Züge, wenngleich die Kritik an ihr meist zurückhaltender, anerkennender verfuhr als etwa mit einem Werk wie der *Rechtsphilosophie*. In den beiden Jahrzehnten nach Hegels Tod, dem Höhepunkt seiner unmittelbaren Wirkung, blieb sie *in* den zahlreichen Versuchen einer Neubestimmung von Kunst stets der gemeinsame Bezugspunkt dieser Neuansätze, die sich hauptsächlich um Probleme der inhaltlichen Bestimmung und systematischen Anordnung zentraler Begriffe wie des Erhabenen, Komischen, Häßlichen sowie die Stellung des Schönen innerhalb der Trias Kunst–Religion–Philosophie bewegen. Sie zeigen dadurch methodische und inhaltliche Alternativen in der philosophischen Erfassung von Kunst auf und bedürften wegen ihrer Relevanz einer zusammenfassenden Untersuchung, die aber meines Wissens noch aussteht. So zeigt ein Brief des jungen *Feuerbach* aus dem Jahre 1824, daß die systematische Behandlung des Schönen *innerhalb* der *Logik* (»aus der Reflexion und Bewegung des Wahren in das Gute und umgekehrt des Guten in das Wahre«) durchaus eine Denkmöglichkeit war, die Hegel Schwierigkeiten bereitete (»Er gab mir zur Antwort, das Schöne falle schon in das Gebiet des konkreten Bewußtseins hinein, es streife aber so nahe an das Logische, daß die Grenze, die es von demselben abschneidet, schwer zu bestimmen sei« – HBZ, Nr. 413). Bereits 1830 legte Chr. H. *Weiße* mit seinem »System der Ästhetik als Wissenschaft von der Idee der Schönheit« einen Entwurf vor, der sich in vielen Fragen kritisch gegen Hegel stellt: Kunst steht hier in der Reihe Philosophie–Kunst–Religion; die Konzeption eines »neuen Ideals« erlaubt die Möglichkeit einer produktiven Weiterentwicklung der Kunst; vor allem aber die Aufwertung des bei Hegel gleichsam verdrängten *Häßlichen* zur genuin ästhetischen Kategorie gab einen wichtigen Anstoß, den A. *Ruge* in seiner »Neuen Vorschule der Ästhetik« (1836) aufgriff. In der »Ästhetik des Häßlichen« (1853) hat dann K. *Rosenkranz* das Häßliche als das »Negativschöne« bestimmt und systematisch zwischen das Schöne und das Komische gestellt. Die spätere Kritik an seiner Vorgehensweise als einer lediglich »deskriptiven Dialektik« verweist auf das immanente Problem des Verhältnisses von logischen Bestimmungen und Kunstgeschichte, das sich in all diesen Entwürfen zeigt (vgl. die Einleitung von Henckmann, S. XVI ff.).

Der bedeutendste Nachfolger Hegels auf dem Gebiet der Kunsttheorie ist Fr. Th. *Vischer,* dessen monumentale »Ästhetik oder Wissenschaft des Schönen« von 1846–57 in sechs Bänden erschien. Vischer steht auf dem Boden Hegels (Ästhetik als »Metaphysik des Schönen«), nimmt aber in sehr vielen Punkten entscheidende Korrekturen vor. So behandelt er ausführlich das Naturschöne (als objektive Existenz des Schönen) und die Phantasie (als dessen subjektive Existenz). Überhaupt ist das Bewußtsein der *Geschichtlichkeit* des eigenen Unternehmens in einer für die nachhegelsche Epoche charakteristischen Weise präsent, wie es etwa am Ende der Einleitung des ersten Bandes deutlich wird:

»Eine neue Kunstwelt ist, ›wenn das schon Gebildete wieder Stoff geworden sein wird‹, in unbestimmter Zukunft zu erwarten und nach ihr eine neue Ästhetik; die Ästhetik, wie sie jetzt eine fertige Welt abschließt, muß nur den Ausblick in diese Zukunft der Kunst sowohl als ihrer Wissenschaft [...] offen halten und dies wird einst ihre Probe sein« (S. 41).

In der von Oelmüller nachgezeichneten Entwicklung Vischers, der im Alter zur Einsicht in das Scheitern aller Versuche gelangt, in der Kunst die verlorene Totalität zu vergegenwärtigen, zeigt sich nicht zuletzt die Verschärfung der Entfremdungsproblematik im Laufe des 19. Jh.s, die Schiller in der »ästhetischen Erziehung des Menschengeschlechtes« Ende des 18. Jh.s noch überwinden zu können glaubte.

In R. *Hayms* einflußreichen Vorlesungen (→ S. 139 f.) wird für lange Zeit das Urteil über Hegels Ästhetik festgeschrieben: einerseits ist hier der »echte und ursprüngliche Geist der Hegel'schen Philosophie, die Tendenz auf ein wirklich konkretes [...] Erkennen«, andererseits ist auch sie »Provinz des ganzen Systems und abhängig von dem monarchischen Mittelpunkt des Absoluten«, was sich insbesondere in ihrer Einteilung zeigt, die zuweilen »ganz äußerlich und maschinenmäßig gewonnen« wird (S. 441 f.).

In der zweiten Hälfte des 19. Jh.s lebt Hegels Ästhetik z. T. in kunsthistorischen Untersuchungen fort (z. B. H. G. Hotho, Carl Schnaase), z. T. in den epigonalen Mumifizierungen, wie sie etwa C. L. Michelet und M. Schasler, der zweite Vorsitzende der ›Philosophischen Gesellschaft‹, vorgelegt haben. Typisch für die Situation dieser Zeit ist das Nebeneinander der veralteten spekulativen Ästhetik und der neuen, an naturwissenschaftlichen Methoden ausgerichteten empirisch-psychologisierenden Ansätze (z. B. die »Vorschule der Ästhetik« von Fechner, 1876).

Die Rezeption der Hegelschen Ästhetik im 20. Jahrhundert wurde von W. *Koepsel* in einer umfangreichen Monographie gleichen Titels eingehend untersucht. Koepsel verbindet mit seiner Arbeit, auf die hier global verwiesen sei, die methodenkritische Frage, »wie Hegel zu lesen sei« und will so u. a. durch das Aufspüren von Bruchstellen innerhalb des Systems »Beiträge zu einem kritischen Verständnis der Hegelschen Ästhetik liefern« (5). Von diesem Ansatz her gelangt der Autor zu wichtigen Ergebnissen; die Arbeit leidet jedoch daran, daß die Frage der richtigen Hegellektüre bereits vorbehaltlos von der Position Adornos her entschieden ist, deren geschichtsphilosophische Voraussetzungen bis hin zur Übernahme Adornoscher Topoi von Koepsel geteilt werden. Einen knappen Überblick vermittelt der Literaturbericht von *Wolandt* aus dem Jahre 1967, der eine gute Ergänzung findet in Henckmanns Gesamt- »Bibliographie zur Ästhetik Hegels«, die alle Titel bis 1967 zu erfassen sucht.

Zu Recht betont Koepsel eingangs die für die Hegelrezeption des 20. Jh.s insgesamt prägende Tatsache, daß das Wiedererwachen des Interesses an Hegel »seinen Stellenwert von Anfang an in der weltanschaulichen Auseinandersetzung zwischen dem bürgerlichen marxistischen Denken« hat (6). Dies zeigt sich zwar in der Diskussion der Ästhetik vermittelter, doch kann Koepsel den Nachweis sowohl für den Ästhetizismus des Neuhegelianismus (Croce, Glockner, Hartmann) als auch an zahlreichen »Rettungsversuchen« von den dreißiger bis in die sechziger Jahre erbringen (z. B. Kuhn, Mueller, Bröcker). Meist wird hier in einer rein aufs Geistesgeschichtliche beschränkten Vorgehensweise das »Bleibend-Gültige« in Hegels Kunstbegriff gesucht; Kaminskys positivistische Reduktion der Ästhetik auf die allein interessierenden »facts« ist nur die andere Seite dieses Ansatzes.

Es ist daher legitim, wenn Gethmann-Siefert als eigentlich produktive Auseinandersetzungen mit Hegel nach der Epoche Fr. Th. Vischers auf Lukács und Adorno verweist (»Die Ästhetik...«, S. 130). Beide haben in ihrer Polemik zwei Grundpositionen marxistischer Ästhetik entwickelt, die – sieht man einmal von der hermeneutischen Richtung ab – für die gegenwärtige Ästhetikdiskussion nach wie vor bestimmend sind.

Der zentrale Berührungspunkt zwischen Hegels Ästhetik und den Fragestellungen marxistischer Kunsttheorie liegt in der Prämisse, daß Kunstwerke einen »Gehalt« haben, und daß dieser Gehalt einer geschichtsphilosophischen Deutung erschließbar ist. In diesem Sinne hat schon Anfang der dreißiger Jahre K. A. *Wittfogel* einen Versuch unternommen, im Rückgriff auf Hegel die materialistische Kunstauffassung und die Aufgaben der politischen Schriftsteller zu begründen. Mit der Alternative »Kant oder Hegel« kritisiert Wittfogel F. Mehrings kantianisierende Literaturauffassung, die den Primat der »Form« bei Kant und Schiller akzeptiere. Materialistische Ästhetik ziele demgegenüber auf den »Gehalt«, und hier habe Hegel »die notwendige Zusammengehörigkeit zwischen Inhalt und Form« aufgezeigt:

> »Die idealistische Mystik dieses [absoluten] Standpunktes muß zerstört, seine Konzeption muß umgestülpt, auf die Beine gestellt werden. Dann gewinnen wir jenen festen Ausgangspunkt, von dem her allein eine sowohl dialektische wie materialistische Ästhetik vorstoßen kann« (»Zur Frage...«, S. 76; vgl. auch Gallas, S. 51–56).

Unter dem Vorbehalt einer »materialistischen Umstülpung« und von der erkenntnistheoretischen Position der Widerspiegelungstheorie her mißt auch *Lukács* der Hegelschen Ästhetik eine sehr große Bedeutung bei. Im Vorwort seiner eigenen Ästhetik erscheint sie als das »hohe Vorbild«; »der philosophische Universalismus ihrer Konzeption, ihre historisch-systematische Art der Synthese [bleibt] auf Dauer beispielgebend für den Entwurf einer jeden Ästhetik« (S. 14). Eine prägnante Darstellung von Lukács' Ästhetik-Rezeption und -Kritik vermittelt der als Vorwort für die ungarische Übersetzung geschriebene Aufsatz »Hegels Ästhetik« (1951), in dem er als eines der größten Verdienste Hegels die Historisierung der grundlegenden Kategorien der Ästhetik würdigt (vgl. S. 127). Immanent ist Hegels Begrifflichkeit in Lukács' Ästhetik und Literaturkritik ständig präsent, wird aber von einem normativen Realismusbegriff gekappt. Demgegenüber gehört die »Theorie des Romans« des jungen Lukács (geschrieben 1914/15) zu den wenigen echten Leistungen des Jahrhunderts, die Hegel in einer neuen Situation produktiv weitergedacht haben.

Als Beispiel für die rigide Hegelkritik im Umkreis des »Sozialistischen Realismus« vgl. den Aufsatz von T. *Pawlow*, »Die dialektisch-idealistische Ästhetik Hegels« sowie die »Grundlagen der marxistisch-leninistischen Ästhetik«.

In vier grundlegenden Forderungen faßt Koepsel *Adornos* Kritik sowohl der bürgerlichen als auch der traditionell-marxistischen Ästhetik zusammen:

> »(1) die Dialektik gegen ihre Sistierung bei Hegel zu radikalisieren [...],
> (2) ästhetische Reflexion an der fortgeschrittensten Produktionsweise, der avantgardistischen Kunst, anzusetzen [...],
> (3) statt der über der Sache stehenden, sie a priori fixierenden Systematik die Sache selbst [...] zum Sprechen zu bringen,
> (4) die Inhalts-Ästhetik [...] durch Reflexion auf den gesellschaftlichen Gehalt der Form in Frage zu stellen, d. h. zugleich nach dem

Problem der Autonomie des Kunstwerks – die Kantsche Problematik – zu fragen« (269).

Dieses zugleich den Ansatz der »Ästhetischen Theorie« Adornos umreißende Programm weist auf eine Verbundenheit mit Hegels Ästhetik hin, die aber durch die prinzipielle Idealismuskritik Adornos spezifisch gebrochen wird, so daß hier alle Grundmotive gleichsam aufgenommen, weitergedacht und umgekehrt werden und in dieser Umkehrung wiederum ihre Wahrheit hervorkehren. Exemplarisch zeigt sich dieses Verfahren etwa in einer Bemerkung aus der »Frühen Einleitung« zu Hegels Satz vom Ende der Kunst: »Der als erster ein Ende von Kunst absah, nannte das triftigste Motiv ihres Fortbestandes: den Fortbestand der Nöte selber, die auf jenen Ausdruck warten, den [...] stellvertretend die Kunstwerke vollbringen« (»Ästh. Theorie«, S. 512; vgl. dazu allerdings die Notiz von J. Trabant). Der zentrale Berührungspunkt zwischen Hegel und Adorno liegt im Begriff des »Wahrheitsgehaltes« als der Objektivierung von Geschichte im Kunstwerk. (Wahrheitsgehalt als »bewußtlose Geschichtsschreibung«; vgl. »Ästh. Theorie«, S. 285 f.). Daraus ergibt sich als weitere wesentliche Gemeinsamkeit die Berechtigung und Notwendigkeit philosophischer Ästhetik, um diesen Wahrheitsgehalt zu explizieren. Da Adorno Kunst aber wesentlich auch als das *Andere* des Begriffs denkt, das sich von der Sache her dem Zugriff eindeutiger Erkenntnis immer wieder entzieht, gelangt er zu einem insgesamt negativen Urteil über Hegel:

»Hegels Philosophie versagt vor dem Schönen: weil er die Vernunft und das Wirkliche durch den Inbegriff ihrer Vermittlung [d. h. den Geist] einander gleichsetzt, hypostasiert er die Zurüstung alles Seienden durch Subjektivität als das Absolute, und das Nichtidentische taugt ihm einzig als Fessel der Subjektivität, anstatt daß er dessen Erfahrung als Telos des ästhetischen Subjekts, als dessen Emanzipation bestimmte. Fortschreitende dialektische Ästhetik wird notwendig zur Kritik auch der Hegelschen« (»Ästh. Theorie«, 119).

Hegels ebenso konsequente wie befremdende Lehre vom *Vergangenheitscharakter der Kunst* hat seit jeher die besondere Aufmerksamkeit der Interpreten auf sich gelenkt. In ihr zeigt sich, wie Derbolav zu Recht hervorhebt, exemplarisch das »Spannungsverhältnis zwischen geschichtlicher und Gegenwartsbedeutung« Hegelschen Denkens überhaupt (»Tendenzen...« [→ S. 197], S. 284). H. Kuhn betrachtet das hier erreichte Hinausgegangensein des Geistes über die Kunst als »einen geschichtlich-objektiven Wendepunkt und als das eigentliche Ende des deutschen ästhetischen Humanismus« (S. 139). Besondere Bedeutung kommt der These vom Ende der Kunst auch dadurch zu, daß sie im Zusammenhang der linkshegelianischen Religionskritik Vorbildcharakter gewann (vgl. Henrich, »Zur Aktualität...«, S. 296).

Daß Hegels Theorie bereits vielen Zeitgenossen ein Ärgernis war, zeigt eine Briefstelle von F. Mendelssohn-Bartholdy aus dem Jahre 1831:

»Aber toll ist des doch, daß Goethe und Thorwaldsen leben, daß Beethoven erst vor ein paar Jahren gestorben ist und daß H[egel] behauptet, die deutsche Kunst sei mausetot. Quod non. Schlimm genug für ihn, wenn es ihm so zumute ist; aber wenn man ein Weilchen über das Raisonnement nachdenkt, kommt es einem doch sehr schal vor« (HBZ, Nr. 669; vgl. auch Nr. 675).

Hegels Aussagen über die Kunst seiner Gegenwart können – zumindest nach Hothos Textfassung – durchaus unterschiedlich gelesen werden. Einerseits ergibt sich ihr Zerfall eindeutig aus der logisch-geschichtsphilosophischen Anlage der Vorlesungen selbst, die ja gleich eingangs feststellen, daß der Gedanke und die Reflexion »die schöne Kunst überflügelt« haben. (XIII, 24). Andererseits scheint Hegel in dem zentralen Abschnitt vom Ende der romantischen Kunstform Möglichkeiten einer Kunst der Zukunft abzusehen, die – frei von allen vorgegebenen Formen und Stoffen – das »Allgemeinmenschliche« zu ihrem Gegenstand nimmt. Als ihre adäquate Haltung nennt Hegel den »objektiven Humor« (vgl. XIV, S. 234–242). *Henrich* behauptet allerdings mit Verweis auf erhaltene Vorlesungsnachschriften, daß diese Prognose einer Kunst der Zukunft eine Camouflage des Herausgebers darstelle, die die ursprüngliche Schroffheit der These abmildere; möglicherweise seien Hegels eigene Prognosen auch als Akkommodation an seine Umgebung zu begreifen (»Zur Aktualität ...«, S. 296; zu dem für die Hegeldeutung insgesamt grundlegenden Problem des Verhältnisses von systematischer Aussage, konkret-politischen Zeitumständen und schillernder Textgestalt vgl. z. B. Iltings Edition der *Rechtsphilosophie,* → S. 76 f.).

Koepsel unterscheidet in seiner ausführlichen Darstellung der Interpretationen der Hegelschen Lehre vom Vergangenheitscharakter der Kunst vier Interpretationsansätze, die zugleich die Spannweite der Hegeldeutung im 20. Jh. aufzeigen:

1. Ihre Auffassung als »absurde Konsequenz des Gesamtsystems« (insbesondere von Croce propagiert);
2. extrem entgegengesetzt, ihre Auffassung als »Mißverständnis der Hegel-Rezeption« (Diese Wendung legt z. B. Oelmüller nahe: »Hegels Satz ist polemisch. Er richtet sich jedoch nicht gegen die Kunst überhaupt, sondern nur gegen ihre Überforderung und ihren daraus resultierenden Verfall« – »Hegels Satz ...«, S. 87).
3. Die Vergangenheitslehre als »antizipierte historische Erfahrung der Dekadenz« (so etwa bei Lukács in »Hegels Ästhetik«; dieser Diagnose wird die perspektivisch-positive Kunst des sozialistischen Realismus gegenübergestellt);
4. Die Umwendung der Vergangenheitslehre als »Antizipation der herrschaftsfreien Gesellschaft«. Diese Auffassung entwickeln – mit unterschiedlichen Akzenten – Adorno und Bloch (Kunst als Vor-Schein des realen Fürsichseins; vgl. »Subjekt-Objekt«, S. 288).

Auf die Diskussion dieser Ansätze kann hier leider nicht eingegangen werden. Wichtig scheint mir jedoch in diesem Zusammenhang die Erinnerung von Henckmann, daß die These vom Vergangenheitscharakter nicht isoliert diskutiert werden darf, sondern daß es eher darauf ankommt, »wie Hegel diese These begründet hat und ob gerade seine Begründung die gegenwärtige Situation der Kunst auf den Begriff zu bringen in der Lage ist« (»Was besagt...«, S. 105; Henckmanns Bilanz zu dieser Frage ist im übrigen negativ). Einen zu Recht vielbeachteten Beitrag hat dazu D. *Henrich* mit dem Vortrag »Kunst und Kunstphilosophie der Gegenwart« vorgelegt, in dem er Hegels Ausführungen über die Reflektiertheit des Lebens in der bürgerlichen Gesellschaft wie ihrer Kunst und die daraus resultierende Einsicht in den *Partialcharakter* aller modernen Kunst für eine Diagnose der Moderne fruchtbar zu machen versucht.

Gegenwärtig scheint eine große Unsicherheit über Sinn und Aufgaben philosophischer Ästhetik überhaupt vorzuherrschen. *Bubners* im Gegenzug zur Gehaltsästhetik entwickelter Versuch, im Rekurs auf Kant die Bedeutung des *Schein*begriffes als Grenze philosophischen Erfassens wieder ins Bewußtsein zu rücken, bringt ein wichtiges Argument gegen Hegel zur Geltung, bleibt aber in seiner Fixierung auf die Kantische Position abstrakt. *Bürger* bezweifelt am Ende seiner »Theorie der Avantgarde« die Möglichkeit ästhetischer Theorie im Sinne der klassischen Tradition bis hin zu Adorno angesichts eines Zustandes, in dem die künstlerische »Verfügbarkeit aller Traditionen« einen einheitlich strukturierten Gegenstandsbereich als Objekt wissenschaftlicher Erfassung zerschlagen hat. Selbst grundlegende Probleme wie die Frage, welche Züge der Moder-

ne eigentlich als paradigmatisch anzusehen sind – etwa die
»avantgardistischer« oder einer »nachavantgardistischen«
Kunst – sind ungeklärt. Resignierte philosophische Ästhetik
aber von dem Begreifen der Kunst und der Zeit, die sie hervor-
bringt, würde sie zugleich den wesentlichen Zusammenhang aus
den Augen verlieren, an den Henrich mit Hinweis auf den ursprünglichen Impuls aller ästhetischen Reflexion beim jungen
Hegel erinnert: Die Frage nämlich, ob »schöne Lebensverhält-
nisse, die sich in ästhetischen Kategorien fassen lassen«, möglich sind. »Keine andere Frage, die theoretische Probleme der
Kunstphilosophie und ihre abstraktesten Begriffe betrifft, kann
größere Aktualität für unser Leben haben« (»Zur Aktualität...«, S. 301. – Mit einem ähnlichen Hinweis auf die Funktion der Kunst beim jungen Hegel schließt auch der sehr informative Literaturbericht von A. *Gethmann-Siefert,* »Zur Begründung einer Ästhetik nach Hegel«, der mir erst nach Abschluß des Manuskripts zugänglich wurde. Er sei hier nachdrücklich empfohlen, da er auch Perspektiven für die weitere
Diskussion zu eröffnen versucht).

Literatur

Zu dem Gesamtkomplex vgl. die »Bibliographie zur Ästhetik Hegels«
von Wolfhart Henckmann in: HST 5 (1969), S. 379–427. Die Referate des Salzburger Ästhetik-Kongresses 1964 sind abgedruckt in
HJB 1964, 1965 und 1966. Die Referate des Kolloquiums »Kunstphilosophie und Gegenwart der Künste« des Stuttgarter Hegelkongresses
1970 sind enthalten in: HST Beih. 11 (1974), S. 251–301. Weitere
wichtige, hier nicht aufgeführte Beiträge des 20. Jh.s sind zu finden
über die Arbeit von *Koepsel* sowie über den Literaturbericht von
Gethmann-Siefert.

Für die neuere Rezeptionsgeschichte wichtig wurde die modernisierte
Ausgabe von F. *Bassenge:*
G. W. F. *Hegel:* Ästhetik. Nach der zweiten Ausgabe Heinrich Gu-
 stav Hothos (1842) redigiert und mit einem ausführlichen Register
 versehen von Friedrich *Bassenge.* Mit einem Essay von G. Lukács.
 Lizenzausgabe in 2 Bänden, FfM 1965.

Adorno, Theodor W.: Ästhetische Theorie. Hrsg. von Gretel *Adorno*
 und Rolf *Tiedemann.* FfM 1970.
Bubner, Rüdiger: Einführung zu: G. W. F. Hegel, Vorlesungen über
 die Ästhetik. 2 Bde., Stuttgart 1971 (Reclam). Bd. 1, S. 3–30.
ders.: Über einige Bedingungen gegenwärtiger Ästhetik. In: Neue
 Hefte für Philosophie. Heft 5 (1973), S. 38–73.

Bröker, Walter: Hegels Philosophie der Kunstgeschichte. In: *ders.:* Auseinandersetzung mit Hegel. FfM 1965, S. 33–57.

Bürger, Peter: Theorie der Avantgarde. FfM 1974 (= ed. s. 727).

Fechner, Gustav Theodor: Vorschule der Ästhetik. 2 Bde., Leipzig 1876.

Gallas, Helga: Marxistische Literaturtheorie. Neuwied 1971.

Gethmann-Siefert, Annemarie: Die Ästhetik in Hegels System der Philosophie. In: Hegel. Hrsg. von Otto *Pöggeler*. Freiburg/München 1977, S. 127–149.

dies.: Zur Begründung einer Ästhetik nach Hegel. In: HST 13 (1978), S. 237–289 [= ausführliche Sammelrezension].

Helferich, Christoph: Kunst und Subjektivität in Hegels Ästhetik. Kronberg/Ts. 1976.

Henckmann, Wolfhart: Was besagt die These von der Aktualität Hegels? In: Hegel-Bilanz. Hrsg. von Reinhard *Heede* und Joachim *Ritter*. FfM 1973, S. 101–145. Vgl. auch die Diskussion S. 146–153.

Henrich, Dieter: Kunst und Kunstphilosophie der Gegenwart (Überlegungen mit Rücksicht auf Hegel). In: Immanente Ästhetik – ästhetische Reflexion. (Poetik und Hermeneutik Bd. 2) Hrsg. von Wolfgang *Iser*. München 1966, S. 11–32; dazu die Diskussion S. 524–531.

ders.: Zur Aktualität von Hegels Ästhetik. In: HST Beih. 11 (1974), S. 295–301.

Hotho, Heinrich Gustav: Vorstudien für Leben und Kunst. Stuttgart/Tübingen 1835.

Kaminsky, Jack: Hegel on Art. An Interpretation of Hegel's Aesthetics. New York 1962.

Koepsel, Werner: Die Rezeption der Hegelschen Ästhetik im 20. Jahrhundert. Bonn 1975.

Kuhn, Helmut: Die Vollendung der klassischen deutschen Ästhetik durch Hegel. In: *ders.*, Schriften zur Ästhetik. Hrsg. von Wolfhart *Henckmann*. München 1966, S. 15–144.

Lukács, Georg: Die Theorie des Romans. Neuwied 1971 u. ö.

ders.: Hegels Ästhetik. In: Werke Bd. 10. Neuwied 1969, S. 107–146.

ders.: Ästhetik. Teil I: Die Eigenart des Ästhetischen. 2 Bde., Neuwied 1963.

Metscher, Thomas W. H.: Hegel und die philosophische Grundlegung der Kunstsoziologie. In: Literaturwissenschaft und Sozialwissenschaften Bd. 1. (Grundlagen und Modellanalysen) Stuttgart 1971, S. 13–80.

Michelet, Carl Ludwig: Kapitel »Ästhetik«. In: *ders.:* Das System der Philosophie als exakte Wissenschaft. Bd. 3, Berlin 1878, S. 406–454.

Mueller, Gustav Emil: Origins und Dimensions of Philosophy. Some Correlations. New York 1975.

Oelmüller, Willy: Friedrich Theodor Vischer und das Problem der nachhegelschen Ästhetik. Stuttgart 1959.

ders.: Hegels Satz vom Ende der Kunst und das Problem der Philosophie der Kunst nach Hegel. In: Philosophisches Jahrbuch. 73. Jahrgang (1965/66), S. 75–94.

Owsjannikow, M. S., u. a. (Hrsg.): Grundlagen der marxistisch-leninistischen Ästhetik. Berlin 1962.

Patočka, Jan: Die Lehre von der Vergangenheit der Kunst. In: Beispiele. Festschrift für Eugen Fink. Hrsg. von Ludwig *Landgrebe.* Den Haag 1965, S. 46–61.

Pawlow, Todor: Die dialektisch-idealistische Ästhetik Hegels. In: ders.: Beiträge zur Geschichte der Ästhetik. Berlin 1963, S. 99–149.

Rosenkranz, Karl: Ästhetik des Häßlichen. Königsberg 1853. Neudruck mit einem Vorwort von Wolfhart *Henckmann,* Darmstadt 1973.

Ruge, Arnold: Neue Vorschule der Ästhetik. Das Komische mit einem komischen Anhang. Halle 1836.

Schasler, Max: Ästhetik. Grundzüge der Wissenschaft des Schönen und der Kunst. Leipzig o. J.

Schnaase, Carl: Geschichte der bildenden Künste bei den Alten. 6 Bde., Düsseldorf 1843–61.

Szondi, Peter: Hegels Lehre von der Dichtung. In: ders., Poetik und Geschichtsphilosophie I. Hrsg. von Senta *Metz* und Hans-Hagen *Hildebrandt.* FfM 1974, S. 267–511.

Trabant, Jürgen: ›Bewußtseyn von Nöthen‹. Philologische Notiz zum Fortleben der Kunst in Adornos ästhetischer Theorie. In: Heinz Ludwig *Arnold* (Hrsg.): Theodor W. Adorno. = Sonderband der edition text + kritik, München 1977, S. 130–135 [dort auch weitere Beiträge zu Adornos Kunsttheorie sowie eine kommentierte Bibliographie zu Adorno].

Vischer, Friedrich Theodor: Ästhetik oder Wissenschaft des Schönen. 6 Bde., Reutlingen/Leipzig 1846–1857. Neudruck in 3 Bänden, Hildesheim 1975.

Weiße, Christian Hermann: System der Ästhetik als Wissenschaft von der Idee der Schönheit. 2 Teile, Leipzig 1930. Reprographischer Nachdruck in einem Band Hildesheim 1966.

Wittfogel, Karl August: Zur Frage einer marxistischen Ästhetik. In: Die Linksurve (1930). Nachdruck in »Ästhetik und Kommunikation«. Heft 2 (1970), S. 66–80.

Wolandt, Gerd: Zur Aktualität der Hegelschen Ästhetik [Literaturbericht]. In: HST 4 (1967), S. 219–234.

VI. Die wichtigsten Ausgaben von Hegels Werken

Ein Bericht über die Ausgaben von Hegels Werken darf, so sehr er im Rahmen dieses Bändchens nur als grobe Orientierung erfolgen kann, nicht als »Anhang« aufgefaßt werden, sondern gehört konstitutiv zum Verständnis der Eigenart Hegelschen Denkens wie der Auffassung der Epochen, die sich um die Herausgabe seiner Werke bemühten. So stellt *Nicolin* in seinem grundlegenden Aufsatz über »Die neue Hegel-Gesamtausgabe« einleitend fest: »Stärker, als es bei anderen Editionen der Fall ist, sind die einzelnen Perioden und ihre spezifische Leistung bedingt durch den philosophischen Habitus ihrer Zeit. Die Linie der editorischen Arbeit folgt [...] der auf- und absteigenden Bewegung der Hegelianismen« (S. 295).

Hegel selbst hat zu Lebzeiten nicht besonders viel »Druckreifes« fertiggestellt: neben den über verschiedene Zeitschriften verstreuten Aufsätzen und Rezensionen (hauptsächlich im Jenaer »Kritischen Journal der Philosophie« und den Berliner »Jahrbüchern für Wissenschaftliche Kritik«) und der anonym veröffentlichten Übersetzung von *Carts* Streitschrift (→ S. 26) waren es eigentlich nur die *Phänomenologie* und die *Wissenschaft der Logik*, die als Bücher im eigentlichen Sinne zu betrachten sind, da ja *Rechtsphilosophie* und *Enzyklopädie* ausdrücklich »zum Gebrauch für seine Vorlesungen« bestimmt waren. *Adorno* sieht daher sicher nicht zu Unrecht in der Nachlässigkeit gegenüber der endgültigen schriftlichen Fixierung ein »Korrektiv« gegen die »Hybris des Abschließenden« im Hegelschen Denken (»Drei Studien« [→ S. 197], S. 351). Seine Manuskripte hingegen hat Hegel von der frühesten Gymnasialzeit an stets sorgfältig bewahrt; für den Plan einer Veröffentlichung gibt es keinen Anhaltspunkt. Um so problematischer war dann allerdings die Art und Weise, wie nach seinem Tod mit diesem Nachlaß umgegangen wurde.

Hinweis: Um die Ausführungen in diesem Kapitel nicht ausufern und damit unübersichtlich werden zu lassen, habe ich mich bei den Nachweisen auf wenige Titel beschränkt. Es sei an dieser Stelle ausdrücklich verwiesen auf die Bibliographie von *Riege,* die alle zu Lebzeiten veröffentlichten Schriften sowie die meisten posthum herausgegebenen Vorlesungen, Schriften aus dem Nachlaß etc. anführt (bis 1963). Von da an vgl. den Teil »Texte und Dokumente« in den »Hegel-Studien«. Sehr empfehlenswert für eine rasche Orientierung ist ferner die Bibliographie, die H. *Schneider* zu grundlegenden Werken, aber auch zu speziellen Aspekten der Hegelforschung erstellt hat (bis 1977).

1. Die Freundesvereinsausgabe

Sehr bald nach Hegels Tod konstituierte sich noch im November 1831 ein »Verein von Freunden des Verewigten«, um in Zusammenarbeit mit der Familie Hegels die Herausgabe seiner Werke in Angriff zu nehmen (vgl. den Verlagsvertrag zur Gesamtausgabe in Br. IV, 1, Nr. 118). Dieser Plan wurde unter geschickter Ausnutzung des starken Interesses an Hegel in erstaunlicher Eile verwirklicht: schon 1832 erschienen als erste Bände die *Vorlesungen über die Philosophie der Religion,* und nur 13 Jahre später, 1845, war das Unternehmen bei bereits zahlreichen Zweitauflagen abgeschlossen. Um die Eigenart dieser folgenreichen, weil die ganze Geschichte der Rezeption bestimmenden *Werke* zu verstehen, müssen das Selbstverständnis des Herausgeberkreises und die besonderen Zeitumstände berücksichtigt werden.

Hegels unmittelbare Schüler hatten den »Berliner Hegel« vor Augen, dessen Philosophie es als geschlossenes, in sich abgerundetes System zu bewahren und vor Angriffen bzw. Verfälschungen zu sichern galt. Daher steht im Mittelpunkt der Ausgabe die sog. *Große Enzyklopädie,* d. h. die durch Zusätze Hegels und Hörernachschriften stark »angereicherte« Neufassung der *Enzyklopädie* von 1830, und daher machen Hegels Berliner Vorlesungen mehr als die Hälfte der Ausgabe aus. Demgegenüber interessierte Hegels Entwicklung nicht; lediglich *Rosenkranz'* als Supplement zur Ausgabe gedachte Biographie teilte einige Stücke mit (bezeichnenderweise ist diese Biographie ganz unter dem Gesichtspunkt der Kontinuität, »Allmählichkeit« von Hegels Entwicklung geschrieben). Vor diesem Hintergrund ist auch der kompilatorische Charakter der *Werke,* der unbedenkliche Umgang mit Texten aus verschiedenen Stufen seines Denkens und die meist nicht eigens gekennzeichnete Verschmelzung mit Vorlesungsnachschriften zu sehen. Der Verlagsvertrag bestimmte ja ausdrücklich, daß auch »die von Hegel bereits in Druck gegebenen Werke« aufgenommen werden sollten, »nachdem in dieselben Hegels Vorlesungen über Logik, Philosophie des Geistes und der Natur, und über Rechtslehre in Form von meist ausführlichen Zusätzen und Anmerkungen hineingearbeitet worden sind« (§ 3). *Pöggeler* erwähnt, daß z. B. allein in den Paragraphen der *Enzyklopädie,* die den subjektiven Geist behandeln, über 150 Textänderungen vorgenommen wurden (»Das Hegelwerk...«, S. 31). Und wenn etwa aus Hegels – erst 1828 in den »Jahrbüchern« veröffentlichten – Hamann-Rezension ganze Seiten weggelassen wurden, weil man Bedenken gegen gewisse Äußerungen über Hamanns Privatleben hatte, so verweist das auch auf politische Intentionen, die die Textgestaltung mitbestimmten. W. R. *Beyer*, der aus neu aufgefundenen Briefen die näheren Umstände der Entstehung der Ausgabe rekonstruiert hat, kommt zu dem Ergebnis: »Hegel war tot – das Geschäftige der ›Hegelei‹ begann. Und die Freundesvereinsausgabe hat das ihrige dazu beigetragen, daß ein besonderes, wohl steifes und allzu konservatives Hegel-Bild in die Geschichte einging« (S. 569).

Die Ausgabe untergliedert sich in drei Abteilungen (bereits von Hegel in Druck gegebene Schriften; Vorlesungen; Vermischte Schriften) und zählt 18 Bände, wobei der 7. Bd. in zwei, der 10. Bd. in drei Bände unterteilt ist. Hinzu kommen die beiden Briefbände, die Hegels Sohn 1887 in demselben Verlag herausgab.

Georg Wilhelm Friedrich Hegels *Werke*. Vollständige Ausgabe durch einen Verein von Freunden des Verewigten: Philipp Marheineke, Johannes Schulze, Eduard Gans, Leopold von Henning, Heinrich Gustav Hotho, Karl Ludwig Michelet, Friedrich Förster. 18 Bände, Berlin (Dunker und Humblot) 1832–1845.

Bd. 1	Philosophische Abhandlungen.
Bd. 2	Phänomenologie des Geistes.
Bd. 3–5	Wissenschaft der Logik.
Bd. 6–7, 1–2	Enzyklopädie der philosophischen Wissenschaften im Grundrisse.
Bd. 8	Grundlinien der Philosophie des Rechts oder Naturrecht und Staatswissenschaft im Grundrisse.
Bd. 9	Vorlesungen über die Philosophie der Geschichte.
Bd. 10, 1–3	Vorlesungen über die Ästhetik.
Bd. 11–12	Vorlesungen über die Philosophie der Religion nebst einer Schrift über die Beweise vom Dasein Gottes.
Bd. 13–15	Vorlesungen über die Geschichte der Philosophie.
Bd. 16–17	Vermischte Schriften.
Bd. 18	Philosophische Propädeutik.

Ergänzungsband:

Bd. 19, 1–2   Briefe von und an Hegel. Hrsg. von Karl Hegel. Leipzig 1887.

Supplement: Karl Rosenkranz: Georg Wilhelm Friedrich Hegels Leben. Berlin 1844.

2. Die Jubiläumsausgabe

Da die Freundesvereinsausgabe nach etwa fünfzig Jahren nur noch antiquarisch als Ganze erhältlich war, gab H. *Glockner* (→ S. 155 f.) von 1927–1930 einen fotomechanischen Nachdruck heraus, der mit Hinblick auf die hundertjährige Wiederkehr von Hegels Todestag auch *Jubiläumsausgabe* genannt wird. Glockner schied lediglich einige nicht von Hegel verfaßte Aufsätze aus und nahm neben einigen Zusätzen die Originalausgabe der Heidelberger *Enzyklopädie* (1817) hinzu. Zu dieser Ausgabe zählt auch die zweibändige Hegel-Monographie und das »Hegel-Lexikon«. Als rund 5 000 Artikel umfassendes Begriffs-Lexikon soll es der systematischen Erschließung der Zusammenhänge des Hegelschen Denkens dienen. Allein angesichts der Tatsache, daß ein Stichwort wie »Begriff« im Lexikon gut zwanzig Seiten beansprucht, zeigt sich die Problematik von Glockners Unternehmung.

Georg Wilhelm Friedrich Hegel: *Sämtliche Werke*. Jubiläumsausgabe in zwanzig Bänden, einer Hegel-Monographie und einem Hegel-Lexikon. Aufgrund des von Ludwig Boumann, Friedrich Förster, Eduard Gans, Karl Hegel, Leopold von Henning, Heinrich Gustav Hotho, Philipp Marheineke, Karl Ludwig Michelet, Karl Rosenkranz und Johannes Schulze besorgten Originaldrucks im Faksimileverfahren neu hrsg. von Hermann Glockner. 26 Bde., Stuttgart (Fr. Frommanns Verlag), 1927–1940.

Bd. 1   Aufsätze aus dem kritischen Journal der Philosophie und andere Schriften aus der Jenenser Zeit.
Bd. 2   Phänomenologie des Geistes.
Bd. 3   Philosophische Propädeutik, Gymnasialreden und Gutachten über den Philosophie-Unterricht.
Bd. 4–5 Wissenschaft der Logik. I–II
Bd. 6   Enzyklopädie der philosophischen Wissenschaften im Grundrisse (1817) und andere Schriften aus der Heidelberger Zeit.
Bd. 7   Grundlinien der Philosophie des Rechts oder Naturrecht und Staatswissenschaft im Grundrisse. Mit Zusätzen aus Hegels Vorlesungen
Bd. 8–10 System der Philosophie. (Sog. „Große Enzyklopädie")
Bd. 11   Vorlesungen über die Philosophie der Geschichte.
Bd. 12–14 Vorlesungen über die Ästhetik. I–III
Bd. 15–16 Vorlesungen über die Philosophie der Religion. I–II
Bd. 17–19 Vorlesungen über die Geschichte der Philosophie. I–III
Bd. 20   Vermischte Schriften vor allem aus der Berliner Zeit.
Bd. 21–22 Hermann Glockner: Hegel.
Bd. 23–26 Hermann Glockner: Hegel-Lexikon.

Die Jubiläumsausgabe erschien in vier Auflagen, einzelne Bände sogar in der fünften Auflage. Im Vorwort zum »Hegel-Lexikon« legitimiert Glockner seine Ausgabe mit dem Argument, daß nicht Hegels Jugendschriften und Manuskripte etc., sondern das in den *Werken* gegebene »Corpus Philosophiae Hegelianae« die eigentlich wirkmächtige Basis von Hegels Philosophie darstellte und weiterhin darstellt. Demgegenüber wendete *Pöggeler* in seiner ins Grundsätzliche gehenden Rezension der 3. Auflage ein, »daß das Corpus der Hegelschule nur eine, und zwar eine ganz bestimmte, Perspektive auf das Hegelsche Denken eröffnet und daß es keineswegs das Hegelsche Denken so wiedergibt, wie es sich wirklich vollzogen hat« (35). »Im Großen und Ganzen [...] hat Glockner kein kritisches Bewußtsein von der Art und Weise, wie die alte Ausgabe Hegels Denken zur Erscheinung bringt« (33). Dieses Urteil kann Pöggeler an zahlreichen Irreführungen nachweisen, denen Glockner durch die Freundesvereinsausgabe unterlegen ist.

3. Die Theorie-Werkausgabe des Suhrkamp-Verlages

Damit ist auch die Problematik der *Suhrkamp-Ausgabe* berührt, die ebenfalls »auf der Grundlage der *Werke* von 1832–1845« neu herausgegeben wurde. Ihr Erscheinen 1970/71 fiel in eine Zeit intensiver und breiter Hegelrezeption und war deshalb sehr erfolgreich. In ihrem »Editorischen Bericht« gestehen die Herausgeber freimütig ein, »daß diese Ausgabe keine kritischen Ansprüche geltend macht und zur Hegel-Philologie nichts beizutragen hat« (XX, 538). Dennoch wird hier ungleich behutsamer verfahren, als dies Glockner tat: Die Ausgabe strebt die Integration des in den verschiedenen Editionen bereits erreichten Forschungsstandes an, bringt viele Jugendschriften und schließt z. B. aus demselben Grunde die Jenaer Entwürfe aus, da noch kein gesicherter Gesamttext vorlag. Die Ausgaben der *Enzyklopädie* und *Rechtsphilosophie* werden *mit* den mündlichen Zusätzen vorgelegt, die deutlich vom Haupttext abgehoben sind. Sinnvoll ist auch das Verfahren, durch behutsame Modernisierung der Schreib- und Zeichensetzungsgewohnheiten zur besseren Verständlichkeit des Textes beizutragen (bei einer so zentralen Stelle wie dem ersten Kapitel der *Logik,* in dem vier Kommata weggelassen sind, wäre allerdings ein direkter Hinweis unbedingt nötig, und nicht erst im editorischen Bericht – hier zeigen sich deutlich

Grenzen der Modernisierungspraxis). Es ist allerdings ein Skandal, daß das *mit* der Ausgabe angekündigte *Register* erst nach acht Jahren, im Mai 1979, erscheinen *soll!*

Georg Wilhelm Friedrich Hegel: *Werke in 20 Bänden.* Auf der Grundlage der *Werke* von 1832–1845 neu edierte Ausgabe. Redaktion Eva Moldenhauer und Karl Markus Michel. Frankfurt/Main (Suhrkamp-Verlag), 1970/71.

Bd. 1   Frühe Schriften.
Bd. 2   Jenaer Schriften.
Bd. 3   Phänomenologie des Geistes.
Bd. 4   Nürnberger und Heidelberger Schriften.
Bd. 5–6 Wissenschaft der Logik I u. II.
Bd. 7   Grundlinien der Philosophie des Rechts.
Bd. 8–10 Enzyklopädie der philosophischen Wissenschaften I–III.
Bd. 11   Berliner Schriften 1818–1831.
Bd. 12   Vorlesungen über die Philosophie der Geschichte.
Bd. 13–15 Vorlesungen über die Ästhetik I–III.
Bd. 16–17 Vorlesungen über die Philosophie der Religion I u. II.
Bd. 18–20 Vorlesungen über die Geschichte der Philosophie I–III.

4. Die Ausgabe der Philosophischen Bibliothek

Es wurde oft bemerkt, daß *Diltheys* Besprechung der »Briefe von und an Hegel« in dem neugegründeten »Archiv für Philosophie« in gewissem Sinne eine Bindeglied darstellt zwischen alter und neuer Hegel-Aneignung. Dilthey forderte am Schluß der Rezension die Aufarbeitung der noch unedierten Manuskripte und leitete damit die entwicklungsgeschichtliche Betrachtungsweise ein (vgl. → S. 151 f.). Die erste Edition aus dem Nachlaß erschien bereits 1893: Das Jenenser *System der Sittlichkeit* und die *Kritik der Verfassung Deutschlands,* hrsg. von Georg *Mollat.* Paul *Roques* edierte 1906 *Das Leben Jesu.* 1907 erschien die bahnbrechende Ausgabe von H. *Nohl* unter dem Titel *Theologische Jugendschriften.* Lassons »Hegel-Archiv« (1912–1916) brachte Nürnberger *Entwürfe zur Enzyklopädie* (hrsg. von J. *Löwenberg,* 1912, nach Handschriften, die in der Havard-Universität gefunden worden waren), die *Handschriftlichen Zusätze zu seiner Rechtsphilosophie (Lasson,* 1914–16) und Hegels sog. *Erstes System* (hrsg. von H. *Ehrenberg* u. H. *Link,* 1915). Schließlich edierte F. *Rosenzweig* 1917 *Das Älteste Systemprogramm des deutschen Idealismus,* das bald eine lebhafte Diskussion in Gang setzen sollte (→ S. 21).

All diese Ausgaben sind inzwischen philologisch größtenteils überholt, stellten aber wichtige Schritte im Prozeß der Neuerschließung Hegels dar. Außerhalb dieser entwicklungsgeschichtlichen Ansätze, aber im Gesamtkontext des Neuhegelianismus stehen die Ausgaben von *Bolland* (→ S. 157), der im ersten Jahrzehnt dieses Jahrhunderts zahlreiche Teile der alten Werkausgabe neu kommentiert herausgab.

Wenn *Nicolin* feststellt, daß die editorische Arbeit an Hegel bis zur Jahrhundertmitte »auf die Initiative und Leistung Einzelner angewiesen war« (S. 303), meint er vor allem das Werk von Georg Lasson und Johannes Hoffmeister. *Lasson* gab von 1905–1911 innerhalb der ›Philosophischen Bibliothek‹ des Meiner-Verlags Hamburg die *Enzyklopädie,* die *Phänomenologie* und die *Rechtsphilosophie* neu heraus. Auf diesen Ausgaben basierte der Plan, Hegels *Sämtliche Werke* in dieser Reihe zu edieren. Lasson bemühte sich um eine wirkliche Neuausgabe nach allen ihm erreichbaren Quellen. Da aber auch er – ebenso wie die Freundesvereinsausgabe – versuchte, daraus *einen* Text herzustellen und diesen Text überdies nach pädagogischen Absichten einer besseren Hinführung zu Hegel z. B. durch eigenmächtige Hervorhebungen und ähnliches gestaltete, weist auch diese Ausgabe erhebliche Mängel auf, zumal – verständlicherweise angesichts der Schwierigkeiten der Aufgabe – die Editionsprinzipien ständig wechselten. Nach Lassons Tod (1932) führte *Hoffmeister* das Unternehmen weiter, wobei er allmählich von Lassons Editionsprinzipien zugunsten einer konsequent kritischen Textdarbietung abrückte. Das führte zu einem neuen Gesamtplan der Ausgabe unter dem Titel: *Sämtliche Werke. Neue kritische Ausgabe* (ab 1952), die aber durch Hoffmeisters Tod (1955) ebenfalls unabgeschlossen blieb. Der Verlag hat daher inzwischen ganz auf den Gesamttitel verzichtet.

Als wichtigste Titel dieser Reihe wären zu nennen:
Erste Druckschriften. Nach dem ursprünglichen Text hrsg. von G. Lasson. Leipzig 1928. Danach in Einzelausgaben:
Differenz des Fichte'schen und Schelling'schen Systems der Philosophie. Nachdruck aus »Erste Druckschriften«, Hamburg 1962.
Glauben und Wissen. Hrsg. von G. Lasson. Nachdruck aus »Erste Druckschriften«, Hamburg 1962.
Jenaer Realphilosophie. Vorlesungsmanuskripte zur Philosophie der Natur und des Geistes von 1805–1806. Hrsg. von J. Hoffmeister. (Erste Auflage 1931 unter dem Titel *Jenenser Realphilosophie II*). Nachdruck Hamburg 1969.

Phänomenologie des Geistes. Nach dem Text der Originalausgabe. Hrsg. von J. Hoffmeister. Hamburg ⁶1952.

Nürnberger Schriften. Texte, Reden, Berichte und Gutachten zum Nürnberger Gymnasialunterricht 1808–1816. Hrsg. von J. Hoffmeister. Leipzig 1938.

Wissenschaft der Logik. Hrsg. von G. Lasson. 2 Bde., letzte Auflage Hamburg 1975.

Enzyklopädie der philosophischen Wissenschaften im Grundrisse (1830). Neu hrsg. v. Friedhelm Nicolin und Otto Pöggeler. Erneut durchgesehener Nachdruck Hamburg 1975.

Grundlinien der Philosophie des Rechts. Mit Hegels eigenhändigen Randbemerkungen in seinem Handexemplar der Rechtsphilosophie. Hrsg. v. J. Hoffmeister, Hamburg 1955. Nachdruck 1967.

Berliner Schriften 1818–1831. Hrsg. v. J. Hoffmeister. Hamburg 1956.

Vorlesungen über die Philosophie der Weltgeschichte. Auf Grund der Handschriften herausgegeben. Bd. I–IV in zwei Bänden.

Bd. 1: *Die Vernunft in der Geschichte.* Hrsg. von J. Hoffmeister. Hamburg 1955, Nachdruck 1970.

Bd. 2–4 (in einem Buch): *Die orientalische Welt; Die griechische und die römische Welt; Die germanische Welt.* Hrsg. von G. Lasson. Leipzig ²1923, Nachdruck 1976.

Vorlesungen über die Philosophie der Religion. 2 Bde., hrsg. von G. Lasson. Nachdruck der Ausgabe Leipzig 1925, Hamburg 1974.

Vorlesungen über die Beweise vom Dasein Gottes. Hrsg. von G. Lasson. Nachdruck Hamburg 1973.

Einleitung in die Geschichte der Philosophie. Hrsg. von J. Hoffmeister. 3., gekürzte Auflage besorgt von Friedhelm Nicolin. Hamburg 1959 u. 1966.

Briefe von und an Hegel in 4 Bänden.

Bände 1–3 hrsg. von Johannes Hoffmeister. Hamburg ³1969.

Bd. 4: 3., völlig neubearbeitete Aufl., hrsg. von Friedhelm Nicolin.

Teil 1: *Dokumente und Materialien zur Biographie.* Hamburg 1977.

Teil 2: *Nachträge und Register.* Erscheint Hamburg 1979.

Ferner: *Hegel in Berichten seiner Zeitgenossen.* Hrsg. von Günther Nicolin. Hamburg 1970.

Der Verlag beabsichtigt, bei weiteren Neuauflagen der Philosophischen Bibliothek Textverbesserungen aus der historisch-kritischen Gesamtausgabe im Sinne einer gemäßigten Angleichung zu übernehmen.

5. Die historisch-kritische Gesamtausgabe

Aus der Einsicht in die Mängel der Lasson/Hoffmeisterschen Ausgabe, die schon vom editorischen Rahmen und vom Adressatenkreis der ›Philosophischen Bibliothek‹ her nicht zu beheben sind, erwuchs der Plan einer historisch-kritischen Gesamtausgabe, die allein allen Erfordernissen moderner Philologie und ihrer fortgeschrittenen Editionstechnik genügen kann. Damit hängt das konsequent *entwicklungsgeschichtliche Prinzip* der neueren Hegelforschung eng zusammen:

»Wenn nach dem Tode von J. Hoffmeister die Hegel-Edition noch einmal einen ganz neuen Anfang machen mußte, dann vor allem deshalb, weil die Hegelforschung der ersten fünfzig Jahre unseres Jahrhunderts es nicht vermocht hat, eine entwicklungsgeschichtliche Hegeldeutung als Grundlage für eine chronologisch fortschreitende Hegel-Ausgabe zu erarbeiten« (Pöggeler, »Perspektiven...«, S. 89).

Im Auftrag der Deutschen Forschungsgemeinschaft wurde 1957 eine Kommission für die Herausgabe der Gesammelten Werke gebildet (H. Heimsoeth, H. G. Gadamer, L. Landgrebe, Th. Litt, J. Ritter). 1958 errichtete das Kultusministerium des Landes Nordrhein-Westfalen in Bonn das ›Hegel-Archiv‹ als eigene Arbeitsstelle, in der zunächst alle erreichbaren Originalausgaben, Manuskripte, Fotokopien etc. gesammelt wurden (und werden). Zehn Jahre später siedelte das ›Hegel-Archiv‹ nach Bochum über, wo es jetzt unter Obhut der Rheinisch-Westfälischen Akademie der Wissenschaften der Ruhr-Universität Bochum eingegliedert ist.

Der zeitliche Gesamtplan geht von etwa 40 Jahren aus, so daß die Edition erst Anfang des nächsten Jahrhunderts abgeschlossen sein wird. Entscheidend und kennzeichnend für den neuen Ansatz ist die konsequente *Trennung* von Hegels Werken (im eigentlichen Sinne: alle Manuskripte, Notizen, Exzerpte, zu Lebzeiten herausgegebene Schriften) und der Vorlesungen, wobei die Vorgehensweise für die Edition der Vorlesungen noch nicht endgültig geklärt ist. Dem Inhalt nach erstrebt die Ausgabe Vollständigkeit, die Anordnung folgt der Chronologie (mit gewissen Modifikationen), die Textgestaltung folgt dem historischen Original. Ein textkritischer Apparat, Anmerkungen und ein philologischer Nachbericht erläutern die Vorgehensweise und bieten Verständnishilfen an. Band 1 wird die ausführliche Darstellung der Editionsprinzipien der Gesamtausgabe enthalten. Bisher sind folgende Bände erschienen bzw. erscheinen in absehbarer Zeit:

Georg Wilhelm Friedrich Hegel: *Gesammelte Werke*. In Verbindung mit der Deutschen Forschungsgemeinschaft hrsg. von der Rheinisch-Westfälischen Akademie der Wissenschaften. Hamburg (Meiner-Verlag) 1968 ff.

Bd. 1 Jugendschriften I. Hrsg. von Friedhelm Nicolin und Gisela Schüler.

Bd. 3 Exzerpte 1785–1800. Hrsg. von Friedhelm Nicolin und Gisela Schüler.

Bd. 4 Jenaer kritische Schriften. Hrsg. von Hartmut Buchner und Otto Pöggeler. 1968.

Bd. 5 Schriften und Entwürfe 1799–1808. Hrsg. von Kurt Meist.

Bd. 6 Jenaer Systementwürfe I. Hrsg. von Klaus Düsing und Heinz Kimmerle. 1975.

Bd. 7 Jenaer Systementwürfe II. Hrsg. von Rolf-P. Horstmann und Johann Heinrich Trede. 1971. [= sog. Realphilosophie I].

Bd. 8 Jenaer Systementwürfe III. Unter Mitarbeit von Johann Heinrich Trede hrsg. von Rolf P. Horstmann. [= sog. Realphilosophie II]. 1976.

Bd. 9 Phänomenologie des Geistes. Hrsg. von Wolfgang Bonsiepen und Reinhard Heede. [Erscheint 1979]

Bd. 11 Wissenschaft der Logik. Erster Band. Die objektive Logik (1812/1813). Hrsg. von Friedrich Hogemann und Walter Jaeschke. 1978.

Bd. 12 Wissenschaft der Logik. Zweiter Band. Die subjektive Logik (1816). Hrsg. von Friedrich Hogmann und Walter Jaeschke. [erscheint 1979]

Neben der Herausgabe der *Gesammelten Werke* liegt der Schwerpunkt der Arbeit des ›Hegel-Archivs‹ auf der entwicklungsgeschichtlichen Forschung. Zweifellos werden dadurch, wie Gethmann-Siefert zum Verhältnis von Philologie und Philosophie in der gegenwärtigen Hegelforschung bemerkt, die in der Geschichte der Hegelrezeption so gängigen unkritischen Ablehnungen oder Übernahmen etwa der Dialektik oder der politischen Philosophie Hegels fruchtbar verunsichert (vgl. »Hegel Archiv...«, S. 617). Das ›Hegel-Archiv‹ will daher »möglichst alle voreingenommenen Gesamtdeutungen zugunsten neutraler Forschung ausschalten« (Pöggeler, »Perspektiven«, S. 101); »neutrale Forschung« soll die philosophische, theologische, politische, ästhetische und wissenschaftstheoretische Arbeit abstützen. Ob allerdings nach dem Erscheinen aller *Gesammelten Werke* im nächsten Jahrhundert noch jemand den Mut (und die Fähigkeit) haben wird, eine Gesamtdeutung des Philosophen, der allein eine *Gesamtdeutung* der Welt *Philosophie* nannte, zu entwickeln – das sei hier dahingestellt.

Weitere wichtige Einzelausgaben

Hegels theologische Jugendschriften. Nach den Handschriften der Kgl. Bibliothek in Berlin hrsg. von Hermann *Nohl.* Tübingen 1907. Nachdruck Frankfurt 1966.

Dokumente zu Hegels Entwicklung. Hrsg. von Johannes *Hoffmeister.* Stuttgart 1936, 2., unveränderte Aufl. 1974.

Georg Wilhelm Friedrich Hegel: *Politische Schriften.* Nachwort von Jürgen *Habermas.* Frankfurt 1966.

Vorlesungen über die Rechtsphilosophie 1818–1831. Edition und Kommentar in sechs Bänden von Karl-Heinz *Ilting,* Stuttgart 1973 ff. [bisher sind vier Textbände erschienen; vgl. → S. 77 f.].

Literatur

a) Bibliographien

Die bereits für 1977 angekündigte Gesamtbibliographie der Schriften von und über Hegel (bis 1973) wird erst 1979 erscheinen:

Steinhauer, Kurt: Hegel. Eine internationale Bibliographie [wird ca. 12 000 Titel enthalten].

Riege, Helmut: Bibliographie. In: Franz *Wiedmann,* Hegel. Hamburg 1965 (Rowohlts Bild-Monographien), S. 149–164. [Enthält in chronologischer Anordnung: Bibliographien; Ausgaben; Untersuchungen (in Auswahl) zu: Gesamtsystem; Logik, Dialektik, Metaphysik; Ästhetik; Religionsphilosophie und allg. Abhandlungen zum jungen Hegel; Geschichts-, Rechts-, Staats- und Gesellschaftsphilosophie; Aufsatzsammlungen, Vergleiche mit Zeitgenossen und Wirkungen.]

Schneider, Helmut: Bibliographie. In: Otto *Pöggeler* (Hrsg.): Hegel. Freiburg/München 1977, S. 172–187. [Enthält: Ausgaben u. Sekundärliteratur zu: Biographie; Gesamtdarstellungen; Jugendschriften; Jenaer Schriften; Phänomenologie; Logik; Pädagogik-Propädeutik-Enzyklopädie; Recht-Politik-Geschichte; Ästhetik; Religionsphilosophie; Geschichte der Philosophie.]

b) zu den verschiedenen Werkausgaben

Beyer, Wilhelm Raimund: Wie die Hegelsche Freundesvereinsausgabe entstand. In: DZfPh, 15. Jg. (1967), S. 563–569. Auch in: *ders.:* Denken und Bedenken. Hegel-Aufsätze. Berlin 1977, S. 277–286.

Dilthey, Wilhelm: Rezension der Briefe von und an Hegel. In: Archiv für Geschichte der Philosophie. 1 (1888), S. 289–299.

Düsing, Klaus: Bericht des Hegel-Archivs der Ruhr-Universität Bochum über den Stand der Edition von Hegels Gesammelten Werken (Mai 1975). In: HST Beih. 17 (1977), S. 705–716.

Gethmann-Siefert, Annemarie: Hegel Archiv und Hegel Ausgabe. In: ZphF (1976), S. 609–618.

Nicolin, Friedhelm: Die neue Hegel-Gesamtausgabe. Voraussetzungen und Ziele. In: HST 1 (1961), S. 295–313.

Pöggeler, Otto: Das Hegelwerk Hermann Glockners. In: PhR 8 (1960), S. 28–52.

ders.: Perspektiven der Hegelforschung. In: HST Beih. 11 (1970), S. 79–102.

REGISTER

Das Register bezieht sich nicht auf die – jeweils alphabetisch angeordneten –
Literaturangaben.

Adler, Max: 175
Adorno, Theodor W.: 1, 2, 136, 186, 188ff., 209ff., 213, 217
Altenstein, Karl, Freiherr von: 66
Althusser, Louis: 119, 129f.
Anaxagoras: 86, 94
Annenkow, Pawel: 125
Aristoteles: 12, 74, 78, 92, 120
Arnim, Achim von: 60
Asveld, Paul: 164
Asverus, Gustav: 67
Avineri, Shlomo: 73

Bachmann, Karl F.: 109
Bacon, Francis: 92
Bakunin, Michail: 99, 144
Batteux, Charles: 204
Bauer, Bruno: 82, 108, 110, 114ff., 117, 121, 125, 131
Bauer, Gerhard: 90
Baum, Manfred: 46f., 94
Baumgarten, Alexander: 204
Becker, Werner: 58
Beethoven, Ludwig van: 212
Behrens, Fritz: 183
Beierwaltes, Werner: 92
Belinskij, Wissarion: 144
Bennholdt-Thomsen, Anke: 47
Bernstein, Eduard: 169f., 175
Beyer, Wilhelm R.: 45f., 48, 151, 164, 180f., 219
Biemel, Walter: 161
Binder, Julius: 161
Bismarck, Otto, Fürst von: 156
Bloch, Ernst: 1, 5, 43, 151, 182ff., 206, 213
Bochenski, Josef M.: 180
Böhm, Franz: 160
Boehm, Ulrich: 191
Boisserée, Melchior: 61
Boisserée, Sulpiz: 61
Bollard, Gerardus: 157

Bonsiepen, Wolfgang: 226
Boumann, Ludwig: 68, 220
Bradley, Francis: 147
Brandis, August: 145
Braniß, Julius: 104
Brecht, Martin: 15
Brentano, Clemens: 60
Bröcker, Walter: 209
Brückner, Peter: 66, 73
Bubner, Rüdiger: 21, 57, 94, 109, 194, 196, 204, 213
Bucharin, Nikolai: 174, 177
Buchner, Hartmut: 33, 226
Büchner, Georg: 98
Bürger, Peter: 213
Burckhardt, Jakob: 89, 99
Busse, Martin: 161

Calvez, Jean-Yves: 180
Camus, Albert: 163
Carl August von Sachsen-Weimar: 38
Cart, Jean J.: 26, 217
Carové, Friedrich W.: 101
Chardin, Teilhard de: 94
Christus: 16, 19
Cerutti, Furio: 177
Cesa, Claudio: 108
Cicero: 12
Cieszkowski, August: 108, 116, 145
Comte, Auguste: 148, 188
Cornhel, Peter: 83
Cornu, Auguste: 120, 183
Cotta, Johann F.: 69
Cousin, Victor: 148
Creuzer, Friedrich: 61, 67
Croce, Benedetto: 146, 156f., 209, 213
Cunow, Heinrich: 175

Daub, Karl: 60, 96, 111

Deborin, Abram: 174, 177
De Giovanni, Biago: 129
De la Vega, Rafael: 177
Derbolav, Josef: 179f., 211
De Sanctis, Francesco: 145
Descartes, René: 94, 106
Diez, Carl I.: 15
Dilthey, Wilhelm: 8–11, 16, 20, 89, 104, 148, 151f., 164, 167, 222
Döderlein, Johannes L.: 15
Droysen, Johann: 89
Dudek, Peter: 131f., 134
Düsing, Klaus: 51, 57, 194, 226
Dulckeit, Gerhard: 161

Easton, Lloyd D.: 147
Ebert, Theodor: 83
Echtermeyer, Theodor: 113
Ehrenberg, Hans: 222
Ekhart, Meister: 92
Endel, Nanette: 22
Engels, Friedrich: 98f., 108, 113, 119, 125f., 130–134, 169ff., 172, 175, 177, 184, 192
Enzensberger, Hans M.: 196
Erdmann, Johann E.: 106
Euripides: 12

Falkenheim, Hugo: 26
Fechner, Gustav Th.: 208
Fessard, Pater G.: 165, 180
Fetscher, Iring: 5, 166, 180ff.
Feuerbach, Ludwig: 97, 99, 104, 108, 111ff., 115, 117, 122f., 125, 155, 207
Fichte, Immanuel H.: 81, 109
Fichte, Johann G.: 3, 17, 24, 28f., 31, 33f., 66, 71, 86, 111, 116, 140, 154
Findlay, John N.: 43, 182
Fischer, Kuno: 4, 104, 106f.
Fischer, Ludwig: 45
Förster, Friedrich: 68, 71, 219f.
Foucault, Michel: 90
Fourier, Charles: 111
Frank, Manfred: 99, 113
Freud, Sigmund: 180

Friedrich Wilhelm III.: 99
Friedrich Wilhelm IV.: 99
Fries, Jakob F.: 73
Frommann, Friedrich: 45
Fromme, Maria M.: 12
Fulda, Hans-Friedrich: 2, 41f., 194

Gabler, Andreas: 37, 96
Gadamer, Hans G.: 56, 180, 185, 194, 225
Gans, Eduard: 68f., 72, 76, 84, 96, 98f., 102, 120, 219f.
Garaudy, Roger: 184
Garber, Jörn: 15
Garin, Eugenio: 145
Gallas, Helga: 210
Garve, Christian: 12f., 36
Geldsetzer, Lutz: 93
Gentile, Giovanni: 146, 157, 160
Gethmann-Siefert, Annemarie: 202, 209, 214, 226
Glockner, Hermann: 62, 85, 151, 153–156, 209, 220f.
Goebhardt, Joseph A.: 39
Göhler, Gottfried: 43, 163, 165f., 182
Görres, Joseph von: 60, 70
Göschel, Karl: 69
Goethe, Johann W. von: 12, 30, 37f., 63, 141f., 203, 212
Goetzmann, William H.: 147
Goldmann, Karlheinz: 48
Gottsched, Johann Chr.: 12, 204
Green, Thomas: 147
Griesheim, Major von: 77
Grimm, Jacob: 113
Grimm, Wilhelm: 113
Gropp, Rugard O.: 183
Gulyga, Arsen: 4
Guzzoni, Ute: 188, 190

Habermas, Jürgen: 36, 64, 86, 181, 190f.
Haering, Theodor: 154f.
Hamann, Johann G.: 70, 219
Hardenberg, Karl A., Fürst von: 73

Harich, Wolfgang: 183f.
Harris, William: 147
Hartkopf, Werner: 2f., 28
Hartmann, Nicolai: 209
Haym, Rudolf: 26, 43, 65, 86, 91, 139ff., 161, 208
Heede, Reinhard: 63, 82, 167, 226
Hegel, Christiane: 11
Hegel, Georg Ludwig: 11f., 29
Hegel, Hannelore: 10, 24
Hegel, Immanuel: 52
Hegel, Karl: 45, 52, 84, 219f.
Heiberg, Johan: 149
Heidegger, Martin: 163, 165, 167, 180, 187
Heimsoeth, Heinz: 194, 225
Heine, Heinrich: 91, 108f.
Heintel, Peter: 4
Helferich, Christoph: 204, 206
Heller, Hermann: 159
Henckmann, Wolfhart: 207, 209, 213
Henning, Leopold von: 67f., 219f.
Henrich, Dieter: 10, 15, 24, 28, 42, 53, 56f., 186, 194f., 201, 212ff.
Herbarth, Johann: 70
Herder, Johann G.: 86, 204
Herzen, Alexander: 144
Hess, Moses: 108ff., 116, 131
Hinrichs, Hermann: 68, 102, 105
Hitler, Adolf: 159
Hobbes, Thomas: 32, 74
Hocevar, Rolf K.: 32, 162
Hölderlin, Friedrich: 3, 14, 17, 20f., 24, 28
Hörz, Herbert: 193
Hoffmann, Erika: 49
Hoffmeister, Johannes: 9, 36, 48, 50, 72, 93, 223ff.
Hogemann, Friedrich: 226
Home, Henry: 204
Hommes, Jakob: 180
Homer: 12
Homeyer, Carl G.: 76
Honigsheim, Paul: 153
Horkheimer, Max: 186f.

Horstmann, Rolf-Peter: 2, 57, 73, 77, 226
Hotho, Heinrich G.: 68, 77, 203, 208, 212, 219f.
Humboldt, Wilhelm von: 70
Husserl, Edmund: 165
Hyppolite, Jean: 164–167

Ilting, Karl-Heinz: 72–77, 82

Jacobi, Friedrich: 33, 64, 79
Jaeschke, Walter: 113
Jaspers, Karl: 163, 226

Kaminsky, Jack: 209
Kamptz, Karl Chr. von: 66
Kant, Immanuel: 3, 16f., 19, 24, 27, 33f., 54, 85f., 94, 117, 142, 146, 154, 190, 204f., 209, 211, 213
Kapp, Ernst: 105
Karl Eugen, Herzog von Württemberg: 15
Kautsky, Karl: 169f.
Keppler, Johannes: 31
Kierkegaard, Sören: 5, 78, 99, 108f., 136ff., 149
Kiesewetter, Hubert: 162
Kimmerle, Heinz: 32, 34f., 82, 140, 226
Kirn, Michael: 86–89
Klopstock, Friedrich: 12
Koepsel, Werner: 208ff., 212
Köster, Dirk: 111
Kojève, Alexandre: 164ff.
Korsch, Karl: 174ff., 177
Koyré, Alexandre: 164f.
Kotzebue, August von: 66
Krahl, Hans J.: 126, 128f., 174, 176, 186
Kroner, Richard: 154f., 157, 185
Krónska, Irena: 144
Krug, Wilhelm: 33
Kuczynski, Jürgen: 183
Küng, Hans: 83
Kuhn, Helmut: 204, 209, 211

Labriola, Antonio: 145

Lacorte, Carmelo: 10, 13, 16, 182
Lakebrink, Bernhard: 180
Landgrebe, Ludwig: 181, 185, 225
Larenz, Karl: 161
Lasson, Adolf: 154
Lasson, Georg: 31, 35f., 72, 82, 85, 153f., 156, 222ff.
Leibniz, Gottfried: 94
Lenin, Vladimir I.: 55, 127, 129, 144, 171ff., 177, 184, 192
Leo, Heinrich: 68
Lessing, Gotthold E.: 12, 204
Levi, Heinrich: 154, 158
Link, Herbert: 222
Litt, Theodor: 49, 181, 185, 225
Livius: 12
Löwith, Karl: 79, 90, 92, 98f., 106, 108f., 113, 117, 136, 141, 151, 195
Lombardi, Franco: 145
Lübbe, Hermann: 101ff., 105f., 142, 182
Lüdke, W. Martin: 141
Lukács, Georg: 9f., 18, 20, 23, 28, 36, 39, 42f., 58, 74, 88, 110, 127, 151, 174–177, 182ff., 204, 209f., 213
Luther, Martin: 88

Mager, Karl: 142
Marcel, Gabriel: 163
Marcuse, Herbert: 5, 43, 74, 113, 159f., 167, 169, 178, 186, 188
Marheineke, Philipp K.: 68, 82, 97, 219f.
Marx, Karl: 2f., 5, 23, 43, 75, 77f., 99, 108–111, 113f., 119–131, 136, 144, 161, 165, 169f., 172–177, 180ff., 184, 186, 190ff., 196
Marx, Wolfgang: 58
Mc Taggart, Ellis: 147
Mehring, Franz: 209
Meinecke, Friedrich: 159
Meist, Kurt: 46f., 226
Melanchthon, Philipp: 48
Mendelssohn-Bartholdy, Felix: 212

Merleau-Ponty, Maurice: 163, 165, 167, 169
Metscher, Thomas W. H.: 205
Metternich, Clemens, Fürst von: 66
Metzke, Erwin: 181
Michel, Karl M.: 93, 222
Michelet, Karl L.: 93, 97, 101, 103–106, 116, 142, 145, 208, 219f.
Mitin, Mark: 177
Moldenhauer, Eva: 93, 222
Mollat, Georg: 32, 222
Moltmann, Jürgen: 83
Monrad, Markus: 149
Moog, Willy: 103
Morf, Otto: 127
Mueller, Gustav E.: 209
Muirhead, John H.: 146
Mussolini, Benito: 157

Napoleon: 39, 46, 88, 139
Negt, Oskar: 148, 173, 176, 191f., 195f.
Newton, Isaac: 31, 63
Nicolin, Friedhelm: 38, 50, 93, 104, 186, 217, 223, 226
Nicolin, Günther: 51
Niebuhr, Barthold: 152
Niethammer, Friedrich J.: 38, 44–48, 50–53, 70
Nietzsche, Friedrich: 89, 141
Nohl, Hermann: 9, 18f., 32, 34, 148, 152, 222

Oelmüller, Willy: 208, 213
Ohlert, Albert: 70
Oppenheim, Heinrich: 102
Ottmann, Henning: 100, 195f.
Owen, Robert: 111

Pasternack, Gerhard: 193
Paulus: 16
Pawlow, Todor: 210
Peirce, Charles: 94
Peperzak, Adrian: 10, 182
Petry, Michael J.: 63
Philon: 92

Planty-Bonjour, Guy: 144
Platon: 74, 94
Plechanow, Georgij: 144, 170f., 173
Plenge, Johann: 156
Plutarch: 121
Pöggeler, Otto: 5f., 21f., 24, 26, 28, 41, 43, 51, 60f., 91, 156, 186, 195, 218, 221, 225f.
Popitz, Heinrich: 181
Popper, Karl: 162
Proudhon, Pierre J.: 125
Puntel, Bruno: 53

Queneau, Raymond: 165

Ramler, Karl W.: 12
Ranke, Leopold von: 89
Rauh, Hans Chr.: 192
Reble, Albert: 48
Rebstock, Hans-Otto: 18, 20
Reichelt, Helmut: 128f.
Reinhold, Karl L.: 31, 94
Renan, Ernest: 148
Renthe-Fink, Leonhard von: 90f.
Ricardo, David: 75
Rickert, Heinrich: 89, 187
Riedel, Manfred: 34, 36, 72, 75, 79, 85, 94, 98, 102, 162, 179, 182, 194f.
Riedl, John O.: 147
Riege, Helmut: 217
Ritter, Joachim: 66, 74, 86, 151, 155, 180, 182, 225
Ripalda, José M.: 13
Röhrich, Wilfried: 74
Rössler, Constantin: 103
Rohrmoser, Günter: 15, 182
Rohs, Peter: 53, 57
Roques, Paul: 222
Rosdolsky, Roman: 127f.
Rosenberg, Alfred: 160
Rosenkranz, Karl: 8, 11f., 20, 27f., 30f., 34, 37f., 40, 45, 47, 50, 52, 65, 91, 96f., 100, 102–105, 113, 140, 142, 148, 207, 218ff.
Rosenzweig, Franz: 21, 156, 222

Rossi, Mario: 182
Rottleuthner, Hubert R.: 161
Rousseau, Jean-J.: 12, 16
Royce, Josiah: 147
Ruge, Arnold: 108ff., 113f., 123, 207

Saint-Simon, Claude H. de: 111
Sand, Karl L.: 66
Sandberger, Jörg: 15
Sartre, Jean-Paul: 163, 165, 167
Sass, Hans-Martin: 105, 114f.
Savigny, Friedrich C. von: 69
Say, Jean B.: 75
Schasler, Max: 142, 208
Schelling, Friedrich W. J.: 3, 15ff., 21, 28, 30ff., 37, 40, 92, 99, 104, 130, 136, 140, 144, 154, 188, 202, 204
Schelver, Franz J.: 63
Schiller, Friedrich: 12, 30, 37, 142, 204, 208f.
Schlegel, August W.: 30, 204
Schlegel, Friedrich: 30, 60, 69, 204
Schleiermacher, Friedrich: 69f., 90
Schleifstein, Josef: 183
Schmidt, Alfred: 112f., 128–133, 176, 187f.
Schmidt, Friedrich W.: 187f.
Schmitt, Carl: 160
Schmitz, Hermann: 41
Schnaase, Carl: 208
Schnädelbach, Herbert: 42
Schneider, Helmut: 37, 193, 217
Schönfeld, Walther: 161
Scholtz, Gunter: 90
Schopenhauer, Arthur: 140f.
Schüler, Gisela: 12, 28, 34, 226
Schulze, Gottlob: 33
Schulze, Johannes: 219f.
Schulz-Seitz, Ruth-Eva: 56
Schwegler, Albert: 103
Schweppenhäuser, Hermann: 138
Seebeck, Thomas J.: 63
Semler, Johann J.: 14
Shakespeare: 12
Siep, Ludwig: 32

Simon, Joseph: 117
Sinclair, Isaac: 24
Smetana, Augustin: 145
Smith, Adam: 36, 75
Snellman, Johan: 149
Söring, Jürgen: 10
Sokrates: 19, 87, 94
Solger, Karl: 69, 71, 204
Solowjow, Sergej: 94
Sophokles: 12
Spaventa, Bertrando: 145
Spinoza, Baruch de: 17
Staël, Germaine de: 147
Stahl, Julius: 99, 188
Stalin, Josef: 132, 177 f.
Stewart, Dugald: 27
Stiehler, Gottfried: 184
Stirling, James H.: 146
Stirner, Max: 108, 115 ff., 125
Storr, Gottlob Chr.: 14
Strauss, David F.: 77, 97, 113
Stuke, Horst: 116
Stúr, Ljudevit: 145
Szondi, Peter: 201

Tacitus: 12
Taine, Hippolyte: 148
Thaden, N. von: 74
Thales: 94
Thalheimer, August: 176
Theseus: 32
Theunissen, Michael: 58, 83, 194 ff.
Thibaut, Anton F. W.: 61
Thies, Erich: 111, 113
Thomas von Aquin: 94, 180
Thorwaldsen, Bertel: 212

Thukydides: 12
Thulstrup, Niels: 196 f.
Tieck, Ludwig: 69, 203
Topitsch, Ernst: 160–162
Trabant, Jürgen: 210
Trede, Johann H.: 41, 226
Trendelenburg, Adolf: 55, 99, 104 f.
Tschernyschewskij, Nikolaij: 144
Tschizewskij, Dimitrij: 144
Tucher, Marie von: 52
Tuchscheerer, Walter: 127
Turgenjew, Iwan: 144

Van Dooren, Wim: 42
Vera, Augusto: 145, 148
Verra, Valerio: 147
Vischer, Friedrich Th.: 113, 207 ff.

Wahl, Jean: 43, 164 f., 184 f.
Walicki, Andrzej: 144
Weil, Eric: 66
Weiße, Christian H.: 68, 98, 207
de Wette, Wilhelm M.: 67
Wetter, Gustav A.: 180
Wiedmann, Franz: 4
Wieland, Christoph M.: 12
Wieland, Wolfgang: 42, 53, 55, 57
Willms, Bernhard: 74
Windelband, Wilhelm: 89, 151 ff.
Winkelmann, Johann: 204
Wirth, Johann: 51 f.
Wittfogel, Karl A.: 209
Wolandt, Gerd: 209
Wygodski, Witali S.: 127

Zelený, Jindrich: 122

M 55 Röhrich *Sage*
M 56 Catholy *Fastnachtspiel*
M 57 Siegrist *Albrecht von Haller*
M 58 Durzak *Hermann Broch*
M 59 Behrmann *Einführung in die Analyse von Prosatexten*
M 60 Fehr *Jeremias Gotthelf*
M 61 Geiger *Reise eines Erdbewohners i. d. Mars. Faksimiledruck*
M 62 Pütz *Friedrich Nietzsche*
M 63 Böschenstein-Schäfer *Idylle*
M 64 Hoffmann *Altdeutsche Metrik*
M 65 Guthke *Gotthold Ephraim Lessing*
M 66 Leibfried *Fabel*
M 67 von See *Germanische Verskunst*
M 68 Kimpel *Der Roman der Aufklärung (1670–1774)*
M 69 Moritz *Andreas Hartknopf. Faksimiledruck*
M 70 Schlegel *Gespräch über die Poesie. Faksimiledruck*
M 71 Helmers *Wilhelm Raabe*
M 72 Düwel *Einführung in die Runenkunde*
M 73 Raabe *Einführung in die Quellenkunde*
M 74 Raabe *Quellenrepertorium*
M 75 Hoefert *Das Drama des Naturalismus*
M 76 Mannack *Andreas Gryphius*
M 77 Straßner *Schwank*
M 78 Schier *Saga*
M 79 Weber-Kellermann *Deutsche Volkskunde*
M 80 Kully *Johann Peter Hebel*
M 81 Jost *Literarischer Jugendstil*
M 82 Reichmann *Germanistische Lexikologie*
M 83 Haas *Essay*
M 84 Boeschenstein *Gottfried Keller*
M 85 Boerner *Tagebuch*
M 86 Sjölin *Einführung in das Friesische*
M 87 Sandkühler *Schelling*
M 88 Opitz *Jugendschriften. Faksimiledruck*
M 89 Behrmann *Einführung in die Analyse von Verstexten*
M 90 Winkler *Stefan George*
M 91 Schweikert *Jean Paul*
M 92 Hein *Ferdinand Raimund*
M 93 Barth *Literarisches Weimar. 16.–20. Jh.*
M 94 Könneker *Hans Sachs*
M 95 Sommer *Christoph Martin Wieland*
M 96 van Ingen *Philipp von Zesen*
M 97 Asmuth *Daniel Casper von Lohenstein*
M 98 Schulte-Sasse *Literarische Wertung*
M 99 Weydt *H. J. Chr. von Grimmelshausen*
M 100 Denecke *Jacob Grimm und sein Bruder Wilhelm*
M 101 Grothe *Anekdote*
M 102 Fehr *Conrad Ferdinand Meyer*
M 103 Sowinski *Lehrhafte Dichtung des Mittelalters*
M 104 Heike *Phonologie*
M 105 Prangel *Alfred Döblin*
M 106 Uecker *Germanische Heldensage*
M 107 Hoefert *Gerhart Hauptmann*
M 108 Werner *Phonemik des Deutschen*

M 109 Otto *Sprachgesellschaften des 17. Jh.*
M 110 Winkler *George-Kreis*
M 111 Orendel *Der Graue Rock (Faksimileausgabe)*
M 112 Schlawe *Neudeutsche Metrik*
M 113 Bender *Bodmer / Breitinger*
M 114 Jolles *Theodor Fontane*
M 115 Foltin *Franz Werfel*
M 116 Guthke *Das deutsche bürgerliche Trauerspiel*
M 117 Nägele *J. P. Jacobsen*
M 118 Schiller *Anthologie auf das Jahr 1782 (Faksimileausgabe)*
M 119 Hoffmeister *Petrarkistische Lyrik*
M 120 Soudek *Meister Eckhart*
M 121 Hocks / Schmidt *Lit. u. polit. Zeitschriften 1789–1805*
M 122 Vinçon *Theodor Storm*
M 123 Buntz *Die deutsche Alexanderdichtung des Mittelalters*
M 124 Saas *Georg Trakl*
M 126 Klopstock *Oden und Elegien (Faksimileausgabe)*
M 127 Biesterfeld *Die literarische Utopie*
M 128 Meid *Barockroman*
M 129 King *Literarische Zeitschriften 1945–1970*
M 130 Petzoldt *Bänkelsang*
M 131 Fischer *Karl Kraus*
M 132 Stein *Epochenproblem »Vormärz« (1815–1848)*
M 133 Koch *Das deutsche Singspiel*
M 134 Christiansen *Fritz Reuter*
M 135 Kartschoke *Altdeutsche Bibeldichtung*
M 136 Koester *Hermann Hesse*
M 138 Dietz *Franz Kafka*
M 140 Groseclose / Murdoch *Ahd. poetische Denkmäler*
M 141 Franzen *Martin Heidegger*
M 142 Ketelsen *Völkisch-nationale und NS-Literatur*
M 143 Jörgensen *Johann Georg Hamann*
M 144 Schutte *Lyrik des deutschen Naturalismus (1885–1893)*
M 145 Hein *Dorfgeschichte*
M 146 Daus *Zola und der französische Naturalismus*
M 147 Daus *Das Theater des Absurden*
M 148 Grimm u. a. *Einführung in die frz. Lit.wissenschaft*
M 149 Ludwig *Arbeiterliteratur in Deutschland*
M 150 Stephan *Literarischer Jakobinismus in Deutschland*
M 151 Haymes *Das mündliche Epos*
M 152 Widhammer *Literaturtheorie des Realismus*
M 153 Schneider *A. v. Droste-Hülshoff*
M 154 Röhrich-Mieder *Sprichwort*
M 155 Tismar *Kunstmärchen*
M 156 Steiner *Georg Forster*
M 157 Aust *Literatur des Realismus*
M 158 Fähnders *Proletarisch-revolutionäre Literatur*
M 159 Knapp *Georg Büchner*
M 160 Wiegmann *Geschichte der Poetik*
M 161 Brockmeier *François Villon*
M 162 Wetzel *Romanische Novelle*
M 163 Pape *Wilhelm Busch*
M 164 Siegel *Die Reportage*
M 165 Dinse / Liptzin *Jiddische Literatur*